3,-

D1079711

GUSTAVE FLAUBERT

MADAME BOVARY

Zusammengestellt und kommentiert
von Gert Ueding

ORIGINALAUSGABE

WILHELM HEYNE VERLAG
MÜNCHEN

STUDIO KLASSIK
Weltliteratur in Text und Interpretation
Herausgegeben von Prof. Dr. Gert Ueding
Nr. 24/3

Redaktion: Andrea Bubner

Copyright © 1990 by Wilhelm Heyne Verlag GmbH & Co. KG, München
Printed in Germany 1990
Umschlagzeichnung: *Dans la Prairie* von Claude Monet; Archiv für Kunst und
Geschichte, Berlin
Umschlaggestaltung: Atelier Adolf Bachmann, Reischach
Herstellung: Dieter Lidl
Satz: Fotosatz Völkl, Germering
Druck und Verarbeitung: Ebner Ulm

ISBN 3-453-04693-5

INHALT

ERSTER TEIL

I,1

Wir hatten Arbeitsstunde, als der Direktor hereinkam;
ihm folgten ein »Neuer«, der noch sein Zivilzeug an-
hatte, und ein Pedell, der ein großes Pult trug. Die geschlafen hatten, fuhren hoch, und alle standen auf, als
seien sie beim Arbeiten überrascht worden.

Der Direktor deutete uns durch eine Handbewegung
an, daß wir uns wieder setzen sollten; dann wandte er
sich an den Studienaufseher:

»Monsieur Roger«, sagte er halblaut zu ihm, »diesen
Schüler hier möchte ich Ihrer Obhut empfehlen; er
kommt in die Quinta. Wenn sein Verhalten und sein Fleiß
lobenswert sind, kann er ›zu den Großen‹ kommen, zu
denen er seinem Alter nach gehört.«

Der Neue war in dem Winkel hinter der Tür stehengeblieben, so daß man ihn kaum hatte wahrnehmen können, er war ein Bauernjunge, ungefähr fünfzehn Jahre
alt und größer als wir alle. Das Haar trug er über der
Stirn geradegeschnitten, wie ein Dorfkantor; er sah klug
und sehr verlegen aus. Obwohl er keine breiten Schultern hatte, schien seine grüne Tuchjacke mit den schwarzen Knöpfen ihn an den Ärmelausschnitten zu beengen;
aus den Aufschlägen sahen rote Handgelenke hervor, die
es gewohnt waren, nackt zu sein. Seine blaubestrumpf-
ten Beine kamen aus einer gelblichen, von den Trägern
straff hochgezogenen Hose. Seine Schuhe waren derb,
schlecht gewichst und mit Nägeln beschlagen.

Es wurde mit dem Vorlesen der Arbeiten begonnen.
Er spitzte die Ohren und hörte zu, aufmerksam wie bei
der Predigt, und wagte nicht einmal, die Beine überein-
anderzuschlagen oder den Ellbogen aufzustützen, und
um zwei Uhr, als es läutete, mußte der Studienaufseher

ihn besonders auffordern, damit er sich mit uns andern in Reih und Glied stellte.

Es herrschte bei uns der Brauch, beim Betreten des Klassenzimmers unsere Mütze auf die Erde zu werfen, um die Hände freier zu haben; es galt, sie von der Tür aus unter die Bank zu schleudern, so daß sie an die Wand schlug und viel Staub aufwirbelte; das war so üblich.

Aber sei es nun, daß dies Verfahren dem Neuen nicht aufgefallen war, oder sei es, daß er sich nicht getraute, sich ihm anzupassen, jedenfalls war das Gebet gesprochen, und er hielt noch immer seine Mütze auf den Knien. Es war eine jener bunt zusammengesetzten Kopfbedeckungen, in denen sich die Grundbestandteile der Bärenfellmütze, der Tschapka, des steifen Huts, der Otterfellkappe und der baumwollenen Zipfelmütze vereinigt fanden; mit einem Wort, eins der armseligen Dinge, deren stumme Häßlichkeit Tiefen des Ausdrucks besitzt wie das Gesicht eines Schwachsinnigen. Sie war eiförmig und durch Fischbeinstäbchen ausgebaucht; sie begann mit zwei kreisrunden Wülsten; dann wechselten, getrennt durch einen roten Streifen, Rauten aus Samt und Kaninchenfell miteinander ab; dann folgte eine Art Sack, der in einem mit Pappe versteiften Vieleck endete; dieses war mit komplizierter Litzenstickerei bedeckt und am Ende eines langen, viel zu dünnen, daran herabhängenden Fadens baumelte eine kleine, eichelförmige Troddel aus Goldfäden. Die Mütze war neu; der Schirm glänzte.

»Steh auf«, sagte der Lehrer. Er stand auf; seine Mütze fiel hin. Die ganze Klasse fing an zu lachen.

Er bückte sich, um sie aufzunehmen. Einer seiner Nebenmänner stieß sie mit einem Ellbogenschubs wieder hinunter; er hob sie noch einmal auf.

»Leg doch deinen Helm weg«, sagte der Lehrer; er war ein Witzbold.

Die Schüler brachen in schallendes Gelächter aus, und das brachte den armen Jungen so sehr aus der Fassung, daß er nicht wußte, ob er seine Mütze in der Hand behalten, sie am Boden liegenlassen oder sich auf den Kopf stülpen solle. Er setzte sich wieder hin und legte sie auf seine Knie.

»Steh auf«, sagte der Lehrer wiederum, »und sag mir deinen Namen.«

Der Neue stieß mit blubbernder Stimme einen unverständlichen Namen hervor.

»Nochmal!«

Das gleiche Silbengeblubber wurde vernehmlich, überdröhnt vom Gebrüll der Klasse.

»Lauter!« rief der Lehrer, »lauter!«

Da faßte der Neue einen verzweifelten Entschluß, machte seinen maßlos großen Mund auf und stieß mit vollen Lungen, wie um jemanden zu rufen, das Wort »Charbovari« hervor.

Es entstand ein Lärm, der mit jähem Schwung losbrach, im *crescendo* mit dem Gellen schriller Stimmen anstieg (es wurde geheult, gebellt, getrampelt und immer wieder gerufen: Charbovari! Charbovari!), der dann in Einzeltönen einherrollte, äußerst mühsam zur Ruhe kam und manchmal unvermittelt auf einer Bankreihe wieder losbrach, wo hier und dort ein unterdrücktes Lachen laut wurde, wie ein nicht ganz ausgebrannter Knallfrosch.

Unter dem Hagel von Strafarbeiten stellte sich die Ordnung in der Klasse allmählich wieder her, und der Lehrer, dem es endlich gelungen war, den Namen Charles Bovary zu verstehen, nachdem er sich ihn hatte diktieren, buchstabieren und nochmals vorlesen lassen, wies sofort dem armen Teufel einen Platz auf der Strafbank an, unmittelbar vor dem Katheder. Er setzte sich in Bewegung, aber ehe er hinging, zögerte er.

»Was suchst du?« fragte der Lehrer.

»Meine Mü ...«, sagte der Neue schüchtern und sah sich beunruhigt rings um.

»Fünfhundert Verse die ganze Klasse!« Die wütende Stimme, die das ausgerufen hatte, vereitelte wie das »Quos ego« einen neuen Sturmausbruch. – »Verhaltet euch doch ruhig!« fuhr der Lehrer unwillig fort und wischte sich die Stirn mit einem Taschentuch, das er unter seinem Käppchen hervorgezogen hatte. »Und du, der Neue, du schreibst mir zwanzigmal ab ›ridiculus sum‹.«

Dann, mit milderer Stimme:

»Na, deine Mütze, die wirst du schon wiederfinden; die hat dir keiner gestohlen!«

Alles war wieder ruhig geworden. Die Köpfe neigten sich über die Hefte, und der Neue verharrte zwei Stunden lang in musterhafter Haltung, obwohl von Zeit zu Zeit ein Kügelchen aus zerkautem Papier, das mittels eines Federhalters geschleudert wurde, auf seinem Gesicht zerplatzte. Aber er wischte sich mit der Hand ab und blieb reglos mit niedergeschlagenen Augen sitzen.

Abends, bei der Arbeitsstunde, holte er seine Ärmelschoner aus seinem Pult hervor, brachte seine Habseligkeiten in Ordnung und richtete sorgsam sein Schreibpapier her. Wir beobachteten ihn, wie er gewissenhaft arbeitete, alle Vokabeln im Wörterbuch nachschlug und sich große Mühe gab. Wohl dank dieser Gutwilligkeit, die er bezeigte, brauchte er nicht in die nächstniedrige Klasse zurückversetzt zu werden; denn er beherrschte zwar ganz leidlich die Regeln, besaß jedoch in den Wendungen nicht eben Eleganz. Die Anfangsgründe des Lateinischen hatte der Pfarrer seines Dorfes ihm beigebracht; aus Sparsamkeit hatten seine Eltern ihn so spät wie möglich aufs Gymnasium geschickt.

Sein Vater, Charles Denis Bartholomé Bovary, ein

ehemaliger Bataillons-Wundarzt, hatte um 1812 bei Aushebungen Unannehmlichkeiten gehabt und war damals gezwungen, aus dem Heeresdienst auszuscheiden; er hatte nun seine persönlichen Vorzüge ausgenutzt und im Handumdrehen eine Mitgift von sechzigtausend Francs eingeheimst, die sich ihm in Gestalt der Tochter eines Hutfabrikanten darbot; sie hatte sich in sein Aussehen verliebt. Er war ein schöner Mann, ein Aufschneider, der seine Sporen laut klingen ließ, einen Backen- und Schnurrbart trug, stets Ringe an den Fingern hatte und sich in Anzüge von auffälliger Farbe kleidete; er wirkte wie ein Haudegen und besaß das unbeschwerte Gehaben eines Handelsreisenden. Nun er verheiratet war, lebte er zwei oder drei Jahre vom Vermögen seiner Frau, aß gut, stand spät auf, rauchte aus langen Porzellanpfeifen, kam abends erst nach dem Theater nach Hause und war ein eifriger Café-Besucher. Der Schwiegervater starb und hinterließ wenig; er war darob empört, übernahm schleunigst die Fabrik, büßte dabei einiges Geld ein und zog sich danach aufs Land zurück, wo er es zu etwas bringen wollte. Aber da er von der Landwirtschaft nicht mehr verstand als von gefärbtem Baumwollstoff, da er seine Pferde lieber ritt, anstatt sie zur Feldarbeit zu schicken, da er seinen Zider lieber flaschenweise trank, anstatt ihn faßweise zu verkaufen, das schönste Geflügel seines Hofs selber aß und sich seine Jagdstiefel mit Schweinespeck einfettete, sah er nur zu bald ein, daß er am besten tue, wenn er auf jede geschäftliche Betätigung verzichte.

Also pachtete er für zweihundert Francs im Jahr in einem Dorf des Grenzgebietes der Landschaft Caux und der Picardie eine Heimstatt, die halb Bauernhof, halb Herrenhaus war; und zog sich, verbittert, von Reue zernagt, unter Anklagen wider den Himmel dorthin zurück; er war jetzt fünfundvierzig Jahre alt; die Menschen ekelten ihn an, wie er sagte, und er war entschlossen, fortan in Frieden zu leben.

Seine Frau war anfangs toll in ihn verschossen gewesen; unter tausend Demütigungen hatte sie ihn geliebt, und diese hatten ihn noch mehr von ihr entfernt. Ehedem war sie heiter, mitteilsam und herzlich gewesen; bei zunehmendem Alter war sie (wie abgestandener Wein, der sich in Essig umsetzt) mürrisch, zänkisch und nervös geworden. Zunächst hatte sie, ohne zu klagen, sehr gelitten, als sie ihn allen Dorfdirnen nachlaufen sah und zwanzig üble Lokale ihn ihr nachts abgestumpft und vor Besoffenheit stinkend heimschickten! Dann hatte sich ihr Stolz empört. Danach hatte sie geschwiegen und ihre Wut in einem stummen Stoizismus hinuntergewürgt, den sie bis zu ihrem Tod beibehielt. Sie war in geschäftlichen Angelegenheiten immerfort unterwegs. Sie ging zu den Anwälten, zum Präsidenten, wußte, wann Wechsel fällig wurden, erlangte Prolongationen; und im Haus plättete, nähte und wusch sie, beaufsichtigte das Gesinde und bezahlte die Rechnungen, während Monsieur, ohne sich um irgend etwas zu kümmern, beständig in maulender Schläfrigkeit befangen, aus der er nur erwachte, um seiner Frau Unfreundlichkeiten zu sagen, rauchend am Kamin saß und in die Asche spuckte.

Als sie ein Kind bekam, mußte es zu einer Amme gegeben werden. Sobald der Kleine wieder daheim war, wurde er verhätschelt wie ein Prinz. Die Mutter fütterte ihn mit eingemachtem Obst; der Vater ließ ihn barfuß herumlaufen, und um sich als Philosoph aufzuspielen, pflegte er sogar zu sagen, eigentlich könne er völlig nackt gehen, wie die Jungen der Tiere. Im Gegensatz zu den mütterlichen Bestrebungen hatte er sich ein gewisses männliches Idealbild von der Kindheit in den Kopf gesetzt, nach dem er seinen Sohn zu modeln trachtete; er sollte streng erzogen werden, nach Art der Spartaner, damit er sich tüchtig abhärte. Er ließ ihn in einem ungeheizten Zimmer schlafen, brachte ihm bei, große Schlucke Rum zu trinken und den Prozessionen Schimpfwörter nachzurufen. Da jedoch der Kleine von Natur friedfertig war, sprach er schlecht auf diese Bemühungen an. Stets schleppte seine Mutter ihn mit sich herum; sie schnitt ihm Papierpuppen aus, erzählte ihm Geschichten und unterhielt sich mit ihm in endlosen Selbstgesprächen, die erfüllt waren von schwermütigem Frohsinn und geschwätzigen Zärtlichkeiten. In der Einsamkeit ihres Lebens übertrug sie auf diesen Kinderkopf alle ihre unerfüllten und zunichte gewordenen Sehnsüchte. Sie träumte von hohen Stellungen, sie sah ihn schon groß, schön, klug, versorgt, beim Amt für Brücken- und Straßenbau oder als Richter. Sie lehrte ihn lesen und brachte es an einem alten Klavier, das sie besaß, sogar fertig, daß er ein paar kleine Lieder sang. Aber von alledem sagte Monsieur Bovary, der von gelehrten Dingen nicht viel hielt, es lohne nicht die Mühe. Würden sie je in der Lage sein, ihn die staatlichen Schulen besuchen zu lassen, ihm ein Amt oder ein Geschäft zu kaufen? Übrigens setze ein Mann sich im Leben stets durch, wenn er sicher auftrete. Madame Bovary biß sich auf die Lippen, und der kleine Junge stromerte im Dorf umher.

Er folgte den Knechten aufs Feld und verjagte mit Erdklumpenwürfen die Krähen; sie flatterten davon. Er aß die längs der Chausseegräben wachsenden Brombeeren, hütete mit einer Gerte die Truthähne, half beim Heuen, lief in den Wald, spielte an Regentagen unter dem Kirchenportal »Himmel und Hölle« und bestürmte an Feiertagen den Küster, ihn die Glocke läuten zu lassen, damit er sich mit seinem ganzen Körpergewicht an das dicke Seil hängen und sich durch dessen Schwung emporheben lassen konnte.

So gedieh er wie eine Eiche. Er bekam kräftige Hände und eine schöne Gesichtsfarbe.

Als er zwölf Jahre alt geworden war, setzte seine Mutter es durch, daß mit eigentlichem Unterricht begonnen werden sollte. Damit wurde der Pfarrer beauftragt. Allein die Stunden waren so kurz und wurden so unregelmäßig abgehalten, daß nicht viel dabei herauskam. Sie wurden erteilt, wenn der Pfarrer gerade nichts Besseres zu tun hatte, in der Sakristei, im Stehen, in aller Hast, zwischen einer Taufe und einem Begräbnis; oder er ließ nach dem Angelus, wenn er das Haus nicht zu verlassen brauchte, seinen Schüler holen. Sie stiegen dann in sein Zimmer hinauf und machten es sich bequem: Mücken und Nachtschmetterlinge tanzten um die Kerze. Es war warm, das Kind schlief ein, und der wackere Pfarrer dämmerte mit den Händen auf dem Bauch ebenfalls ein, und bald schnarchte er mit offenem Mund. Es kam aber auch vor, daß der Herr Pfarrer, wenn er einem Kranken in der Umgebung die letzte Wegzehrung gereicht hatte, auf dem Heimweg Charles sich im Freien herumtreiben sah; dann rief er ihn zu sich, hielt ihm eine Viertelstunde lang eine Strafpredigt und nahm die Gelegenheit wahr, ihn am Fuß eines Baums ein Verbum konjugieren zu lassen. Dann störte sie entweder ein Regenguß oder ein vorübergehender Bekannter. Übrigens war er durchaus mit ihm zufrieden und sagte sogar, der »junge Mann« habe ein gutes Gedächtnis.

So konnte es mit Charles nicht weitergehen. Madame wurde energisch. Beschämt oder wohl eher müde gab Monsieur ohne Widerrede nach; es sollte nur ein Jahr damit gewartet werden, bis der Junge seine Erstkommunion hinter sich gebracht hatte.

Darüber gingen weitere sechs Monate hin; doch im nächsten Jahr wurde Charles tatsächlich auf das Gymnasium von Rouen geschickt; gegen Ende Oktober brachte der Vater selber ihn hin; es war um die Zeit des Sankt-Romanus-Jahrmarkts.

Heute würde es uns allen unmöglich sein, sich seiner noch deutlich zu erinnern. Er war ein ziemlich phlegmatischer Junge, der in den Pausen spielte, während der Arbeitsstunden lernte, beim Unterricht zuhörte, im Schlafsaal gut schlief und im Refektorium tüchtig zulangte. Sein Betreuer war ein Eisengroßhändler in der Rue de la Ganterie, der ihn einmal im Monat am Sonntag nach Ladenschluß abholte; er schickte ihn spazieren, damit er sich am Hafen die Schiffe ansehe; danach brachte er ihn dann gegen sieben Uhr, vor dem Abendessen, wieder zurück. Jeden Donnerstagabend schrieb Charles einen langen Brief an seine Mutter, und zwar mit roter Tinte und drei Siegeloblaten; danach vertiefte er sich in seine Geschichtshefte, oder er las auch in einem alten Buch des »Anacharsis«, der im Arbeitszimmer herumlag. Bei den Spaziergängen unterhielt er sich mit dem Schuldiener, der wie er vom Lande stammte.

Durch seinen Fleiß hielt er sich stets in der Mitte der Klasse; einmal gewann er sogar einen ersten Preis in Naturkunde. Doch gegen Ende seines Tertianerjahrs nahmen ihn seine Eltern vom Gymnasium, um ihn Medizin studieren zu lassen; sie waren davon überzeugt, daß er sich allein bis zur Reifeprüfung durchhelfen könne.

Seine Mutter suchte für ihn bei einem ihr bekannten Färber ein Zimmer im vierten Stock mit Ausblick auf die Eau-de-Robec. Sie traf Vereinbarungen über den Pensionspreis, besorgte Möbel, einen Tisch und zwei Stühle, ließ von zu Hause ein altes Kirschholzbett kommen und kaufte außerdem einen kleinen gußeisernen Ofen nebst einem Vorrat an Brennholz, damit ihr armer Junge es warm habe. Dann fuhr sie am Ende der Woche wieder heim, nach Tausenden von Ermahnungen, er solle sich gut aufführen, nun er ganz sich selbst überlassen sei.

Das Vorlesungsverzeichnis, das er am Schwarzen Brett las, machte ihn schwindlig: Anatomischer Kursus, Pathologischer Kursus, Physiologischer Kursus, Pharmazeutischer Kursus, Chemischer Kursus, Botanischer, Klinischer, Therapeutischer Kursus, nicht zu reden von der Hygiene und der praktischen Medizin, lauter Bezeichnungen, deren Etymologien er nicht kannte und die ihn anmuteten wie ebenso viele Pforten zu von erhabener Finsternis erfüllten Heiligtümern.

Er verstand nichts; er mochte zuhören, soviel er wollte, er nahm nichts in sich auf. Dabei arbeitete er; er hatte gebundene Kolleghefte; er folgte allen Vorlesungen und versäumte keine einzige Visite. Er vollbrachte sein kleines tägliches Arbeitspensum wie ein Pferd im Göpelwerk, das mit verbundenen Augen im Kreise läuft, ohne zu wissen, was es zerschrotet.

Um ihm Ausgaben zu ersparen, schickte seine Mutter ihm wöchentlich durch den Botenmann ein Stück Kalbsbraten; das bildete, wenn er vom Krankenhaus heimgekommen war, sein Mittagessen; dabei trommelte er mit den Schuhsohlen gegen die Zimmerwand. Dann mußte er schleunigst wieder ins Kolleg, in den Anatomiesaal, ins Krankenhaus und dann abermals heim, durch sämtliche Straßen. Abends stieg er nach dem kargen Essen bei seinem Hauswirt wieder in seine Bude hinauf und machte sich in seinem feuchten Anzug, der ihm bei der Rotglut des Kanonenofens am Leibe dampfte, abermals an die Arbeit.

An schönen Sommerabenden, um die Stunde, da die lauen Straßen leer sind und die Dienstmädchen vor den Haustüren Federball spielen, machte er sein Fenster auf und lehnte sich hinaus. Der Bach, der aus dieser Rouener Stadtgegend ein häßliches Klein-Venedig macht, floß unter ihm vorbei, gelb, violett oder blau zwischen seinen Brücken und Gittern. Am Ufer hockten Arbeiter und wuschen sich die Arme im Wasser. An Stangen, die aus den Speichergiebeln hervorragten, trockneten an der Luft Baumwolldocken. Gegenüber, hinter den Dächern, dehnte sich der weite, klare Himmel mit der roten, sinkenden Sonne. Wie schön mußte es im Freien sein! Wie kühl unter den Waldbuchen! Und er weitete die Nasenlöcher, um den köstlichen Geruch der Felder einzuatmen, der gar nicht bis zu ihm hindrang.

Er magerte ab, er schoß in die Höhe, und sein Gesicht bekam einen Leidenszug, der es fast interessant machte.

Natürlich wurde er nach und nach aus Lässigkeit allen Vorsätzen untreu, die er gefaßt hatte. Einmal versäumte er die Visite, am nächsten Tag seine Vorlesung; allmählich fand er Geschmack am Faulenzen und ging überhaupt nicht mehr hin.

Er wurde Stammgast in einer Kneipe und ein leidenschaftlicher Dominospieler. Allabendlich in einer schmutzigen Spelunke zu hocken, um dort mit den Spielsteinen aus schwarzbepunkteten Hammelknochen auf Marmortischen zu klappern, dünkte ihn ein köstlicher Akt seiner Freiheit, der seine Selbstachtung erhöhte. Es war wie eine Einführung in Welt und Gesellschaft, der Zugang zu verbotenen Freuden; beim Eintreten legte er mit einer beinah sinnlichen Freude die Hand auf den Türknauf. Jetzt wurde in ihm viel Unterdrücktes lebendig; er lernte Couplets auswendig und gab sie gelegentlich zum besten; er begeisterte sich für Béranger, konnte Punsch bereiten und lernte schließlich die Liebe kennen.

Dank dieser Vorarbeiten fiel er bei der Prüfung als Arzt zweiter Klasse völlig durch. Am gleichen Abend wurde er daheim erwartet, wo sein Erfolg gefeiert werden sollte.

Er zog zu Fuß los und machte am Dorfeingang halt; dorthin ließ er seine Mutter bitten und erzählte ihr alles. Sie entschuldigte ihn, schrieb den Mißerfolg der Ungerechtigkeit der Examinatoren zu und richtete ihn dadurch ein bißchen auf, daß sie es übernahm, die Sache in Ordnung zu bringen. Erst fünf Jahre später erfuhr Monsieur Bovary die Wahrheit; sie war schon alt, er nahm sie hin, im übrigen außerstande, anzunehmen, daß ein Mensch, der von ihm abstammte, ein Dummkopf sei.

So machte Charles sich von neuem an die Arbeit und bereitete sich ohne Unterbrechung auf die Stoffgebiete seines Examens vor; er lernte alle Fragen vorher auswendig. Daher bestand er mit einer ziemlich guten Note. Welch ein Freudentag für seine Mutter! Es wurde ein großes abendliches Festessen veranstaltet.

Wo sollte er seine Kunst nun ausüben? In Tostes. Dort gab es nur einen alten Arzt. Seit langem schon hatte die Mutter Bovary auf dessen Tod gelauert, und der Gute war kaum bestattet, als Charles sich auch schon als sein Nachfolger im Haus gegenüber niederließ.

Aber nicht genug damit, daß sie ihren Sohn großgezogen, daß sie ihn Medizin hatte studieren lassen und daß sie für die Ausübung seines Berufs Tostes entdeckt hatte: er mußte eine Frau haben. Sie machte für ihn eine ausfindig: die Witwe eines Gerichtsvollziehers aus Dieppe, fünfundvierzig Jahre alt und im Besitz einer Rente von zwölfhundert Francs.

Obwohl Madame Dubuc häßlich war, dürr wie eine Bohnenstange und bepickelt wie ein knospender Frühling, fehlte es ihr nicht an Bewerbern. Um zum Ziel zu gelangen, mußte Mutter Bovary sie alle aus dem Feld schlagen, und sie triumphierte sogar sehr geschickt über die Machenschaften eines Metzgermeisters, der von der Geistlichkeit unterstützt wurde.

Charles hatte in der Heirat den Aufstieg in bessere Lebensbedingungen erblickt; er hatte geglaubt, er werde freier sein und könne über sich selber und sein Geld verfügen. Aber seine Frau hatte die Hosen an; er durfte vor den Leuten zwar dieses sagen, aber nicht jenes; alle Freitage mußte er fasten, sich nach ihrem Geschmack kleiden und auf ihren Befehl hin die Patienten, die nicht bezahlten, hart anpacken. Sie machte seine Briefe auf, überwachte jeden seiner Schritte und belauschte, wenn es sich um Frauen handelte, durch die Zwischenwand hindurch die ärztlichen Ratschläge, die er in seinem Behandlungszimmer gab.

Morgens mußte sie ihre Schokolade haben; sie forderte Rücksichtnahmen ohne Ende. Unaufhörlich jammerte sie über ihre Nerven, ihre Lunge, ihre Körpersäfte. Das Geräusch von Schritten tat ihr weh; war er außer Hause, so fand sie die Einsamkeit gräßlich; kam er wieder, so sicherlich nur, um sie sterben zu sehen. Wenn Charles abends heimkehrte, streckte sie ihre langen, mageren Arme unter der Bettdecke hervor, schlang sie ihm um den Hals, ließ ihn sich auf die Bettkante setzen und begann, ihm von ihren Kümmernissen zu erzählen: er vernachlässige sie, er liebe eine andre! Man habe es ihr ja gleich gesagt, daß sie unglücklich werden würde; und schließlich bat sie ihn um einen Gesundheitssirup und um ein bißchen mehr Liebe.

I,2

Eines Abends gegen elf Uhr wurden sie durch das Getrappel eines Pferdes geweckt, das genau vor der Haustür anhielt. Das Hausmädchen öffnete die Bodenluke und unterhandelte eine Weile mit einem Mann, der unten auf der Straße stehengeblieben war. Er komme den Arzt holen; er habe einen Brief. Nastasie stieg schlotternd die Treppenstufen hinab, schloß auf und schob die Riegel zurück, einen nach dem andern. Der Mann ließ sein Pferd stehen, folgte dem Mädchen und trat unversehens hinter ihr ein. Er zog aus seiner graubequasteten Wollkappe einen in einen Lappen gewickelten Brief hervor und reichte ihn behutsam Charles, der sich mit den Ellbogen auf das Kopfkissen stützte, um ihn zu lesen. Nastasie stand am Bett und hielt den Leuchter. Madame blieb verschämt der Wand zugekehrt liegen und zeigte den Rücken.

Dieser Brief, den ein kleines, blaues Wachssiegel verschloß, forderte Monsieur Bovary dringend auf, sich unverzüglich nach dem Pachthof Les Bertaux zu begeben, um ein gebrochenes Bein zu schienen. Nun aber sind es von Tostes nach Les Bertaux gute sechs Meilen Wegs, wenn man über Longueville und Saint-Victor reitet. Die Nacht war pechschwarz. Die jüngere Madame Bovary fürchtete, ihrem Mann könne etwas zustoßen. So wurde beschlossen, der Stallknecht solle vorausreiten. Charles wolle drei Stunden später aufbrechen, wenn der Mond aufgegangen sei. Es solle ihm ein Junge entgegengeschickt werden, um ihm den Weg nach dem Pachthof zu zeigen und die Knicktore zu öffnen.

Gegen vier Uhr morgens machte sich Charles, fest in seinen Mantel gehüllt, auf den Weg nach Les Bertaux. Er war noch benommen von der Wärme des Schlafes und ließ sich vom friedlichen Trott seines Pferdes schaukeln. Als es von selber vor einem der von Dornsträuchern umwachsenen Löcher stehenblieb, wie sie am Rand der Äcker gegraben werden, schreckte Charles auf, mußte rasch an das gebrochene Bein denken und versuchte, in seinem Gedächtnis alles zusammenzukramen, was er über Knochenbrüche wußte. Es regnete nicht mehr; der Tag begann zu dämmern, und auf den Zweigen der blätterlosen Apfelbäume hockten reglose Vögel und sträubten ihr Gefieder im kalten Morgenwind. So weit man sehen konnte, erstreckte sich das flache Land, und die Baumgruppen, die die Bauernhöfe umgaben, bildeten in weiten Abständen schwärzlich-violette Flecke auf dieser großen, grauen Fläche, die am Horizont in die trübe Farbe des Himmels zerrann. Von Zeit zu Zeit riß Charles die Augen auf; danach wurde er wieder müde, und der Schlaf kam ganz von selber wieder; bald geriet er in einen traumartigen Zustand, in dem neuerliche Empfindungen mit Erinnerungen verschmolzen; er fühlte sich verdoppelt, gleichzeitig Student und Ehemann, in seinem Bett liegend wie vor kurzem noch, einen Saal mit Operierten durchschreitend wie ehemals. Der warme Geruch heißer Breiumschläge mischte sich in seinem Kopf mit dem frischen Duft des Taus; er hörte die Eisenringe an den Stangen der Bettvorhänge klirren und seine Frau schlafen … Als er durch Vassonville ritt, sah er am Grabenrand einen Jungen im Gras sitzen.

»Sind Sie der Doktor?« fragte der Kleine.

Und auf Charles' Antwort hin nahm er seine Holzschuhe in die Hand und begann vor ihm herzulaufen.

Unterwegs entnahm der Arzt den Reden seines Führers, daß Monsieur Rouault ein recht wohlhabender Landwirt sei. Er hatte sich das Bein gebrochen, als er am vergangenen Abend von einem Nachbarn, bei dem er das Dreikönigsfest gefeiert hatte, heimgegangen war. Seine Frau war seit zwei Jahren tot. Er hatte nur sein »Fräulein« bei sich; sie half ihm im Haushalt.

Die Radspuren wurden tiefer. Sie näherten sich Les Bertaux. Der kleine Junge schlüpfte durch ein Loch in der Hecke und verschwand; dann tauchte er am Ende einer Einfriedung wieder auf und öffnete die Schranke. Das Pferd glitschte auf dem feuchten Gras aus; Charles bückte sich, um unter den Baumzweigen durchzukommen. Die Hofhunde im Zwinger bellten und zerrten an ihren Ketten. Als er in Les Bertaux einritt, scheute sein Pferd und vollführte einen großen Satz.

Der Pachthof machte einen guten Eindruck. Durch die offenen Oberteile der Türen sah man kräftige Ackerpferde, die geruhsam aus neuen Raufen fraßen. Längs der Wirtschaftsgebäude zog sich ein breiter Misthaufen hin, von dem Dunstschwaden aufstiegen, und zwischen den Hühnern und Truthähnen stolzierten fünf oder sechs Pfauen einher, ein besonderer Luxus der Geflügelhöfe der Landschaft Caux. Der Schafstall war lang, die Scheune hoch, mit Mauern, glatt wie die Fläche einer Hand. Im Schuppen standen zwei große Leiterwagen und vier Pflüge mit den dazugehörenden Peitschen, Kummeten und sämtlichen Geschirren; die blauen Wollwoilache waren mit feinem Staub bedeckt, der von den Kornböden niederfiel. Der Hof stieg etwas an; er war symmetrisch mit weit auseinanderstehenden Bäumen bepflanzt, und vom Tümpel her erscholl das fröhliche Geschnatter einer Gänseherde.

Eine junge Frau in einem mit drei Volants besetzten blauen Merinokleid erschien auf der Haustürschwelle, um Monsieur Bovary zu begrüßen, sie führte ihn in die Küche, in der ein tüchtiges Feuer brannte. Ringsum kochte das Essen für das Gesinde in kleinen Töpfen von unterschiedlicher Form. An den Innenwänden des Kamins trockneten feuchte Kleidungsstücke. Die Schaufel, die Feuerzange und das Mundstück des Blasebalgs, alle von kolossaler Größe, funkelten wie blanker Stahl, während an den Wänden entlang eine Unmenge von Küchengerät hing; darin spiegelte sich ungleichmäßig die helle Flamme des Herdfeuers, dem sich die ersten, durch die Fensterscheiben einfallenden Sonnenstrahlen zugesellten.

Charles stieg zum ersten Stock hinauf, um nach dem Patienten zu sehen. Er fand ihn im Bett, schwitzend unter seinen Decken; seine baumwollene Nachtmütze hatte er weit von sich geworfen. Er war ein stämmiger, untersetzter Mann von fünfzig Jahren, mit heller Haut, blauen Augen und kahler Stirn; er trug Ohrringe. Neben ihm stand auf einem Stuhl eine große Karaffe Schnaps, deren er sich von Zeit zu Zeit bedient hatte, um sich Mut zu machen; allein beim Anblick des Arztes legte sich seine Erregung, und anstatt zu fluchen, wie er es seit zwölf Stunden getan hatte, fing er schwach zu ächzen an.

Der Bruch war einfach, ohne jede Komplikation. Einen leichteren Fall hätte Charles sich schwerlich wünschen können. Also erinnerte er sich der Verhaltensweise seiner Lehrer an Krankenbetten; er tröstete den Leidenden mit allen möglichen guten Worten, Chirurgen-Freundlichkeiten, die wie das Öl sind, mit dem die Operationsmesser eingefettet werden. Um Schienen zu fertigen, wurde aus dem Wagenschuppen ein Bündel Latten geholt. Charles suchte eine aus, zerschnitt sie in Stücke und glättete sie mit einer Glasscherbe, während die Magd Laken zerriß, aus denen Binden gemacht werden sollten; Mademoiselle Emma versuchte inzwischen, kleine Polster zu nähen. Da es lange dauerte, bis sie ihren Nähkasten gefunden hatte, wurde ihr Vater ungeduldig; sie antwortete nichts; und beim Nähen stach sie sich in die Finger; die steckte sie dann in den Mund, um sie auszusaugen.

Charles staunte über die Sauberkeit ihrer Fingernägel. Sie glänzten, waren vorn gefeilt und reinlicher als die Elfenbeinschnitzereien in Dieppe, und mandelförmig geschnitten. Dabei war ihre Hand nicht schön, vielleicht nicht blaß genug, und die Fingerglieder waren ein bißchen mager und ohne weiche Biegungen der Linien in der Kontur. Schön an ihr waren lediglich die Augen; obwohl braun, wirkten sie schwarz der Wimpern wegen, und ihr Blick traf einen unverhohlen mit naiver Kühnheit. Als der Verband fertig war, wurde der Arzt von Monsieur Rouault persönlich eingeladen, »einen Happen zu essen«, ehe er wieder aufbreche.

Charles ging in das im Erdgeschoß gelegene große

Wohnzimmer hinunter. Es lagen zwei Gedecke und standen zwei Silberbecher auf einem Tischchen am Fußende eines großen Bettes mit einem Kattunhimmel, auf dem Türken dargestellt waren. Es roch nach Iris und feuchten Bettüchern; der Geruch kam aus einem hohen Eichenschrank, der dem Fenster gegenüberstand. Am Fußboden, in den Ecken, waren aufrecht stehende Kornsäcke aufgereiht. Die anstoßende Kornkammer war übervoll; zu ihr hin führten drei Steinstufen. Als Zimmerschmuck hing an einem Nagel mitten an der Wand, deren grüne Tünche des Salpeters wegen abblätterte, in goldenem Rahmen eine Bleistiftzeichnung, ein Minervakopf, und darunter stand in altfränkischen Lettern: »Meinem lieben Papa.«

Zuerst wurde von dem Patienten gesprochen, dann vom Wetter, von den starken Frösten, von den Wölfen, die nachts über die Felder streiften. Mademoiselle Rouault hatte keine Freude am Landleben, zumal jetzt nicht, da nun fast die ganze Last der Gutswirtschaft auf ihr allein ruhte. Da es im Zimmer kalt war, fröstelte sie während der ganzen Mahlzeit; dabei öffnete sie ein wenig ihre vollen Lippen, auf denen sie herumzubeißen pflegte, wenn sie schwieg.

Ihr Hals entstieg einem weißen Umlegekragen. Ihr Haar, dessen beide schwarze Streifen aus je einem einzigen Stück zu bestehen schienen, so glatt lagen sie an, war in der Mitte des Kopfes durch einen dünnen, hellen Scheitel geteilt, der sich, der Wölbung des Schädels entsprechend, leicht vertiefte; die Ohrläppchen waren kaum sichtbar; hinten wurde es zu einem üppigen Knoten zusammengefaßt, mit einer Wellenbewegung nach den Schläfen zu, was der Landarzt hier zum erstenmal in seinem Leben sah. Ihre Wangen waren rosig. Zwischen zwei Knöpfen ihres hochgeschlossenen Kleides trug sie ein Schildpattlorgnon, wie ein Mann.

Als Charles, der hinaufgegangen war, um sich von dem alten Rouault zu verabschieden, nochmals in das Zimmer trat, ehe er fortritt, fand er sie am Fenster stehen und in den Garten schauen, wo der Wind die Bohnenstangen umgeworfen hatte. Sie wandte sich um.

»Suchen Sie etwas?« fragte sie.

»Meine Reitgerte, wenn sie gestatten«, antwortete er.

Und er machte sich daran, auf dem Bett nachzusehen, hinter den Türen, unter den Stühlen; sie war zwischen den Säcken und der Wand zu Boden gefallen. Mademoiselle Emma entdeckte sie; sie beugte sich über die Kornsäcke. Charles wollte ihr galant zuvorkommen, und als auch er den Arm mit der gleichen Bewegung reckte, spürte er, wie seine Brust den Rücken des unter ihm sich bückenden jungen Mädchens streifte. Sie war ganz rot, als sie sich aufrichtete, blickte ihn über die Schulter hinweg an und hielt ihm seinen Ochsenziemer hin.

Anstatt drei Tage später wieder nach Les Bertaux zu kommen, wie er es versprochen hatte, sprach er bereits am nächsten Tag dort vor, und dann regelmäßig zweimal die Woche, ganz abgesehen von den unerwarteten Besuchen, die er hin und wieder machte, wie aus Versehen.

Übrigens ging alles gut; die Heilung vollzog sich vorschriftsmäßig, und als man nach sechsundvierzig Tagen den alten Rouault versuchen sah, ganz allein auf seinem alten Hof umherzugehen, fing man an, Monsieur Bovary für eine Kapazität zu halten. Der alte Rouault sagte, besser hätten ihn die ersten Ärzte aus Yvetot oder sogar aus Rouen auch nicht heilen können.

Was Charles betraf, so gab er sich keine Rechenschaft, warum er so gern nach Les Bertaux kam. Hätte er darüber nachgedacht, so würde er sicherlich seinen Eifer dem Ernst des Falles zugeschrieben haben, oder vielleicht auch dem Honorar, das er sich davon erhoffte. Aber waren das wirklich die Gründe dafür, daß seine Besuche auf dem Pachthof eine köstliche Abwechslung im armseligen Einerlei seines Daseins bildeten? An jenen Tagen stand er frühzeitig auf, ritt im Galopp fort, trieb sein Pferd an, saß dann ab, reinigte sich die Füße im Gras und streifte seine schwarzen Handschuhe über, ehe er einritt. Er liebte sein Ankommen auf dem Hof, er liebte es, an seiner Schulter das nachgebende Eingangstor zu fühlen, den Hahn, der auf der Mauer krähte, und die Buben, die ihm entgegenliefen. Er liebte die Scheune und die Ställe; er liebte den alten Rouault, der ihm die Hand gab, daß es nur so klatschte, und ihn seinen Lebensretter nannte; er liebte Mademoiselle Emmas kleine Schuhe auf den gescheuerten Fliesen der Küche; ihre hohen Hacken machten sie ein bißchen größer, und wenn sie vor ihm herging, schlugen die schnell sich hebenden Holzsohlen mit einem trockenen Geräusch gegen das Oberleder.

Sie geleitete ihn jedesmal bis an die erste Stufe der Freitreppe. Wenn sein Pferd noch nicht vorgeführt worden war, blieb sie bei ihm stehen. Sie hatten schon Abschied genommen; sie sagten nichts mehr; die freie Luft umgab sie und wehte wirr ihre flaumigen Nackenhärchen hoch oder ließ ihre Schürzenbänder um die Hüfte flattern; sie verdrehten sich wie Spruchbänder. Einmal, als Tauwetter war, schwitzte die Rinde der Bäume im Hof, und der Schnee auf den Dächern der Gebäude schmolz. Sie stand auf der Schwelle; sie ging hinein und holte ihren Sonnenschirm, sie spannte ihn auf. Der Schirm war aus taubenhalsfarbener Seide; das Sonnenlicht drang hindurch und bildete tanzende Reflexe auf ihrer weißen Gesichtshaut. Sie lächelte darunter in die laue Wärme, und man hörte die Wassertropfen einen nach dem andern auf das straff gespannte Moiré fallen.

In der ersten Zeit von Charles' häufigen Ritten nach Les Bertaux hatte seine Frau sich nach dem Patienten erkundigt, und in dem Buch, in das sie Ausgaben und Einnahmen eintrug, sogar für Monsieur Rouault eine schöne weiße Seite ausgesucht. Doch als sie vernahm, er habe eine Tocher, zog sie Erkundigungen ein; und nun erfuhr sie, daß Mademoiselle Rouault im Kloster erzogen worden sei, bei den Ursulinerinnen, und also sozusagen ›eine höhere Bildung‹ erhalten habe, daß sie infolgedessen Unterricht im Tanzen, in Geographie, im Zeichnen, in Gobelinstickerei und im Klavierspielen gehabt hatte. Das war der Gipfel!

»Deswegen also«, sagte sie sich, »macht er ein so heiteres Gesicht, wenn er sie besucht, und zieht seine neue Weste an, auf die Gefahr hin, daß der Regen sie verdirbt? Oh, dieses Weib! Dieses Weib …!«

Und instinktiv haßte sie sie. Anfangs erleichterte sie sich durch Anspielungen. Charles verstand sie nicht; dann durch anzügliche Bemerkungen, die er ihr aus Furcht vor einer Szene hingehen ließ; schließlich jedoch durch unverhohlene Vorwürfe, auf die er nichts zu entgegnen wußte. Wie es komme, daß er in einem fort nach Les Bertaux reite, wo doch Monsieur Rouault längst geheilt sei und die Leute da noch immer nicht bezahlt hätten? Haha, nur, weil dort »eine Person« sei, jemand, der zu plaudern wisse, eine, die sich aufspiele, eine Schöngeistige. So was möge er: Stadtdamen müsse er haben! Und dann fuhr sie in ihrer Rede fort:

»Die Tochter vom alten Rouault und eine Stadtdame? Geh mir doch! Deren Großvater war Schafhirt, und sie haben einen Vetter, der wäre beinah vors Schwurgericht gekommen, weil er bei einer Prügelei einen fast totgeschlagen hätte. Die braucht sich wirklich nicht aufzuspielen und sonntags in einem Seidenkleid zur Kirche zu gehen wie eine Gräfin. Übrigens hätte der Alte ohne seinen Raps vom vorigen Jahr schwerlich seine Pachtrückstände bezahlen können!«

Charles wurde es müde; er stellte seine Besuche in Les Bertaux ein. Héloïse hatte ihn nach vielen Schluchzern und Küssen in einem großen Liebesausbruch auf ihr Meßbuch schwören lassen, er werde nicht mehr hinreiten. Also gehorchte er; aber die Heftigkeit seines Verlangens protestierte gegen das Knechtische seines Verhaltens, und aus einer gewissen naiven Scheinheiligkeit heraus meinte er, dieses Verbot, sie zu besuchen, räume ihm gewissermaßen ein Recht ein, sie zu lieben. Und überdies war die Witwe mager; sie hatte lange Zähne; sie trug zu jeder Jahreszeit einen kleinen schwarzen Schal, dessen Zipfel ihr zwischen den Schulterblättern herabhing; ihre eckige Gestalt war in Kleider eingezwängt, die wie ein Futteral wirkten; sie waren zu kurz und ließen ihre Fußgelenke und die auf grauen Strümpfen sich kreuzenden Bänder ihrer plumpen Schuhe sehen.

Dann und wann kam Charles' Mutter zu Besuch; aber nach ein paar Tagen schien die Schwiegertochter sich an ihr zu wetzen, und dann fielen sie wie zwei Messer mit ihren Betrachtungen und Bemerkungen über ihn her. Er solle nicht so viel essen! Warum immer gleich dem Erstbesten was zu trinken anbieten? Welch eine Dickköpfigkeit, keine Flanellwäsche tragen zu wollen!

Zu Frühlingsbeginn geschah es, daß ein Notar aus Ingouville, der Vermögensverwalter der Witwe Dubuc, übers Meer das Weite suchte und alles Geld mitnahm, das sich in seinem Büro befand. Freilich besaß Héloïse noch außer einem Schiffsanteil, der auf sechstausend Francs geschätzt wurde, ihr Haus in der rue Saint-François, und dabei hatte sie von dem ganzen Vermögen, das so laut gerühmt worden war, nichts mit in die Ehe gebracht als ein paar Möbelstücke und ein bißchen abgetragene Kleidung. Der Sache mußte auf den Grund gegangen werden. Das Haus in Dieppe erwies sich als bis an die Dachbalken mit Hypotheken belastet, und der

Schiffsanteil war keine tausend Taler wert. Sie hatte also gelogen, die gute Dame! In seiner Wut zerschlug der Vater Bovary einen Stuhl auf dem Steinpflaster und beschuldigte seine Frau, den Sohn ins Unglück gestürzt und ihn mit dieser alten Schindmähre zusammengekoppelt zu haben, deren Geschirr nicht ihr Fell wert sei. Sie fuhren nach Tostes. Es kam zu Auseinandersetzungen. Es gab Auftritte. Héloïse warf sich schluchzend in die Arme ihres Mannes und beschwor ihn, sie gegenüber seinen Eltern in Schutz zu nehmen. Charles wollte ein Wort für sie einlegen. Das nahmen die Eltern übel; sie reisten ab.

Aber der Hieb hatte gesessen. Acht Tage später, beim Aufhängen von Wäsche in ihrem Hof, bekam sie einen Blutsturz, und am folgenden Tag, als Charles ihr den Rücken zukehrte, um den Fenstervorhang zuzuziehen, sagte sie: »Ach, mein Gott!«, stieß einen Seufzer aus und verlor das Bewußtsein. Sie war tot! Wie sonderbar!

Als auf dem Kirchhof alles vorüber war, ging Charles nach Hause. Unten war niemand, er ging hinauf in den ersten Stock in das Schlafzimmer und sah ihr Kleid noch immer am Fußende des Alkovens hängen; da lehnte er sich gegen das Schreibpult und verblieb dort bis zum Abend, in schmerzliche Grübelei versunken. Alles in allem hatte sie ihn doch geliebt.

Die Exposition der beiden ersten Kapitel enthält schon wesentliche Elemente der Romanentwicklung. Der Anfang ist Charles Bovary gewidmet, wie ihm auch das Schlußkapitel ganz allein gehört. Wir erfahren seine Geschichte aus der Perspektive eines Erzählers, der hier noch deutlich sichtbar wird, auch wenn er sich im kollektiven »Wir« der Schulkameraden verbirgt. Später verschwindet er fast gänzlich, tritt nur ab und zu noch in allgemeinen Maximen als Medium der Reflexion hervor. Der meisterhafte Romanbeginn ist oft gerühmt worden. Ohne Einleitung beginnt die Erzählung mit dem effektvollen Auftritt des Knaben Charles, in dessen Habitus und Verhalten wir schon viel von dem Gepräge des späteren Landarztes wiederfinden. Seine Schwerfälligkeit, sein pedantischer Fleiß, sein Scheitern an allen etwas schwierigeren Aufgaben, seine durchdringende Mediokrität und Passivität, mit der er sich in das Geschick fügt, das andere für ihn vorgesehen haben. Auch das Gewand, mit dem er uns erstmals vor Augen tritt, ist bezeichnend: bäurisch in Schnitt und Farbe, grün und gelbbraun dominieren.

Wie anders erscheint die junge Emma Rouault auf Les Bertaux, die ihre Briefe mit einem niedlichen blauen Siegel verschließt und ein mit drei Volants besetztes blaues Merinokleid trägt. Die Farbe Blau bleibt ihr Zeichen (bis sie zum Schluß gegen Schwarz getauscht wird), symbolischer Ausdruck der Sehnsucht und des Fernwehs, doch ebenso in komplementärer Bedeutung »die Farbe der Introvertierten«, wie Gottfried Benn sie genannt hat. Was geschieht, wenn zwei solche Menschen aufeinandertreffen, die nicht unterschiedlicher gedacht werden können und von denen doch jeder für einen Augenblick Träger der Hoffnung des jeweils anderen wird? Die Hoffnung nämlich, im anderen das Tor aus dem Käfig eines engen und trüben Daseins gefunden zu haben. Die Versuchsanordnung wirkt wie ein soziales Experiment, das der Autor mit seinen Figuren anstellt und dessen Genese er nun mit wissenschaftlicher Akribie festhält. *(I,3)* „Eines Morgens kam der alte Rouault und brachte Charles das Honorar für sein wiederhergestelltes Bein" – damit beginnt die eigentliche Ouvertüre zur Geschichte von Charles und Emma, denn Rouault bringt auch die erneute Einladung nach Les Bertaux mit, der der junge verwitwete Landarzt jetzt regelmäßig folgen kann. „Eines Tages langte er gegen drei Uhr nachmittags an; alles war draußen auf den Feldern; er ging in die Küche, und zunächst bemerkte er Emma gar nicht; die Fensterladen waren geschlossen. Durch die Ritzen des Holzes warf die Sonne lange, dünne Streifen auf die Fliesen; sie brachen sich an den Kanten der Möbel und zitterten an der Zimmerdecke. Auf dem Tisch krabbelten Fliegen an den Gläsern herum, aus denen getrunken worden war, und summten, wenn sie in dem Ziderrest, der am Boden haftete, ertranken. Das durch den Kamin hereinfallende Tageslicht ließ den Ruß der Herdplatte wie Samt wirken und färbte die kalte Asche bläulich. Emma saß zwischen dem Fenster und dem Herd und nähte; sie trug kein Brusttuch, auf

ihren nackten Schultern glänzten Schweißperlen." Das ist eine
der vielen Stellen, an der wir den literarischen Aufbau der wirklichen Welt, wie Flaubert ihn vollzog, modellhaft verfolgen
können. Keine Fiktion, sondern Realität in ihrer alltäglichen,
banalen Gestalt, und was auf den ersten Blick als romantische
Genreszene erscheinen könnte, erweist sich bei näherem Zuse-
hen als ein Nebeneinander von Dingen, die nur zufällig durch
ihre Stellung im Raum miteinander zu tun haben, aber keinen
tieferen Zusammenhang mehr bilden. Die Lichtstrahlen, die
ertrinkenden Fliegen, die Schweißperlen auf Emmas nackten
Schultern bilden ein Ensemble von Gegenständen, die sich völlig gleichgültig sind – und die damit auch gleichgültig sind im
Sinne von gleichwertig. Gewiß, ein Widerschein romantischer
Sehweise, die Flaubert nur allzu gut kannte und die er sich gerade mit den Exerzitien des Bovary-Romans austreiben wollte,
liegt auch noch über dieser Szene: die samtig erscheinende
Herdplatte, der bläuliche Aschenhaufen, die ganze Atmosphäre ist nicht nur für sich selbst, in ihrem Dasein bedeutend,
sondern verweist noch symbolisch über sich hinaus, ist bei aller
Realistik doch auch ein Traumsujet, in dem die Sehnsuchts-
farbe Blau über kalter Asche brennt.

Charles und Emma lernen sich näher kennen, er erzählt von
seiner Gymnasiastenzeit, sie von ihrer Erziehung im Kloster.
Dabei kommen auch all die kleinen intimen Details ans Licht,
die ein Mädchen sammelt: Bücher, Notenhefte, allerlei Souvenirs; die beiden beugen ihre Köpfe darüber, plaudern. Emmas
Stimmung wechselt manchmal jäh: ist sie in dem einen Augenblick noch ganz geistesgegenwärtig und wach auf ihr Gespräch
gerichtet, erscheint sie im nächsten teilnahmslos und traumver-
loren. Charles erlebt gerade das als Verkörperung von Lebendigkeit, die seinem steten, monotonen Dasein und Charakter
abgeht. Wenn er in sein einsames Heim zurückkehrt, ist sein
Kopf jedesmal voller Bilder: Emma, „den Kopf nach hinten geneigt, den Hals gestrafft, stand sie da und lachte", Emma, wie
sie von ihrer Mutter, von ihrem Garten erzählt, Emma, mit
ihren lustigen, großen, naiven Augen, die sich aber auch
schwermütig schließen konnten, als wollten sie die Welt nicht
mehr kennen. Der alte Rouault merkt bald, wie es um seinen
Besucher steht und hätte gegen die Heirat nichts einzuwenden,
allein, sooft Charles sich vornimmt, nun endlich mit dem in langen einsamen Nächten längst beschlossenen Heiratsantrag her-

auszurücken, sooft fehlen ihm dann im entscheidenden Moment die Worte. Während eines Spaziergangs mit dem Gutspächter faßt er sich schließlich ein Herz, und da ihm sein Begleiter allerlei Brücken baut, gelingt das schwierige Unternehmen endlich, bei dem sich Charles abermals so ungeschickt darstellt, wie darin ja generell sein Hauptwesenszug besteht. „»Ich selber wünsche mir nichts Besseres«, fuhr der Pächter fort. »Obwohl die Kleine sicherlich denken wird wie ich, muß sie um ihre Meinung gefragt werden.«" Eine Aufgabe, die Vater Rouault übernehmen will, und die beiden verabreden ein Zeichen, womit dem Bräutigam Emmas Zustimmung signalisiert werden soll: ein Fensterladen wird kräftig gegen die Hauswand geklappt werden. Das geschieht auch – ein bedeutsames Signal, denn wir erfahren Emmas Reaktion nur auf diese Weise, sie selber bleibt in diesem Augenblick ebenso verborgen, wie die widerstreitenden Empfindungen noch dunkel sind, aus denen dieser Entschluß entsprang und die ihr Eheleben auf so unheilvolle Weise belasten werden. Im symbolischen Zeichen sichtbar wird allein ihr Hauptmotiv: mit dieser Heirat hofft sie, zugleich die Fenster zur Welt und zum größeren, reicheren Leben aufzustoßen. Das Fenstermotiv wird mit ihrer Person, ihrem Dasein verknüpft bleiben – es gehört zum Bildbestand des Jahrhunderts und taucht bei Fontane ebenso auf wie bei Ibsen und später noch bei Hofmannsthal. Die Frau am Fenster, sehnsuchtsvoll und doch eingesperrt, durch den Blick am Leben draußen teilnehmend, aber als Person ausgeschlossen, greifbar nahe, aber hinter Glas unzugänglich bleibend – so wird uns auch Emma bald begegnen.

(I,4) Nach Ablauf von Charles' Trauerjahr wird die Hochzeit gefeiert, Emma hätte sie am liebsten um zwölf Uhr nachts bei Fackelschein angesetzt, doch findet die Zeremonie dann im üblichen Rahmen statt. Die ganze Verwandtschaft stellt sich ein, auch die alten Bovarys: die Frau verbissen und übel gelaunt, weil sie bei den Vorbereitungen nicht hinzugezogen worden war, der Mann behaglich seine Rolle als Schwiegervater einer jungen hübschen Braut genießend. Das Hochzeitsmahl ist von ländlicher Üppigkeit und dauert bis spät in die Nacht, und das Brautpaar bleibt von den üblichen Zweideutigkeiten nicht ganz verschont, obgleich sich Emma dergleichen verbeten hatte. Von der Hochzeitsnacht erfahren wir nicht viel, ihre Wirkung aber ist für die Folgegeschichte bezeichnend: „Charles

war von Natur alles andere als witzig; er hatte während des Hochzeitessens nicht geglänzt. [...] Am nächsten Morgen indessen mutete er an wie ein völlig anderer Mensch. Er und nicht Emma war am Vortage sozusagen die Jungfrau gewesen, wogegen die Braut sich nichts anmerken ließ, aus dem man etwas hätte ersehen können. Den ärgsten Schandmäulern verschlug es die Sprache; sie musterten sie, wenn sie vorüberging, über die Maßen erstaunt. Charles jedoch verhehlte nichts. Er nannte sie »mein Frauchen«, duzte sie, erkundigte sich bei jedermann nach ihr, suchte sie überall und zog sie oftmals in ein Gehege, wo man ihn von weitem unter den Bäumen sah, wie er ihr den Arm um die Taille legte, sich im Weitergehen halb über sie beugte und ihr mit dem Kopf das Brusttuch zerknitterte." Zwei Tage nach der Hochzeit fährt das Ehepaar nach Tostes, da Charles seine Patienten nicht länger warten lassen kann.

(I,5) Die alte Magd zeigt der gnädigen Frau das Haus, ein länglicher Backsteinbau an der Landstraße, ohne Komfort, mit dünnen Wänden zwischen den Zimmern und einem verwahrlosten Stallgebäude nach dem Hofe zu. Wir erfahren zwar nicht Emmas Gefühle bei der Besichtigung des etwas heruntergekommenen und wenig einladenden Gebäudes, doch der Autor beschreibt es aus ihrer Perspektive, sieht ihr gleichsam ständig über die Schulter und registriert mit leidenschaftlicher Genauigkeit, was in jedem Raum zu sehen ist. In der gemeinsamen Schlafstube steht auf dem Schreibpult noch das Hochzeitsbukett von Charles' erster Frau, er entfernt es eilig, „während Emma in einem Lehnstuhl saß (rings um sie her wurden ihre Sachen aufgebaut) und an ihren eigenen Hochzeitsstrauß dachte, der in einen Karton verpackt war; und sie fragte sich träumerisch, was wohl daraus werden würde, wenn zufällig sie als die erste sterben sollte". Das ist eine der ersten von den vielen Vorausdeutungen auf Emmas ja wirklich nicht mehr allzu fernen Tod, und auch jenes Bukett wird dabei noch einmal eine kleine Rolle spielen. Die junge Frau verbringt nun die ersten Tage damit, einige Änderungen in dem Haus zu veranlassen; Charles ist überglücklich, verfolgt sie mit seinen Zärtlichkeiten, die ihr aber schnell lästig werden. Er geht seinem Beruf nach, „mit ruhigem Gemüt und befriedigtem Körper", sie steht am Fenster, um ihn zu seinen Patienten fortreiten zu sehen und noch ein paar Worte mit ihm zu wechseln. „Vor der Hochzeit hatte sie geglaubt, sie liebe ihn; aber als das Glück,

das aus dieser Liebe hatte entspringen sollen, ausblieb, dachte sie, sie müsse sich getäuscht haben. Und Emma suchte zu begreifen, was man denn eigentlich im Leben unter den Ausdrükken Glückseligkeit, Leidenschaft und Trunkenheit verstehe, die ihr in den Büchern so schön erschienen waren."

I,6

Sie hatte »Paul und Virginie« gelesen und im Traum alles vor sich gesehen: die Bambushütte, den Neger Domingo, den Hund Fidelio, aber vor allem die zärtliche Freundschaft eines guten, brüderlichen Kameraden, der einem rote Früchte von Bäumen holt, die höher als Kirchtürme sind, oder der barfuß über den Sand gelaufen kommt und ein Vogelnest bringt.

Mit dreizehn Jahren hatte ihr Vater sie nach der Stadt und ins Kloster gebracht. Sie waren in einem Gasthof des Stadtviertels Saint-Gervais abgestiegen, wo sie beim Abendessen Teller vorgesetzt bekamen, auf denen die Geschichte der Mademoiselle de La Vallière dargestellt war. Die legendenhaften Erläuterungen, die hier und da von den Messern zerkratzt waren, verherrlichten alle die Religion, die zarten Gefühle des Herzens und den Prunk des Hofs.

Während der ersten Zeit des Klosteraufenthalts langweilte sie sich nicht im mindesten; sie fühlte sich in der Gesellschaft der gütigen Schwestern wohl, die sie, um ihr eine Freude zu bereiten, in die Kapelle führten, in die man vom Refektorium durch einen langen Gang gelangte. In den Pausen spielte sie nur sehr selten; im Katechismus kannte sie sich aus, und bei schwierigen Fragen war sie es, die dem Herrn Vikar stets antwortete. So lebte sie also, ohne je hinauszukommen, in der lauen Atmosphäre der Klassenzimmer und unter blassen Frauen, die Rosenkränze mit Messingkreuzen trugen, und versank sanft in das mystische Schmachten, das die Düfte vom Altar her, die Kühle der Weihwasserbecken und der Schimmer der Kerzen aushauchten. Anstatt der Messe zu folgen, betrachtete sie in ihrem Buch die frommen, azurblau umrahmten Vignetten; sie liebte das kranke Lamm, das von spitzen Pfeilen durchbohrte heilige Herz oder den armen Jesus, der unterwegs unter seinem Kreuz zusammenbricht. Um sich zu kasteien, versuchte sie, einen ganzen Tag lang ohne Nahrung auszuhalten. Sie zerbrach sich den Kopf, welches Gelübde sie erfüllen könnte.

Wenn sie zur Beichte ging, dachte sie sich kleine Sünden aus, nur damit sie länger im Halbdunkel knien konnte, mit gefalteten Händen, das Gesicht an das Gitter gepreßt, unter dem Flüstern des Priesters. Die Gleichnisse vom Bräutigam, vom Gatten, vom himmlischen Geliebten und der ewigen Hochzeit, die in den Predigten immer wiederkehren, erweckten in der Tiefe ihrer Seele unverhoffte, süße Schauer.

Allabendlich vor dem Gebet wurde im Arbeitsraum aus einem frommen Buch vorgelesen. Während der Woche irgendein Abschnitt aus der biblischen Geschichte oder aus den »Reden« des Abbé Frayssinous und sonntags, zur Erbauung, aus dem »Geist des Christentums«. Wie lauschte sie bei den ersten Malen den klangvollen Klagen romantischer Schwermut, die in allen Echos der Erde und der Ewigkeit widerhallten! Hätte sie ihre Kindheit in der Ladenstube irgendeines Geschäftsviertels verbracht, so würde sie vielleicht der Naturschwärmerei verfallen sein, die für gewöhnlich durch die Vermittlung der Schriftsteller anerzogen wird. Aber sie wußte über das Landleben allzu gut Bescheid; sie kannte das Blöken der Herden, die Milchspeisen, die Pflüge. Da sie an friedliche Vorgänge gewöhnt war, wandte sie sich dem Entgegengesetzten zu, dem Bewegten und Abwechslungsreichen. Sie liebte das Meer nur seiner Stürme wegen und das Grün einzig, wenn es spärlich zwischen Ruinen wuchs. Sie mußte aus allem einen selbstischen Genuß schöpfen können; und sie warf als unnütz beiseite, was nicht auf der Stelle zur Labung ihres Herzens beitrug – ihr Charakter war eher sentimental als ästhetisch; sie war auf seelische Erregungen erpicht, nicht auf Landschaften.

Es gab im Kloster eine alte Jungfer, die alle vier Wochen auf acht Tage kam und in der Wäschekammer arbeitete. Sie stand unter erzbischöflichem Schutz, weil sie einer alten, durch die Revolution verarmten Adelsfamilie angehörte; sie saß im Refektorium am Tisch der frommen Schwestern und hielt mit ihnen nach dem Essen ein Plauderstündchen, ehe sie wieder an ihre Arbeit ging. Oft stahlen sich die Klosterschülerinnen aus der Arbeitsstunde fort und suchten sie auf. Sie kannte galante Liedchen aus dem vorigen Jahrhundert und sang sie halblaut vor, während sie ihre Nadel betätigte. Sie erzählte Geschichten, wußte Neuigkeiten zu berichten, übernahm Besorgungen in der Stadt und lieh den Großen heimlich Romane, die sie immer in den Schürzentaschen bei sich trug und aus denen das gute Fräulein selber in den Pausen ihrer Tätigkeit ein paar lange Kapitel verschlang. Es wimmelte darin von Liebschaften, Liebhabern, Geliebten, verfolgten Damen, die in einsamen Gartenhäusern ohnmächtig, von Postillionen, die an jeder Poststation ermordet, von Rossen, die auf jeder Buchseite zuschanden geritten wurden, von düsteren Wäldern, Herzenswirrnissen, Schwüren, Seufzern, Tränen und Küssen, Gondelfahrten bei Mondschein, Nachtigallen im Gebüsch, von Edelherren, die tapfer wie die Löwen und sanft wie Lämmer waren, dabei maßlos tugendhaft, immer köstlich gekleidet und ungemein tränenselig. Ein halbes Jahr lang beschmutzte sich die fünfzehnjährige Emma die Finger mit diesem Staub alter Leihbüchereien. Später berauschte sie sich mit Walter Scott an historischen Gegenständen, träumte von Truhen, vom Saal der Wachen und Minnesängern. Am liebsten hätte sie auf einem alten Herrensitz gelebt, wie jene Schloßherrinnen im langmiedrigen Gewand, die unter Kleeblattfensterbogen ihre Tage hinbrachten, die Ellbogen auf dem Stein und das Kinn in der Hand, um aus der Ferne der Landschaft einen Ritter mit weißer Feder auf schwarzem Roß herangaloppieren zu sehen. Sie trieb zu jener Zeit einen Kult mit Maria Stuart und verehrte enthusiastisch alle berühmten oder unglücklichen Frauen. Jeanne d'Arc, Héloïse, Agnes Sorel, die schöne Helmschmiedin und Clémence Isaure lösten sich für sie wie Kometen aus den ungeheuerlichen Finsternissen der Weltgeschichte, aus denen auch noch hie und da, jedoch verlorener im Dunkel und ohne jede Beziehung untereinander, der heilige Ludwig mit seiner Eiche, der sterbende Bayard, einige Grausamkeiten Ludwigs XI., ein bißchen Bartholomäus-Nacht, der Helmbusch des Béarners hervortraten, und stets die Erinnerung an die bemalten Teller mit der Verherrlichung Ludwigs XIV.

In den Romanzen, die sie in den Musikstunden sang, war immer nur von Englein mit goldenen Flügeln die Rede, von Madonnen, Lagunen, Gondolieren; es waren harmlose Kompositionen, die sie, durch die Albernheit des Stils und die Dummheit der Melodien hindurch, die verlockende Phantasmagorie sentimentaler Wirklichkeiten erblicken ließen. Einige ihrer Kameradinnen brachten lyrische Almanache mit ins Kloster, die sie als Neujahrsgeschenke bekommen hatten. Sie mußten versteckt werden, und das war dabei die Hauptsache; gelesen wurden sie im Schlafsaal. Emma nahm die schönen Atlasbände behutsam in die Hand und ließ sich von den Namen der unbekannten Dichter blenden, die ihre Beiträge meist als Grafen oder Vicomtes gezeichnet hatten.

Sie zitterte, wenn sie das Seidenpapier von den Kupferstichen hochblies; es bauschte sich dann zur Hälfte auf und sank sanft wieder auf die Buchseite zurück. Da war hinter der Balustrade eines Balkons ein junger Mann in kurzem Mantel abgebildet, der ein weißgekleidetes junges Mädchen mit einer Tasche am Gürtel an sich drückte; oder die Bildnisse ungenannter englischer Ladies mit blonden Locken, die den Betrachter unter ihren runden Stohhüten mit ihren großen, hellen Augen anschauten. Es waren auch in Wagen Geschmiegte zu sehen, die durch Parks fuhren, wobei ein Windspiel vor dem Gespann hersprang, das von zwei kleinen Grooms in weißen Kniehosen gelenkt wurde. Andere träumten auf Sofas, hatten neben sich entsiegelte Briefchen liegen und himmelten durch einen halb offenen, halb gerafften schwarzen Vorhang hindurch den Mond an. Unschuldslämmer, eine Träne auf der Wange, schnäbelten zwischen den Gitterstäben eines gotischen Käfigs hindurch mit einer Turteltaube oder zerzupften, den Kopf lächelnd auf die Schulter geneigt, mit ihren langen, spitzen Fingern, die nach oben gebogen waren wie Schnabelschuhe, eine Margerite. Und es waren auch Sultane mit langen Pfeifen zu sehen, die unter Lauben in den Armen von Bajaderen vor Wonne vergingen; Giaure, Türkensäbel, phrygische Mützen und vor allem fade Landschaften aus dithyrambisch gepriesenen Gegenden, auf denen man oftmals friedlich nebeneinander Palmen und Fichten sah, Tiger zur Rechten, einen Löwen zur Linken, in der Ferne tatarische Minaretts, im Vordergrund römische Ruinen, dazwischen lagernde Kamele – all das eingerahmt von einem sorglich gepflegten Urwald, und dazu ein dicker, senkrechter Sonnenstrahl, der im Wasser zitterte, wo sich in heller Schraffierung auf stahlgrauem Grund hier und da schwimmende Schwäne abhoben.

Und das matte Licht der Schirmlampe, die über Emmas Kopf an der Wand hing, beleuchtete alle diese weltlichen Bilder, die eins nach dem andern an ihr vorüberzogen in der Stille des Schlafsaals beim fernen Geräusch einer verspäteten Droschke, die noch über die Boulevards rollte.

Beim Tod ihrer Mutter hatte sie während der ersten Tage viel geweint. Sie ließ sich ein Trauerbildchen mit dem Haar der Verstorbenen anfertigen, und in einem ganz von trübseligen Betrachtungen über das Leben erfüllten Brief, den sie nach Les Bertaux schickte, bat sie ihren Vater, man möge sie dereinst in demselben Grab bestatten. Der Wackere hielt sie für krank und besuchte sie. Emma empfand eine seelische Genugtuung, daß sie sich auf Anhieb in der seltenen Idealwelt blasser Existenzen angelangt fühlte, wohin Alltagsherzen nie gelangen. So befahl sie sich jetzt lamartinischen Gewundenheiten an, hörte Harfenklänge über Seen, alle Gesänge sterbender Schwäne, alles Fallen des Laubs, und die Stimme des Ewigen, die in den Tälern redet. Es langweilte sie, sie wollte sich das nicht eingestehen, fuhr aus Gewohnheit damit fort, dann aus Eitelkeit und war schließlich überrascht, daß sie den Frieden wiedergefunden und so wenig Traurigkeit im Herzen hatte wie Falten auf der Stirn.

Die guten Nonnen, die so sehr auf Emmas religiöse Berufung gehofft hatten, bemerkten zu ihrer größten Verwunderung, daß Mademoiselle Rouault ihrer Obhut zu entschlüpfen schien. Sie hatten nämlich allzu viele Gottesdienste, Klausuren, neuntägige Andachten und Sermone an sie verschwendet, ihr so gut den Respekt gepredigt, den man den Heiligen und den Märtyrern schuldig ist, und ihr so viele gute Ratschläge über die Kasteiung des Leibes und das Heil der Seele erteilt, daß sie sich verhielt wie ein Pferd, dessen Zügel man anzieht: sie bockte, und die Kandare rutschte ihr aus den Zähnen. Dieses Mädchen, das auch mitten in ihren Verzückungen nüchtern geblieben war; das die Kirche um der Blumen, die Musik um der Liedertexte, die Literatur um ihrer leidenschaftlichen Aufreizungen willen geliebt hatte, empörte sich wider die Mysterien des Glaubens, und mehr noch lehnte sie sich gegen die Klosterzucht auf, die etwas war, das ihrem Wesen widerstrebte. Als ihr Vater sie aus dem Kloster wegnahm, war man alles andere als verstimmt, daß sie von dannen zog. Die Oberin fand sogar, daß sie es in der letzten Zeit an Ehrfurcht gegenüber der Schwesternschaft habe fehlen lassen.

Als Emma wieder daheim war, gefiel sie sich zunächst darin, das Gesinde zu kommandieren; danach ekelte das Landleben sie an, und sie sehnte sich zurück ins Kloster. Bei Charles' erstem Besuch in Les Bertaux war sie der Meinung, sie habe alle Illusionen eingebüßt und könne nichts mehr lernen oder empfinden.

Aber das beängstigende einer neuen Daseinsform oder vielleicht die Gereiztheit, die die stete Gegenwart dieses Mannes mit sich brachte, hatte genügt, sie glauben zu machen, daß sie endlich im Besitz der wunderbaren Leidenschaft sei, die bisher wie ein großer Vogel mit rosigem Gefieder im Glanz poetischer Himmelsweiten über ihr geschwebt hatte – und jetzt konnte sie sich nicht vorstellen, daß die Eintönigkeit, in der sie dahinlebte, das Glück sein sollte, das sie erträumt hatte.

(I,7) Madame Bovary ist ein Roman der großen Erwartungen und schlimmen Enttäuschungen, und Emmas Leben erscheint wie ein Wechselbad aus schwärmerischer Hoffnung und trostloser Ernüchterung. Ihre Lebendigkeit nährt sich aus den tagträumerischen Vorspiegelungen eines erfüllten Daseins, deren Muster sie in den romantischen Büchern (vor allem in Bernardin de Saint-Pierres »Paul et Virginie«, einem Lieblingsbuch der sentimentalen Lektüre dieser Zeit) und ihren religiösen

Verzückungen erfuhr und nun im Leben wiederfinden will. „Manchmal dachte sie darüber nach, daß dies doch die schönsten Tage ihres Lebens seien, die Flitterwochen, wie man zu sagen pflegte." Sie ist maßlos enttäuscht. Der Ausbruch aus Les Bertaux führte bloß in das Gefängnis eines noch elenderen Alltags. Charles' gewöhnlicher, platter Geist befremdet sie, mit ihrer Schwiegermutter verträgt sie sich kaum, der eintönige, enge Alltag ödet sie an, obwohl sie sich als gute Hausfrau erweist und ihrem Mann bei den Liquidationen zur Hand geht. Er kommt spät in der Nacht heim, sie wartet noch auf ihn, er ißt den Teller leer, trinkt die Weinkaraffe aus, legt sich zu Bett und beginnt zu schnarchen. Manchmal versucht Emma, wieder etwas Leidenschaft in ihre Ehe zu bringen, vergeblich: „Seine Liebesanwandlungen waren regelmäßig geworden; er umarmte sie zu ganz bestimmten Stunden. Es war das eine Gewohnheit unter vielen, und wie ein Nachtisch, von dem man von vornherein weiß, daß er nach der Einförmigkeit des Abendessens kommen muß." Manchmal läuft Emma mit ihrem Hund gegen Abend hinaus ins Feld. Wenn die Nacht einbricht, wird ihr bang zumute, und sie läuft die Landstraße zurück wieder nach Hause, wo sie dann schweigsam im Sessel verharrt. Das sind erste, noch wie schlafwandlerisch unternommene Ausbruchsversuche, ganz ziellose Proben aufs Exempel, die auch nicht mehr fern sind. Bei Herbstbeginn wird das eintönige Leben Emmas von einem Ereignis unterbrochen, das zwar vereinzelt bleibt, aber für ihr weiteres Leben von prägender Wirkung ist: Charles, der dem Marquis d'Andervilliers einige kleinere Dienste hatte erweisen können, wird mit seiner Frau zum Ball auf dessen Schloß La Vaubyessard eingeladen. Noch am Ende des Romans wird ihr die Erinnerung an dieses Fest und vor allem an den Walzer mit dem Vicomte wiederkommen.

I,8

Das Schloß, ein moderner Bau im Renaissancestil mit zwei vorspringenden Flügeln und drei Freitreppen, spreizte sich jenseits einer weiten Rasenfläche, auf der einige Kühe zwischen vereinzelten Gruppen großer Bäume weideten, während buschiges Strauchwerk,

Rhododendron, Flieder und Schneeball ihr ungleichmä-
ßiges Grün längs des gewundenen, sandbestreuten
Weges wölbten. Unter einer Brücke floß ein Bach hindurch; im Abendnebel waren strohgedeckte Häuser zu
unterscheiden; sie lagen über das Wiesengelände ver-
streut; dieses wurde von zwei sanft abfallenden, bewal-
deten Hügeln gesäumt, und hinten hoben sich von dem
Buschwerk in zwei parallelen Reihen die Schuppen und
Ställe ab, die Überbleibsel des alten, zerstörten Schlosses.

Charles' Einspänner hielt vor der mittleren Freitreppe; Diener erschienen; der Marquis trat herzu, bot
der Doktorsfrau den Arm und geleitete sie in die Vorhalle.

Sie war mit Marmorfliesen belegt und sehr hoch; das
Geräusch der Schritte wie das der Stimmen hallte darin
wider wie in einer Kirche. Gegenüber stieg ganz gerade
eine Treppe empor, und zur Linken war ein Gang mit auf
den Park hinausgehenden Fenstern; er führte zum Billardzimmer, aus dem man schon von der Tür her das An-
einanderprallen der elfenbeinernen Bälle vernahm. Als
Emma es durchschritt, um in den Salon zu gelangen, erblickte sie rings um die Billardtische Herren mit ernsten
Gesichtern, deren Kinn auf hohen Halsbinden ruhte;
alle trugen Ordensbändchen, und sie lächelten schweigend beim Handhaben ihrer Queues. Auf der düsteren
Holztäfelung hingen große Bilder in Goldrahmen; unten
auf den Leisten standen in schwarzen Lettern Namen.
Sie las: »Jean-Antoine d'Andervilliers d'Yvertonville,
Graf de La Vaubyessard und Baron de la Fresnaye, gefallen in der Schlacht bei Coutras am 20. Oktober 1587.«
Und auf einem anderen: »Jean-Antoine-Henry-Guy
d'Andervilliers de La Vaubyessard, Admiral von Frankreich und Ritter des Sankt-Michael-Ordens, verwundet
im Gefecht bei La Hougue-Saint-Waast am 29. Mai 1692,

gestorben auf La Vaubyessard am 27. Januar 1693.« Die
nächsten waren kaum zu erkennen; denn das von dem
grünen Tuch der Billards zurückgeworfene Lampenlicht
schuf im Raum wogenden Schatten. Er bräunte die Gemälde und brach sich in dünnen Linien daran, je nach
den Krakelüren im Firnis; und auf all diesen großen,
goldgerandeten Vierecken trat hier und dort eine hellere
Partie der Malerei hervor, eine bleiche Stirn, zwei
Augen, die einen anschauten, Allongeperücken, die auf
die puderbestreuten Schultern roter Gewänder nieder-
wallten, oder auch die Schnalle eines Strumpfbands
oberhalb einer gewölbten Wade.

Der Marquis öffnete die Tür zum Salon; eine der
Damen erhob sich (es war die Marquise), ging Emma
entgegen, bot ihr einen Platz neben sich auf einer Causeuse an und begann freundschaftlich mit ihr zu plaudern, als ob sie sie schon seit langem kenne. Sie war eine
Frau von ungefähr vierzig Jahren mit schönen Schultern
und einer Adlernase; sie sprach etwas schleppend und
trug an diesem Abend über ihrem kastanienbraunen
Haar ein schlichtes Tuch aus Gipüre-Spitze, das hinten
als Dreieck herabhing. Neben ihr saß auf einem hochlehnigen Stuhl ein junges, blondes Mädchen; und Herren,
die kleine Blumen im Knopfloch ihrer Fräcke trugen,
plauderten mit den Damen, alle saßen um den Kamin
herum.

Um sieben Uhr wurde das Abendessen aufgetragen.
Die Herren waren in der Überzahl; sie nahmen in der
Vorhalle Platz an der ersten Tafel; die Damen, der Mar-
quis und die Marquise an der zweiten im Eßzimmer.

Beim Eintreten fühlte Emma sich von warmer Luft
umwogt, einem Gemisch vom Duft der Blumen und der
feinen Tischwäsche, vom Dampf der Fleischgerichte und
dem Aroma der Trüffeln. Die Kerzen der Armleuchter
spiegelten ihre Flämmchen verlängert auf den silbernen

Bratenhauben; die geschliffenen Kristallgläser, auf denen ein matter Hauch lag, warfen einander blasse Strahlen zu; Blumensträuße reihten sich in gerader Linie über die ganze Länge der Tafel, und auf den breitrandigen Tellern lagen zu Mitren gefaltete Servietten, die in dem Spalt zwischen ihren beiden Falten ein ovales Brötchen trugen. Die roten Scheren der Hummer ragten über die Platten hinaus; in durchbrochenen Körben türmten sich schwellende Früchte auf Moos; die Wachteln hatten noch ihr Gefieder; Dampfwölkchen stiegen auf; und in Seidenstrümpfen, Kniehose, weißer Halsbinde und Hemdkrause, ernst wie ein Richter, reichte der Haushofmeister die tranchierten Gerichte zwischen den Schultern der Gäste hindurch und ließ mit einem Stoß seines Vorlegelöffels das gewählte Stück auf den Teller hüpfen. Auf dem großen Kachelofen mit Messingleisten stand eine bis zum Kinn verhüllte Frauenstatue und schaute reglos auf die vielen Menschen herab.

Madame Bovary bemerkte, daß mehrere Damen ihre Handschuhe nicht in ihr Glas gesteckt hatten.

Aber am Ende der Tafel, allein inmitten all dieser Frauen, saß, über seinen vollen Teller gebeugt und die Serviette um den Hals geknotet wie ein Kind, ein alter Herr und aß, wobei er Soßentropfen aus dem Mund fallen ließ. Seine Augen waren rot unterlaufen, und er trug einen kleinen, mit einem schwarzen Seidenband umwundenen Zopf. Es war der Schwiegervater des Marquis, der alte Herzog von Laverdière, der ehemalige Günstling des Grafen von Artois in den Zeiten der Jagdpartien von Le Vaudreuil beim Marquis de Conflans, und er war, wie es hieß, der Geliebte der Königin Marie-Antoinette gewesen, zwischen den Herren de Coigny und de Lauzun. Er hatte ein rauschendes Leben der Ausschweifungen geführt, voller Duelle, Wetten und Entführungen von Frauen; sein Vermögen hatte er vergeudet und war der Schrecken der Familie gewesen. Ein hinter seinem Stuhl stehender Diener rief ihm mit lauter Stimme die Namen der Gerichte ins Ohr, die er stammelnd mit dem Finger bezeichnete; und immer wieder kehrten Emmas Augen unwillkürlich zu diesem alten Mann mit den Hängelippen zurück, als sei er etwas Außerordentliches und Erhabenes. Hatte er doch am Hof gelebt und im Bett der Königinnen geschlafen!

Es wurde frappierter Champagner gereicht. Emma überlief es am ganzen Körper, als sie die Kälte im Mund spürte. Nie zuvor hatte sie Granatäpfel gesehen oder Ananas gegessen. Sogar der Puderzucker erschien ihr feiner und weißer als anderswo.

Dann gingen die Damen in ihre Zimmer hinauf und richteten sich für den Ball her.

Emma widmete ihrer Toilette die sorgsame Gründlichkeit einer Schauspielerin vor ihrem Debüt. Sie ordnete ihr Haar nach den Vorschlägen des Friseurs und schlüpfte in ihr Barègekleid, das ausgebreitet auf dem Bett lag. Charles drückte die Hose auf dem Bauch.

»Die Stege werden mich beim Tanzen behindern«, sagte er.

»Du willst tanzen?« entgegnete Emma.

»Natürlich!«

»Aber du bist ja verrückt! Man würde sich bloß über dich lustig machen; bleib ruhig sitzen. Übrigens schickt sich das viel besser für einen Arzt«, fügte sie hinzu.

Charles schwieg. Er ging im Zimmer hin und her und wartete, bis Emma fertig angezogen war.

Er sah sie über den Rücken hinweg im Spiegel zwischen zwei Leuchtern. Ihre schwarzen Augen wirkten noch dunkler. Ihr gescheiteltes, flach anliegendes Haar, das nach den Ohren zu etwas aufgebauscht war, schimmerte in bläulichem Glanz; in ihrem Haarknoten zitterte eine Rose an beweglichem Stiel, mit künstlichen Tauperlen an den Spitzen der Blätter. Ihr Kleid war matt safrangelb; es wurde durch drei Sträußchen von imitierten Rosen zwischen Blattgrün belebt.

Charles küßte sie auf die Schulter.

»Laß mich!« sagte sie. »Du zerknitterst mir alles.«

Ein Geigen-Ritornell und Hornklänge wurden vernehmlich. Sie stieg die Treppe hinab, am liebsten wäre sie gerannt. Die Quadrillen hatten begonnen. Es kamen immer neue Gäste. Gedränge entstand. Sie setzte sich neben der Tür auf ein Bänkchen.

Als der Kontertanz zu Ende war, blieb das Parkett frei für Gruppen im Stehen plaudernder Herren und livrierte Diener, die große Tabletts trugen. In der Reihe der sitzenden Damen gingen die Fächer auf und nieder; die Buketts verdeckten zur Hälfte die lächelnden Gesichter, und Riechfläschchen mit Goldstöpseln machten die Runde in den kaum geöffneten Händen, an deren weißen Handschuhen, die die Haut am Handgelenk zusammenpreßten, die Form der Fingernägel hervortrat. Die Spitzengarnituren auf den Korsagen bebten leise, auf den Busen glitzerten Diamantbroschen, Armreife mit Medaillons streiften geräuschvoll über bloße Arme. Als Kränze, Trauben oder Zweige wurden im Haar, das über der Stirn glatt anlag und im Nacken zu einem Knoten gewunden war, Vergißmeinnicht, Jasmin, Granatapfelblüten, Ähren oder Kornblumen getragen. Mütter mit sauertöpfischen Mienen saßen geruhsam auf ihren Plätzen und trugen rote Turbane.

Emma klopfte ein bißchen das Herz, als ihr Tänzer sie an den Fingerspitzen faßte; sie ließ sich in die Reihe der andern führen und wartete auf den ersten Bogenstrich, um loszutanzen. Bald jedoch war die Erregung geschwunden; sie wiegte sich in den Rhythmen des Orchesters und glitt mit leichten Bewegungen des Halses vorwärts. Bei gewissen zärtlichen Violinpassagen umspielte ihre Lippen ein Lächeln; zuweilen, wenn die Musikinstrumente schwiegen, war das helle Klingen der Geldstücke auf den Spieltischen zu hören; dann begann alles von neuem; das Waldhorn setzte mit vollem Klang ein, die Füße fanden den Takt wieder, die Röcke bauschten sich und streiften einander, Hände fanden und ließen sich; dieselben Augen, die sich vor einem gesenkt hatten, blickten einen gleich darauf wieder fest an.

Einige Herren (etwa fünfzehn) zwischen fünfundzwanzig und vierzig, die entweder unter den Tänzern waren oder plaudernd an den Türen standen, hoben sich von der Menge durch eine gewisse Familienähnlichkeit ab, trotz aller Unterschiede des Alters, der Toilette oder der Gestalt.

Ihre besser gearbeiteten Fräcke schienen aus weicherem Tuch zu bestehen, und ihr in Wellen an den Schläfen zurückgestrichenes Haar glänzte von erleseneren Pomaden. Sie hatten den Teint des Reichtums, jenen hellen Teint, den die Blässe von Porzellangeschirr, das Schillern von Seide und der Lack schöner Möbel noch steigern und den eine diskrete Diät und exquisite Ernährung bewahren. Ihr Hals drehte sich zwanglos über niedrigen Binden; ihre langen Bartkoteletten fielen über umgeschlagene Kragenecken; sie trockneten sich die Lippen mit Taschentüchern, auf die große Monogramme gestickt waren und denen ein köstlicher Duft entströmte. Die zu altern begannen, wirkten jugendlich, während den Gesichtern der Jüngeren eine gewisse Reife eigen war. Aus ihren gleichmütigen Blicken sprach die Ruhe täglich befriedigter Leidenschaften; und durch ihre glatten Manieren brach die eigenartige Brutalität hindurch, die die Beherrschung von etwas halbwegs Leichtem verleiht, wobei die Kraft sich übt und die Eitelkeit sich ergötzt beim Umgang mit Rassepferden und in der Gesellschaft käuflicher Frauen.

Drei Schritte von Emma entfernt plauderte ein Herr im blauen Frack mit einer jungen, blassen Frau, die einen Perlenschmuck trug, über Italien. Sie schwärmten von der Dicke der Pfeiler der Peterskirche, von Tivoli, dem Vesuv, Castellammare und den Villen um Florenz, den Genueser Rosen und dem Kolosseum bei Mondschein. Mit dem anderen Ohr lauschte Emma einer Unterhaltung, in der Ausdrücke vorkamen, die sie nicht verstand. Man umringte einen jungen Herrn, der vorige Woche in England »Miss Arabella« und »Romulus« geschlagen und beim Grabensprung zweitausend Louis gewonnen hatte. Einer klagte, daß seine Pferde nicht im Training seien; ein anderer jammerte über einen Druckfehler, der den Namen seines Pferdes entstellt habe.

Die Luft im Ballsaal war schwer; die Lichter waren fahler geworden. Alles drängte nach dem Billardzimmer. Ein Diener stieg auf einen Stuhl und zerschlug zwei Scheiben; beim Klirren der Glasscherben wandte Madame Bovary den Kopf und entdeckte im Park an den Fenstern hereinschauende Bauerngesichter. Da überkam sie die Erinnerung an Les Bertaux. Sie sah den Pachthof vor sich, die Mistpfütze, ihren Vater im Kittel unter den Apfelbäumen, und sah sich selber wieder wie einst, als sie in der Molkerei mit dem Finger die Milch in den Schüsseln abrahmte. Allein im Lichterglanz der gegenwärtigen Stunde verwehte die eben noch so klare Erinnerung an ihr früheres Leben völlig; es dünkte sie fast unmöglich, daß sie es gelebt hatte. Sie war hier; über alles, was vielleicht außerhalb des Ballsaals existierte, war Dunkel gebreitet. Jetzt aß sie Maraschino-Eis aus einer vergoldeten Silbermuschel, die sie in der linken Hand hielt, und sie schloß halb die Augen, den Löffel zwischen den Zähnen.

Eine neben ihr sitzende Dame ließ ihren Fächer fallen. Ein Tänzer ging vorüber.

»Haben Sie doch die Güte, Monsieur«, sagte die Dame, »meinen Fächer aufzuheben; er ist hinter das Sofa gefallen!«

Der Herr bückte sich, und während er seinen Arm ausstreckte, bemerkte Emma, wie die Hand der jungen Dame etwas Weißes, dreieckig Zusammengefaltetes in seinen Hut warf. Der Herr hob den Fächer auf und reichte ihn respektvoll der Dame; sie dankte ihm durch ein Neigen des Kopfs und roch an ihrem Strauß.

Nach dem Souper, bei dem es viele spanische Weine und Rheinweine gab, Krebssuppe und Mandelmilchsuppe, Pudding à la Trafalgar und alle Arten kalten Aufschnitts mit Gelee garniert, der auf den Platten zitterte, begannen die Wagen einer nach dem andern abzufahren. Wenn man eine Ecke des Musselinvorhangs beiseite schob, konnte man die Lichter ihrer Laternen im Dunkel entschwinden sehen. Die Bänkchen wurden leerer; ein paar Spieler blieben noch; die Musiker kühlten sich ihre Fingerspitzen mit der Zunge; Charles lehnte an einer Tür und war dem Einschlafen nahe.

Um drei Uhr morgens begann der Kotillon. Emma konnte nicht Walzer tanzen. Aber alle tanzten Walzer, sogar Mademoiselle d'Andervilliers und die Marquise; es waren nur noch die zur Nacht bleibenden Gäste da, etwa ein Dutzend Personen.

Da geschah es, daß einer der Tänzer, der einfach »Vicomte« genannt wurde und dessen weit ausgeschnittene Weste wie angegossen saß, Madame Bovary zum zweitenmal aufforderte, wobei er versicherte, er wolle sie führen und es werde vortrefflich gehen.

Sie begannen langsam, dann tanzten sie schneller. Sie wirbelten dahin: alles um sie drehte sich, die Lampen, die Möbel, die Wandtäfelung, wie eine Drehscheibe auf einem Zapfen. Wenn sie an den Türen vorbeitanzten, legte ihre Schleppe sich um seine Hose; beider Beine gerieten ineinander; er senkte die Augen zu ihr hin, sie hob die ihren zu ihm empor; ihr schwindelte, sie hielt inne. Sie begannen von neuem, und mit einer schnellen Bewegung riß der Vicomte sie mit sich fort und verschwand mit ihr bis ans Ende der Galerie, wo sie heftig atmend fast hingefallen wäre und für einen Augenblick den Kopf an seine Brust lehnte. Und dann führte er sie, noch immer tanzend, aber langsamer, auf ihren Platz zurück; sie lehnte sich gegen die Wand und legte die Hand vor die Augen.

Als sie sie wieder aufschlug, sah sie in der Mitte des Salons eine Dame auf einem Hocker sitzen, vor ihr knieten drei Walzertänzer. Sie wählte den Vicomte, und die Geige begann von neuem.

Man sah ihnen zu. Wieder und wieder tanzten sie vorüber, sie mit reglosem Körper, das Kinn gesenkt, und er immer in derselben Haltung, die Brust herausgedrückt, die Ellbogen gerundet, die Lippen vorgestreckt. *Die* konnte Walzer tanzen! Sie fanden kein Ende und tanzten alle anderen müde.

Dann wurde noch ein paar Minuten geplaudert, und als »Gute Nacht« oder vielmehr »Guten Morgen« gesagt worden war, gingen die Schloßgäste schlafen.

Charles schleppte sich am Treppengeländer hinauf; er hatte sich »die Beine in den Leib gestanden«. Fünf Stunden hintereinander hatte er an den Spieltischen ausgehalten und dem Whist zugeschaut, ohne das geringste davon zu verstehen. Daher stieß er einen tiefen Seufzer der Erleichterung aus, als er sich die Stiefel ausgezogen hatte.

Emma legte sich einen Schal um die Schultern, öffnete das Fenster und lehnte sich hinaus.

Die Nacht war schwarz. Vereinzelte Regentropfen fielen. Sie atmete den feuchten Wind ein, der ihr die Lider kühlte. Die Ballmusik hallte noch in ihren Ohren nach;

50

sie hielt sich gewaltsam munter, um die Illusion dieses Lebens im Luxus, die sie nur zu bald würde aufgeben müssen, länger andauern zu lassen.

Der Morgen graute. Lange betrachtete sie die Fenster des Schlosses und überlegte, welches wohl die Zimmer derjenigen seien, die ihr am Vorabend aufgefallen waren. Wie gern hätte sie etwas von deren Leben gewußt, wie gern wäre sie hineingedrungen und damit verschmolzen.

Doch es fröstelte sie. Sie zog sich aus und schmiegte sich in die Kissen an den schlafenden Charles.

Zum Frühstück erschienen viele Leute. Es dauerte zehn Minuten; zur Verwunderung des Arztes wurden keine Liköre gereicht. Dann sammelte Mademoiselle d'Andervilliers die Brioche-Reste in einem Körbchen, um sie den Schwänen auf dem Teich zu bringen, und man unternahm einen Gang durch das Treibhaus, wo bizarre, stachelig behaarte Pflanzen in Pyramiden übereinandergestaffelt waren, unter hängenden Gefäßen, die, zu vollen Schlangennestern ähnlich, über ihre Ränder lange, ineinander verschlungene grüne Stränge herabhängen ließen. Die Orangerie, die sich am Ende befand, führte, ohne daß man ins Freie mußte, zu den Wirtschaftsgebäuden des Schlosses. Um der jungen Frau eine Freude zu machen, führte der Marquis sie in die Ställe. Über den korbartigen Raufen waren Porzellanschilder angebracht, auf denen in schwarzer Schrift die Namen der Pferde standen. Jedes Tier rührte sich in seiner Box, wenn man an ihm vorbeiging und mit der Zunge schnalzte. Die Dielen in der Geschirrkammer glänzten wie Salonparkett. Die Wagengeschirre waren in der Mitte auf zwei drehbaren Pfeilern aufgehängt, und die Kandaren, die Peitschen, Steigbügel und Kinnketten hingen wohlgeordnet längs der Mauer.

Währenddessen bat Charles einen Bedienten, seinen

Einspänner fertigzumachen. Er wurde vor die Freitreppe gefahren, und nachdem alles Gepäck verstaut
worden war, bedankte das Ehepaar Bovary sich bei dem
Marquis und der Marquise und fuhr heim nach Tostes.

Emma sah schweigend auf die sich drehenden Räder.
Charles saß am äußersten Rand der Kutschbank und
kutschierte mit abstehenden Ellbogen, und das Pferd-
chen lief im Zockeltrab in der Deichselgabel, die viel zu
lang für es war. Die schlaffen Zügel klatschten ihm auf
die Kruppe und wurden naß vom Geifer, und der hinten
aufgeschnallte Koffer polterte in starken, regelmäßigen
Stößen gegen den Wagenkasten.

Sie waren auf der Höhe von Tibourville, als plötzlich
ein paar Reiter lachend und mit Zigarren im Mund an
ihnen vorüberritten. Emma glaubte den Vicomte zu erkennen; sie wandte sich um und sah lediglich in der
Ferne die im unregelmäßigen Rhythmus des Trabens
oder Galoppierens sich auf und nieder bewegenden
Köpfe.

Nach einer Viertelmeile mußte gehalten und die gerissene Hemmkette mit einem Strick geflickt werden.

Als Charles einen letzten Blick auf das Geschirr warf,
sah er etwas am Boden liegen, zwischen den Beinen seines Pferdes; und er hob eine ganz mit grüner Seide bestickte Zigarrentasche auf, die in der Mitte ein Wappen
trug wie eine Karossentür.

»Sogar zwei Zigarren sind drin«, sagte er; »die rauche
ich heute abend nach dem Essen.«

»Rauchst du denn?«

»Manchmal, wenn die Gelegenheit sich bietet.«

Er steckte seinen Fund in die Tasche und zog dem
Klepper eins mit der Peitsche über.

Als sie daheim ankamen, stand das Abendessen nicht
bereit. Madame brauste auf. Nastasie gab eine unver-
schämte Antwort.

»Machen Sie, daß sie rauskommen!« sagte Emma. »Das wäre ja noch schöner; Sie sind entlassen.«

Zum Abendessen gab es Zwiebelsuppe und ein Stück Kalbfleisch mit Sauerampfer. Charles saß Emma gegenüber, rieb sich die Hände und sagte mit glücklichem Gesicht:

»Es freut einen doch, wieder zu Hause zu sein.«

Man hörte Nastasie weinen. Er hatte das arme Mädchen recht gern. Früher, während der leeren Stunden seiner Witwerzeit, hatte sie ihm an so manchem Abend Gesellschaft geleistet. Sie war seine erste Patientin gewesen, seine älteste Bekannte im Dorf.

»Hast du ihr im Ernst gekündigt?« fragte er schließlich.

»Ja. Warum auch nicht?« antwortete sie.

Dann wärmten sie sich in der Küche, während ihr Schlafzimmer hergerichtet wurde. Charles fing an zu rauchen. Er rauchte mit vorgestülpten Lippen, spuckte alle Augenblicke aus und lehnte sich bei jedem Zug zurück.

»Dir wird noch übel«, sagte sie verächtlich.

Er legte seine Zigarre weg, lief zur Pumpe und stürzte ein Glas kaltes Wasser hinunter. Emma nahm die Zigarrentasche und warf sie rasch hinten in den Schrank.

Der Tag war lang, der Tag nach dem Fest! Sie ging in ihrem Gärtchen spazieren, immer dieselben Wege auf und ab, blieb vor den Blumenbeeten stehen, vor dem Spalier, vor dem Gipspfarrer und musterte verwundert alle diese alten Dinge, die sie doch so gut kannte. Wie weit schien ihr der Ballabend schon zurückzuliegen! Was war es nur, das eine solche Entfernung zwischen dem vorgestrigen Morgen und dem heutigen Abend schuf? Die Fahrt nach La Vaubyessard hatte in ihr Leben einen Riß gebracht, einen klaffenden Spalt, wie ihn ein Unwetter zuweilen innerhalb einer einzigen Nacht in den Ber-

gen höhlt. Gleichwohl schickte sie sich darein; sie verschloß ihr schönes Ballkleid behutsam in der Kommode,
und sogar die Atlasschuhe, deren Sohlen vom Parkett-
wachs gelb geworden waren. Ihrem Herzen ging es genauso: bei der Berührung mit dem Reichtum war daran
etwas haften geblieben, das nie weichen würde.

Das Zurückdenken an jenen Ball wurde für Emma
fortan zu einer Beschäftigung. Jedesmal, wenn sie mitt-
wochs erwachte, sagte sie sich: »Ach, vor acht Tagen …,
vor vierzehn Tagen …, vor drei Wochen war ich dort!«
Und nach und nach verschwammen in ihrer Erinnerung
die Gesichter, sie vergaß die Tanzmelodien, sie hatte die
Livreen und die Räumlichkeiten nicht mehr so deutlich
vor Augen; die Einzelheiten waren in Vergessenheit geraten, aber die Sehnsucht verharrte in ihr.

(I,9) In der nächsten Zeit bleibt der Vicomte die Hauptfigur
von Emmas Tagträumereien, und die Zigarrentasche erscheint
ihr wie ein (übrigens zweideutiges) Unterpfand für die Glaub-
würdigkeit ihrer ausschweifenden Phantasien. Man hat den
Walzertanz ihren ersten Ehebruch genannt und den Vicomte
ihren ersten Liebhaber; in ihren Tagträumen ist er es wirklich,
sie folgt ihm darin in die große Welt, nach Paris, liest die ent-
sprechenden Moderomane und Zeitschriften, um sich träu-
mend in dieser neuen Umgebung bewegen zu können, weit,
weit weg von ihrem langweiligen, banalen Leben. „Je näher ihr
übrigens die Dinge waren, desto mehr wandte ihr Denken sich
davon ab. Alles, was sie unmittelbar umgab, das langweilige
Land, die schwachsinnigen Kleinbürger, die Durchschnittlich-
keit des Daseins, dünkte sie eine Ausnahme in der Welt, ein zu-
fälliges Etwas, in dem sie gefangen saß, während sich draußen,
so weit man sehen konnte, das unermeßliche Reich der Beglük-
kungen und der Leidenschaften erstreckte." Charles merkt
nichts von diesen geistigen Abwesenheiten seiner Frau, geht
mit größter Regelmäßigkeit seinen Arztgeschäften nach und fe-
stigt seinen ärztlichen Ruf immer mehr. Für Emma zählt freilich nur, daß er sich einmal von einem Kollegen blamieren lassen muß. Nun erscheint er ihr verächtlich und wird ihr auch
sonst immer widerwärtiger.

„Es wurde wieder Frühling. Als die erste Hitze einsetzte und die Birnbäume zu blühen begannen, bekam sie Atembeschwerden. Seit Julianfang zählte sie an den Fingern ab, wieviel Wochen es noch bis zum Oktober seien; sie meinte, möglicherweise werde der Marquis d'Andervilliers wieder einen Ball auf La Vaubyessard geben. Aber der ganze September verrann, ohne daß Briefe oder Besuche gekommen wären. Nach dem Verdruß über die Enttäuschung blieb ihr Herz abermals leer, und nun begann die Reihe der immergleichen Tage von neuem." Abermals das Widerspiel von Illusion und Desillusion. Nur wenn sie sich großen Gefühlen hingeben kann, fühlt sich Emma lebendig, doch der Blick auf die Umgebung ihres Lebens und die Möglichkeiten, die sich ihr darin bieten, wird zunehmend erkältender. In der suggestiven Beschreibung der Ödnis und Einförmigkeit des ländlich-dörflichen Lebens entfaltet Flaubert seine ganze Meisterschaft. Die dumpfen Glockenschläge, wenn es zur Vesper läutet, die Gleichmäßigkeit, mit welcher der Schulmeister mit dem Seidenkäppchen jeden Morgen zur gewohnten Zeit die Fensterläden öffnet, von Zeit zu Zeit bimmelt die Türglocke der Schenke zu Emma hinüber, oder sie hört die Aushängeschilder des Barbierladens klirren. Nur der Drehorgelspieler mit seinen Walzermelodien bringt etwas andere Töne ins akustische Einerlei. Dieses Leben wird immer bedrückender für sie; je aussichtsloser die Zukunft, desto melancholischer sind ihre Gefühle. Sie erscheint jetzt blaß, wird launisch, leidet an Herzklopfen, vernachlässigt die Hauswirtschaft. Als Schwiegermutter Bovary einmal wieder zu Besuch kommt, um im Hause nach dem Rechten zu sehen, findet sie sich in ihrem Vorurteil gegen Emma natürlich bestätigt. Charles versucht die schwachen Mittel seiner ärztlichen Kunst an Emmas Schwermut, doch ziemlich vergebens: „An manchen Tagen schwatzte sie mit fieberhafter Zungenfertigkeit; dieser Erregung folgten unvermittelt Betäubungszustände, in denen sie verharrte, ohne zu sprechen, ohne sich zu bewegen. Es belebte sie dann wieder, wenn man ihr ein Fläschchen Eau de Cologne über die Arme goß." Mit klinischer Exaktheit gibt Flaubert hier die Schilderung einer Frau, deren Selbstzustand nur noch auf Affekte des Absterbens beschränkt ist, weil ihr Dasein horizontlos und von aller echten Zukunft abgeschnitten ist. Weshalb Charles' Reaktion auf Emmas ständige Beschwerden über Tostes, nämlich der Entschluß, den Wohn- und

Wirkungsort zu wechseln, so falsch zunächst nicht gewertet werden darf, wenn auch schon vorauszusehen ist, daß der wohltätige Einfluß dieser Veränderung nicht lange dauern wird, weil auch ihr wieder der Alltag folgt, der eigentliche Grund von Emmas Leiden. „Nachdem Charles hier und dort Erkundigungen eingezogen hatte, erfuhr er, daß im Arrondissement Neufchâtel ein größerer Marktflecken namens Yonville-l'Abbaye liege, dessen Arzt, ein polnischer Flüchtling, in der vergangenen Woche das Weite gesucht habe."

ZWEITER TEIL

II,1

Yonville-l'Abbaye (so genannt nach einer ehemaligen Kapuzinerabtei, von der nicht einmal mehr die Ruinen vorhanden sind) ist ein Marktflecken, der etwa acht Meilen von Rouen entfernt liegt zwischen der Landstraße nach Abbeville und der nach Beauvais im Tal der Rieule, eines Flüßchens, das in die Andelle fließt, nachdem es kurz vor seiner Mündung drei Mühlen getrieben hat; es sind ein paar Forellen darin, die die Dorfbuben sonntags angeln.

Man verläßt die große Landstraße bei La Boissière und geht auf flachem Gelände weiter bis zur Anhöhe von Les Leux, von wo aus man das Tal überblicken kann. Der Fluß, der es durchquert, macht daraus etwas wie zwei Regionen von unterschiedlichem Aussehen: alles, was links liegt, ist Weideland; alles, was rechts liegt, wird beackert. Das Wiesengebiet zieht sich unterhalb eines Wulstes niedriger Hügel hin und nähert sich von hinten den großen Weidewiesen der Landschaft Bray, während nach Osten hin die Ebene sanft ansteigt, immer breiter wird und bis ins Unendliche ihre blonden Kornfelder ausbreitet. Das am Saum der Grasflächen hinfließende Wasser trennt mit einem weißen Streifen die Farbe der Wiesen und die der Ackerfurchen, und so ähnelt das Land einem großen, ausgebreiteten Mantel mit grünem, silberbebortetem Samtkragen.

Am Horizont hat man bei der Ankunft den Eichenwald von Argueil vor sich sowie die steilen Hänge von Saint-Jean, die von oben bis unten mit ungleichmäßigen roten Strichen gestreift sind; das sind die Spuren des Regenwassers, und jene ziegelsteinfarbenen Tönungen, die die graue Farbe des Berges in ein dünnes Netzwerk zerteilen, rühren von den vielen eisenhaltigen Quellen her, die von dort aus rundum ins Land hinabrinnen.

Man befindet sich hier auf der Grenzscheide der Normandie, der Picardie und der Ile-de-France, einer Bastardregion, wo die Mundart ohne Besonderheit ist und die Landschaft ohne Charakter. Dort werden die schlechtesten Neufchâteler Käse des ganzen Arrondissements hergestellt, und andererseits ist die Bewirtschaftung kostspielig, weil viel Mist verwendet werden muß, um den lockeren, mit Sand und Steinen durchsetzten Boden zu düngen.

Bis zum Jahre 1835 führte keine brauchbare Landstraße nach Yonville; zu jener Zeit jedoch ist ein Haupt-Gemeindeweg angelegt worden, der die Landstraße nach Abbeville mit der nach Amiens verbindet und gelegentlich von den Fuhrleuten benutzt wird, die von Rouen nach Flandern fahren. Gleichwohl ist Yonville trotz dieser »neuen Absatzwege« nicht vorwärtsgekommen. Anstatt den Ackerboden zu verbessern, verbleibt man hartnäckig bei der Weidewirtschaft, so wenig sie auch abwerfen mag, und die träge Gemeinde hat sich von der Ebene abgekehrt und selbstverständlich weiter nach der Wasserseite zu vergrößert. So sieht man schon von weitem den Flecken am Ufer entlang hingestreckt liegen wie einen Kuhhirten, der am Bach seine Mittagsruhe hält.

Am Fuß der Höhen hinter der Brücke beginnt eine mit jungen Pappeln gesäumte Chaussee, die geradewegs zu den ersten Häusern des Orts führt. Sie sind von Hecken umschlossen; inmitten der Gehege liegen zahlreiche, regellos verstreute Nebenbauten, Apfelpressen, Wagenschuppen und Brennereien zwischen buschigen Bäumen, in deren Gezweig Leitern, Stangen oder Sensen hängen. Die Strohdächer sehen aus wie bis an die Augen gestülpte Pelzmützen; sie verdecken fast ein Drittel der niedrigen Fenster, deren dicke, gewölbte Scheiben in der Mitte mit einem Knoten geziert sind, in der Art von Flaschenböden. An die weißen, von schwarzem Gebälk durchzogenen Kalkwände klammern sich hier und dort magere Birnbäume an, und die Türen der Erdgeschosse haben kleine, drehbare Klappen, damit die Küken, die auf den Schwellen in Zider getauchte Brotkrumen pikken, nicht ins Haus laufen. Allmählich werden die Gehege enger, die Wohnstätten rücken dichter aneinander, die Hecken verschwinden; ein Bündel Farnkraut baumelt an einem Besenstiel unter einem Fenster; dort ist eine Hufschmiede, und dann kommt ein Stellmacher mit zwei oder drei neuen, zweirädrigen Karrenwagen, die auf die Landstraße hinausragen. Schließlich erscheint, zwischen Gitterstäben sichtbar, ein weißes Haus hinter einem Rasenrund, das ein Amor mit auf den Mund gelegtem Finger schmückt; zwei gußeiserne Vasen stehen an den beiden Enden der Freitreppe; an der Tür glänzen amtliche Schilder; es ist das Haus des Notars und das schönste des Dorfs.

Die Kirche liegt an der andern Seite der Straße zwanzig Schritte weiter, dort, wo es auf den Marktplatz geht. Der kleine Friedhof, der sie umgibt, umschlossen von einer brusthohen Mauer, ist so voller Gräber, daß die alten, in gleicher Höhe mit dem Boden liegenden Steinplatten ein ununterbrochenes Quaderpflaster bilden, darein das Gras ganz von sich aus regelmäßige, grüne Rechtecke gezeichnet hat. Die Kirche ist während der letzten Regierungsjahre Karls X. renoviert worden. Doch das Holzgewölbe beginnt oben ein bißchen morsch zu werden und zeigt an manchen Stellen in seinem blauen Anstrich schwarze Rillen. Über der Haupttür, dort, wo eigentlich die Orgel sein müßte, befindet sich eine Empore für die Männer; es führt eine Wendeltreppe hinauf, die unter den Holzschuhen hallt.

Das Tageslicht fällt in schrägen Strahlen durch die farblosen Fenster auf die Bänke, die quer zur Wand stehen; auf einigen ist eine kleine Strohmatte festgenagelt, und darunter steht in großen Buchstaben zu lesen: »Bank von Monsieur Soundso.« Weiter hinten, wo das Schiff sich verengt, steht dem Beichtstuhl gegenüber eine Statuette der Madonna; sie trägt ein Atlasgewand und einen mit silbernen Sternen besäten Tüllschleier; ihre Wangen sind genauso knallrot angemalt wie die eines Götzenbilds auf den Sandwich-Inseln; und schließlich beherrscht eine Kopie der »Heiligen Familie, Stiftung des Ministers des Innern«, zwischen vier Leuchtern den Hauptaltar und schließt das Blickfeld ab. Die Chorstühle aus Fichtenholz sind ohne Anstrich geblieben.

Die Markthalle, das heißt ein Ziegeldach auf etwa zwanzig Holzpfeilern, nimmt ungefähr die Hälfte des Marktplatzes von Yonville ein. Das Bürgermeisteramt, gebaut »nach den Entwürfen eines Pariser Architekten«, ist eine Art griechischer Tempel und bildet mit dem Haus des Apothekers einen Winkel. Es hat im Erdgeschoß drei ionische Säulen und im ersten Stock eine Rundbogengalerie, während das abschließende Giebeldreieck von einem gallischen Hahn ausgefüllt wird, der die eine Klaue auf die Verfassung stützt und in der andern die Waage der Gerechtigkeit hält.

Aber was am meisten den Blick auf sich lenkt, das ist,

gegenüber dem Gasthaus »Zum goldenen Löwen«, Monsieur Homais' Apotheke! Hauptsächlich am Abend, wenn die große Lampe angezündet ist und die beiden bauchigen Glasgefäße, grün und rot, die das Schaufenster schmücken, ihre Farben weit über den Boden werfen, dann sieht man durch sie hindurch den Schatten des Apothekers, der sich auf sein Pult stützt. Sein Haus ist von oben bis unten mit Ankündigungen beklebt, die in Kursivschrift, Rundschrift und nachgemachter Druckschrift lauten: »Vichy-Brunnen, Selterswasser, Barèger Tafelwasser, Blutreinigungsmittel, Raspail-Tropfen, Arabisches Kraftmehl, Darcet-Pastillen, Regnault-Paste, Bandagen, Badesalz, Gesundheits-Schokolade usw.« Und auf dem Geschäftsschild, das so lang ist wie der ganze Laden, steht in Goldbuchstaben: »Homais, Apotheker.« Drinnen im Laden, hinter der großen, auf dem Ladentisch festgeschraubten Waage, liest man über einer Glastür das Wort »Laboratorium«, und in halber Höhe noch einmal auf schwarzem Grund in goldenen Lettern den Namen »Homais«.

Sonst gibt es in Yonville nichts zu sehen. Die Straße (die einzige) ist einen Büchsenschuß lang und von ein paar Läden gesäumt; sie endet unvermittelt an der Biegung der Landstraße. Wenn man sie rechts liegen läßt und unter der Höhe von Saint-Jean entlanggeht, kommt man bald zum Friedhof.

Zur Zeit der Cholera hatte man, um ihn zu vergrößern, ein Stück der Mauer niedergelegt und drei Morgen anstoßenden Ackerlands hinzugekauft; aber dieser ganze neue Teil ist fast unbenutzt geblieben; wie zuvor drängen sich die Gräber nach dem Eingangstor hin zusammen. Der Wärter, der zugleich Totengräber und Küster ist (und somit aus den Leichen der Gemeinde doppelte Einnahmen zieht), hat sich das brachliegende Land zunutze gemacht und baut darauf Kartoffeln an.

Doch sein kleines Feld schrumpft von Jahr zu Jahr zusammen, und er weiß nicht, ob er sich über die Begräbnisse freuen oder über die Gräber ärgern soll.

»Sie leben von den Toten, Lestiboudois!« hatte ihm schließlich eines Tages der Herr Pfarrer gesagt.

Diese gruselige Bemerkung hatte ihn nachdenklich gestimmt; eine Zeitlang hörte er damit auf; aber noch heute fährt er mit dem Legen seiner Knollen fort und versichert sogar mit Nachdruck, sie wüchsen ganz von selber.

Seit den Ereignissen, die hier erzählt werden sollen, hat sich in Yonville tatsächlich nichts verändert. Die Blechtrikolore dreht sich noch immer auf der Kirchturmspitze; vor dem Laden des Modewarenhändlers flattern nach wie vor die beiden Kattunwimpel im Wind; die Fötusse des Apothekers, die wie Päckchen weißer Stärke aussehen, verwesen immer mehr in dem trübe gewordenen Alkohol, und noch immer zeigt der alte, goldene, vom Regen mißgefärbte Löwe über dem Tor des Gasthauses den Vorübergehenden seine Pudelmähne.

An dem Abend, da das Ehepaar Bovary in Yonville eintreffen sollte, war die Wirtin jenes Gasthofs, die Witwe Lefrançois, so stark beschäftigt, daß sie beim Hantieren mit ihren Kasserollen dicke Tropfen schwitzte. Am folgenden Tag war nämlich Markt im Flekken. Da mußte im voraus Fleisch zerteilt, Geflügel ausgenommen, Suppe gekocht und Kaffee gebrannt werden. Außerdem hatte sie ihre regelmäßigen Tischgäste, und dazu kamen heute noch der Doktor, seine Frau und deren Dienstmädchen; am Billard wurde schallend gelacht; drei Müllerburschen in der kleinen Gaststube riefen nach Schnaps; das Holz flammte, die Glut prasselte, und auf dem langen Küchentisch erhoben sich zwischen rohen Hammelvierteln Stapel von Tellern und zitterten unter den Stößen des Hackklotzes, auf dem Spinat zerkleinert wurde. Vom Geflügelhof war das Gegacker der Hühner zu hören, hinter denen die Magd herlief, um ihnen den Hals abzuschneiden.

Ein Mann in grünen Lederpantoffeln, leicht von den Blattern gezeichnet und eine Samtkappe mit goldener Troddel auf dem Kopf, wärmte sich am Kamin den Rücken. Sein Gesicht drückte nichts als Selbstzufriedenheit aus, und er wirkte, als lebe er genauso ruhig wie der Stieglitz, der über seinem Kopf in einem Weidenrutenbauer hing; es war der Apotheker.

»Artémise!« schrie die Wirtin, »zerknick Reisig, füll die Karaffen, trag Schnaps auf, beeil dich! Wenn ich nur wüßte, was ich der Gesellschaft, die Sie erwarten, als Nachtisch vorsetzen soll! Du meine Güte! Die Umzugsleute fangen schon wieder mit ihrem Geklapper auf dem Billard an! Und dabei steht ihr Wagen noch immer in der Einfahrt! Die ›Schwalbe‹ bringt es fertig und rammt ihn, wenn sie kommt! Ruf Polyte, er soll ihn beiseite schieben ...! Wenn ich mir vorstelle, Monsieur Homais, daß sie seit heute morgen schon fünfzehn Partien gespielt und acht Schoppen Zider getrunken haben ...! Die stoßen mir noch ein Loch ins Billardtuch«, fuhr sie fort und sah ihnen von weitem zu, den Schaumlöffel in der Hand.

»Das wäre weiter kein Malheur!« antwortete Homais. »Dann müßten Sie ein neues kaufen.«

»Ein neues Billard!« jammerte die Witwe.

»Weil das jetzige nicht mehr viel taugt, Madame Lefrançois; ich sage es Ihnen immer wieder, Sie schaden sich selbst am meisten! Sehr sogar! Und überdies verlangen heutzutage die Spieler enge Löcher und schwere Queues. Man spielt die Bälle nicht mehr direkt an; es ist alles anders geworden! Man muß mit seinem Jahrhundert gehen! Sehn Sie sich mal Tellier an ...«

Die Wirtin wurde rot vor Ärger. Der Apotheker sprach weiter:

62

»Sie können sagen, was Sie wollen: sein Billard ist schmucker als Ihrs; und wenn es darum geht, eine patriotische Poule zu spielen, für die Polen oder für die Überschwemmten in Lyon ...«

»Vor Bettlern wie denen hat unsereiner keine Angst!« unterbrach ihn die Wirtin und zog ihre dicken Schultern hoch. »Lassen Sie's gut sein, Monsieur Homais, solange der ›Goldene Löwe‹ weiterbesteht, wird er Gäste haben. Wir haben Speck auf den Rippen! Wogegen Sie es eines Morgens erleben werden, daß Ihr ›Café Français‹ die Bude zugemacht hat und an den Fensterläden gewisse hübsche Zettelchen kleben! Ein neues Billard anschaffen?« fuhr sie im Selbstgespräch fort, »wo meins so bequem ist zum Wäschelegen? Und wo ich zur Jagdzeit bequem darauf sechs Gäste übernachten lassen kann ...? Aber dieser langweilige Kerl, der Hivert, kommt und kommt nicht!«

»Warten Sie etwa auf den mit dem Essen für Ihre Herren?« fragte der Apotheker.

»Auf den warten? Monsieur Binet ist ja noch nicht da! Schlag sechs werden Sie ihn hereinkommen sehen; so was an Pünktlichkeit lebt nicht nochmal auf Erden. Er muß stets seinen Platz im kleinen Gastzimmer haben! Eher ließe er sich totschlagen als woanders zu essen! Und anspruchsvoll ist er! Und heikel in bezug auf den Zider! Der ist nicht wie Monsieur Léon; der kommt manchmal erst um sieben oder sogar um halb acht; der schaut nicht mal hin, was er ißt. Solch ein netter junger Mann! Kein lautes Wort spricht er.«

»Da sehen Sie den Unterschied zwischen einem jungen Mann, der eine gute Erziehung genossen hat, und einem ehemaligen Kavalleristen und jetzigen Steuereinnehmer.«

Es schlug sechs. Binet trat ein.

Er trug einen blauen Gehrock, der in sich steif rings

um seinen mageren Körper herabfiel, und seine Ledermütze mit den mittels einer Schnur oben am Kopfteil festgenähten Klappen ließ unter dem hochstehenden Schirm eine kahle Stirn sehen, was vom ständigen Tragen des Helms herrührte. Er hatte eine schwarze Tuchweste an, einen Roßhaarkragen, eine graue Hose, und seine gut gewichsten Schuhe hatten zu jeder Jahreszeit zwei gleiche Ausbeulungen; das kam von hervortretenden Zehen. Kein Haar ragte aus der Linie seines blonden Rundbarts hervor, der um das Kinn herumging und sein langes, fahles Gesicht mit den kleinen Augen und der Hakennase umrahmte wie eine Buchsbaumeinfassung ein Beet. Er war ein Meister in allen Kartenspielen, ein guter Jäger, besaß eine schöne Handschrift und hatte daheim eine Drehbank stehen, darauf drechselte er aus purem Vergnügen Serviettenringe, die er mit der Eifersucht eines Künstlers und dem Egoismus eines Spießers in seinem Haus aufstapelte. Er ging auf die kleine Gaststube zu; aber aus der mußten erst die drei Müllerburschen hinausbefördert werden; und während der ganzen Zeit, da für ihn gedeckt wurde, blieb Binet stumm auf seinem Platz neben dem Ofen stehen; dann schloß er die Tür und nahm seine Mütze ab, wie er stets zu tun pflegte.

»Der nutzt sich die Zunge nicht durch Höflichkeitsfloskeln ab!« sagte der Apotheker, sobald er mit der Wirtin allein war.

»Mehr sagt er nie«, antwortete sie; »die letzte Woche sind zwei Tuchreisende hiergewesen, lustige Brüder, die den ganzen Abend lang einen Haufen so komischer Sachen erzählt haben, daß ich Tränen lachen mußte, und er hat dagesessen wie ein Stockfisch, ohne ein Wort zu sagen.«

»Ja«, sagte der Apotheker, »keine Phantasie, keine witzigen Einfälle, nichts, was einen Mann der Gesellschaft ausmacht!«

»Dabei heißt es, er sei bemittelt«, wandte die Wirtin ein.

»Der und bemittelt?« entgegnete Homais. »Der? Na, bei seiner Stellung ist es immerhin möglich«, fügte er in ruhigerem Tonfall hinzu.

Und er fuhr fort:

»Ja wenn ein Kaufmann mit ausgedehnten Beziehungen, wenn ein Rechtsanwalt, ein Arzt, ein Apotheker so absorbiert werden, daß sie Sonderlinge oder sogar Griesgrame werden, dann verstehe ich das; Beispiele dafür werden in den Geschichtswerken angeführt! Aber das rührt dann wenigstens davon her, daß sie sich über irgendwas Gedanken machen. Wie oft ist es zum Beispiel mir passiert, daß ich auf meinem Schreibtisch nach meinem Federhalter gesucht habe, weil ich ein Schildchen schreiben wollte, und schließlich merkte ich dann, daß ich ihn mir hinters Ohr gesteckt hatte!«

Inzwischen war Madame Lefrançois auf die Haustürschwelle getreten, um nachzusehen, ob die »Schwalbe« noch immer nicht komme. Sie erbebte. Ein schwarzgekleideter Mann betrat plötzlich die Küche. Im letzten Dämmerlicht waren sein kupferrotes Gesicht und sein athletischer Körper zu erkennen.

»Was steht zu Diensten, Herr Pfarrer?« frage die Wirtin und nahm vom Kamin einen der Messingleuchter, die dort mit ihren Kerzen eine Säulenreihe bildeten. »Wollen Sie was trinken? Ein Schlückchen Johannisbeerlikör oder ein Glas Wein?«

Der Geistliche dankte äußerst höflich. Er wolle seinen Regenschirm abholen, den er neulich im Kloster Ernemont habe stehenlassen; und nachdem er Madame Lefrançois gebeten hatte, ihn im Lauf des Abends ins Pfarrhaus zu schicken, ging er, um sich zur Kirche zu begeben, wo das Angelus geläutet wurde.

Als der Apotheker den Hall seiner Schuhe auf dem

Marktplatz nicht mehr vernahm, fand er, jener habe sich soeben sehr ungebührlich benommen. Das Abschlagen einer angebotenen Erfrischung dünke ihn eine ganz abscheuliche Heuchelei; die Priester becherten alle, wenn man sie nicht sehe, und führten am liebsten die Zeiten des Zehnten wieder ein.

Die Wirtin übernahm die Verteidigung ihres Pfarrers: »Übrigens würde er vier wie Sie übers Knie legen. Letztes Jahr hat er unsern Leuten beim Stroheinfahren geholfen; bis zu sechs Bund auf einmal hat er getragen, so stark ist er!«

»Bravo!« sagte der Apotheker. »Schickt nur eure Töchter zu solchen Kraftprotzen zur Beichte! Wenn ich die Regierung wäre, würde ich anordnen, die Priester einmal im Monat zur Ader zu lassen. Ja, Madame Lefrançois, alle Monat eine gehörige Phlebotomie, im Interesse der Ordnung und der Sittlichkeit!«

»Seien Sie doch still, Monsieur Homais! Sie sind gottlos! Sie haben keine Religion!«

Der Apotheker antwortete:

»Ich habe eine Religion, meine eigene Religion, und ich habe sogar mehr davon als alle diese Leutchen mit ihrem Mummenschanz und ihren Gauklerkünsten! Selbstverständlich verehre ich Gott! Ich glaube an ein höchstes Wesen, an einen Schöpfer – wer er ist, das geht mich nichts an –, der uns hierhergesetzt hat, damit wir unsere Pflichten als Staatsbürger und Familienväter erfüllen; aber ich habe nicht das Bedürfnis, in eine Kirche zu gehen, dort Silberschüsseln zu küssen und aus meiner Tasche eine Bande von Possenreißern zu mästen, die sich besser nähren als wir! Man kann ihn ebensogut in einem Wald verehren, auf freiem Feld oder meinetwegen sogar im Sichversenken in die Himmelsweiten, wie die Alten. Mein Gott ist der Gott Sokrates', Franklins, Voltaires und Bérangers! Ich bin für das ›Glaubensbekenntnis des savoyischen Vikars‹ und die unsterblichen Grundsätze von 89! Daher glaube ich nicht an den guten Mann von liebem Gott, der mit dem Spazierstock in der Hand durch seinen Garten schlendert, seine Freunde in einem Walfischbauch einquartiert, mit einem Schrei stirbt und nach drei Tagen wieder aufersteht: das alles ist Unsinn und überdies gegen alle Gesetze der physischen Welt; was uns, nebenbei gesagt, beweist, daß die Pfaffen von je in schmählicher Unwissenheit gelebt haben, in die sie am liebsten die ganze Menschheit mit hineinzögen.«

Er verstummte und suchte mit den Augen rings um sich her nach einem Publikum; denn in seinem Überschwang hatte der Apotheker für kurze Zeit geglaubt, er spreche vor dem voll versammelten Gemeinderat. Aber die Gastwirtin hörte nicht mehr zu; sie lauschte auf ein fernes Rollen. Man unterschied das Rasseln eines Wagens, vermischt mit dem Klappern lockerer Hufeisen auf dem Erdboden, und endlich hielt die »Schwalbe« vor der Tür.

Es war ein gelber Kasten auf zwei großen Rädern, die bis fast an das Wagenverdeck hinaufreichten, den Fahrgästen die Aussicht raubten und sie an den Schultern bespritzten. Die kleinen Scheiben der Fenster klirrten in ihren Rahmen, wenn der Wagen geschlossen war, und auf ihrer alten Staubschicht klebten hier und dort Schmutzspritzer, die nicht einmal die Gewitterregen völlig abwuschen. Sie war mit drei Pferden bespannt, deren erstes als Vorspannpferd ging, und beim Bergabfahren holperte sie und streifte hinten den Boden.

Ein paar Yonviller Bürger kamen auf den Marktplatz; alle redeten gleichzeitig, fragten nach Neuigkeiten, Erklärungen und Körben; Hivert wußte gar nicht, wem er zuerst antworten sollte. Er pflegte nämlich in der Stadt allerlei Aufträge aus dem Dorf zu erledigen. Er ging in die Läden, brachte dem Schuster Lederrollen mit, dem

Hufschmied Roheisen; für seine Herrin eine Tonne Heringe, holte Hauben bei der Modistin ab, vom Friseur Perücken, und auf dem Rückweg verteilte er längs der Fahrstrecke seine Pakete, indem er sie einfach über die Hecken der Einfriedigungen warf, wobei er auf dem Kutschbock aufstand und aus voller Kehle schrie, während seine Pferde frei weiterliefen.

Ein Zwischenfall hatte ihn aufgehalten; Madame Bovarys Windspiel war querfeldein davongelaufen. Man hatte eine gute Viertelstunde nach ihm gepfiffen. Hivert war sogar eine halbe Meile zurückgefahren; jede Minute hatte er geglaubt, es zu erblicken; aber schließlich hatte die Fahrt fortgesetzt werden müssen. Emma hatte geweint und war ganz außer sich gewesen; sie hatte Charles die Schuld an dem Unglück gegeben. Monsieur Lheureux, der Stoffhändler, der mit ihr im Wagen saß, hatte sie durch eine Menge Beispiele von verlaufenen Hunden zu trösten versucht, die ihren Herrn nach langen Jahren wiedererkannt hätten. Von einem werde erzählt, so sagte er, daß er von Konstantinopel wieder nach Paris gelaufen sei. Ein anderer habe fünfzig Meilen in gerader Linie zurückgelegt und vier Flüsse durchschwommen; und sein leiblicher Vater habe einen Pudel besessen, der ihn nach zwölfjähriger Abwesenheit eines Abends auf der Straße von hinten her angesprungen habe, als er zum Essen in die Stadt gegangen sei.

II,2

Emma stieg als erste aus, dann folgten Félicité, Lheureux, eine Amme, und Charles mußte in seiner Ecke geweckt werden, wo er bei Einbruch der Dunkelheit fest eingeschlafen war.

Homais stellte sich vor, bezeigte Madame seine Wertschätzung, tat mit Monsieur höflich, sagte, er sei beglückt, bereits Gelegenheit gehabt zu haben, ihnen beiden gefällig zu sein, und fügte mit herzlicher Miene hinzu, er habe es auf sich genommen, sich selber einzuladen, seine Frau sei nämlich verreist.

Als Madame Bovary in der Küche war, trat sie an den Kamin heran. Mit zwei Fingerspitzen hob sie ihr Kleid in der Kniegegend, und als sie es auf diese Weise bis zu den Fußgelenken gerafft hatte, hielt sie über der sich drehenden Hammelkeule ihren schwarzbeschuhten Fuß der Flamme hin. Das Feuer beleuchtete sie von oben bis unten und drang grell durch das Gewebe ihres Kleids, in die gleichmäßigen Poren ihrer weißen Haut und sogar durch ihre Augenlider, mit denen sie dann und wann blinzelte. Wenn ein Windzug durch die halboffene Tür strich, überfloß sie ein heller roter Schein.

Auf der anderen Seite des Kamins stand ein junger, blondhaariger Mann und betrachtete sie stumm.

Da Léon Dupuis (er war der zweite Stammgast des »Goldenen Löwen«), der Praktikant des Notars Guillaumin, sich in Yonville sehr langweilte, schob er seine Mahlzeit hinaus in der Hoffnung, es werde noch irgendein Reisender ins Gasthaus kommen, mit dem er den Abend verplaudern könne. An den Tagen, da er mit seiner Arbeit fertig war, mußte er, weil er nicht wußte, was er anfangen sollte, wohl oder übel pünktlich kommen und von der Suppe bis zum Käse Binets Gesellschaft erdulden. Erfreut hatte er daher den Vorschlag der Wirtin angenommen, gemeinsam mit den neuen Ankömmlingen zu Abend zu essen; man ging in die große Gaststube hinüber, wo Madame Lefrançois zur Feier des Tages vier Gedecke hatte auflegen lassen.

Homais bat, seine phrygische Mütze aufbehalten zu dürfen; er habe Angst, sich einen Schnupfen zu holen.

Dann wandte er sich an seine Tischnachbarin:

»Madame sind doch sicherlich ein bißchen müde?

Man wird in unserer ›Schwalbe‹ so schrecklich durchgerüttelt.«

»Das stimmt«, antwortete Emma, »aber das Durcheinander macht mir stets Spaß; ich mag nun mal Ortsveränderungen.«

»Es ist so gräßlich«, seufzte der Notarspraktikant, »immer an derselben Stelle hocken zu müssen!«

»Wenn es Ihnen ginge wie mir«, sagte Charles, »der ich immerfort zu Pferde sitzen muß ...«

»Aber«, fuhr Léon fort und wandte sich dabei an Madame Bovary, »gerade das denke ich mir höchst angenehm; sofern man reiten kann«, fügte er hinzu.

»Übrigens«, sagte der Apotheker, »ist die Ausübung des Arztberufs in unserer Gegend nicht allzu mühselig; der Zustand unserer Straßen gestattet nämlich den Gebrauch eines Kabrioletts, und im allgemeinen wird recht gut bezahlt; die Bauern sind wohlhabend. In medizinischer Hinsicht haben wir, abgesehen von gängigen Fällen wie Enteritis, Bronchitis, Gallenanfällen usw., dann und wann zur Erntezeit ein bißchen Wechselfieber, aber alles in allem keine ernsten Fälle, es ist auf nichts Besonderes hinzuweisen, höchstens auf häufige skrofulöse Leiden, und die hängen wohl mit den kläglichen hygienischen Verhältnissen in den Bauerhäusern zusammen. Ach, Sie werden zahlreiche Vorurteile zu bekämpfen haben, Monsieur Bovary; viel Dickköpfigkeit, mit der alle Bemühungen Ihrer Wissenschaft zusammenstoßen; noch immer wird Hilfe bei neuntägigen Andachten, bei den Reliquien und beim Pfarrer gesucht, anstatt, wie es angebrachter wäre, zum Arzt oder zum Apotheker zu gehen. Dabei ist das Klima tatsächlich nicht schlecht, und wir haben sogar in der Gemeinde ein paar Neunzigjährige. Das Thermometer (ich habe Beobachtungen angestellt) fällt im Winter höchstens auf vier Grad, und im Hochsommer kommen wir allerhöchstens auf fünfundzwanzig bis dreißig Grad, was vierundzwanzig nach Réaumur oder vierundfünfzig Grad Fahrenheit (nach englischer Rechnung) ergibt, nicht mehr! – wir sind nämlich nach der einen Seite hin vor den Nordwinden durch den Forst von Argueil geschützt, und nach der andern Seite hin vor den Westwinden durch die Höhe von Saint-Jean; und jene Wärme, die ihre Ursache in dem Wasserdampf hat, der sich aus dem Bach löst, und in zahlreich vorhandenen Viehherden auf dem Weidegelände, die, wie Sie ja wissen, viel Ammoniak ausschwitzen, also Stickstoff, Wasserstoff und Sauerstoff (nein, bloß Stickstoff und Wasserstoff), jene Wärme also, die den Humus des Bodens auspumpt und all diese verschiedenen Emanationen vermischt, sie sozusagen zu einem Bündel zusammenfaßt, und sich selber mit der in der Atmosphäre verteilten Elektrizität verbindet, sofern welche vorhanden ist, könnte auf die Dauer, wie in den tropischen Ländern, gesundheitsschädliche Miasmen erzeugen; – diese Wärme, sage ich, wird gerade auf der Seite, wo sie herkommt, oder vielmehr, wo sie herkommen könnte, das heißt auf der Südseite, durch die Südostwinde abgekühlt, und da nun aber diese an sich schon beim Übergang über die Seine kalt geworden sind, kommen sie manchmal urplötzlich über uns wie russische Brisen!«

»Kann man wenigstens ein paar Spaziergänge in der Umgebung machen?« fuhr Madame Bovary in ihrem Gespräch mit dem jungen Herrn fort.

»Oh, nur sehr wenige«, antwortete er. »Es gibt oben auf der Anhöhe am Waldrand ein Fleckchen, das die ›Wildfütterung‹ genannt wird. Da gehe ich manchmal sonntags hin und verweile da mit einem Buch und schaue mir den Sonnenuntergang an.«

»Es gibt nichts Wunderbareres als Sonnenuntergänge«, erwiderte sie, »und besonders am Meeresstrand.«

»Oh, das Meer bete ich an«, sagte Léon.

»Und meinen nicht auch Sie dann«, entgegnete Madame Bovary, »daß der Geist freier über dieser grenzenlosen Weite schwebt, deren Anschauung die Seele erhebt und Gedanken an das Unendliche, an das Ideal gibt?«

»Genauso ist es mit den Gebirgslandschaften«, fuhr Léon fort. »Ich habe einen Vetter, der hat letztes Jahr eine Reise durch die Schweiz gemacht und mir gesagt, man könne sich die Poesie der Seen, den Zauber der Wasserfälle, den gigantischen Eindruck der Gletscher nicht vorstellen. Man sieht Fichten von unglaublicher Größe quer über Gießbächen liegen, Hütten über Abgründen schweben, und tausend Fuß unter sich in der Tiefe erblickt man ganze Täler, wenn Wolkenspalten sich auftun. Solche Anblicke müssen begeistern und dem Gebet, der Verzückung geneigt machen! Daher wundere ich mich nicht mehr über jenen berühmten Musiker, der, um seine Phantasie anzuspornen, angesichts einer imposanten Landschaft Klavier zu spielen pflegte.«

»Treiben Sie Musik?« fragte sie.

»Nein, aber ich höre sehr gern welche«, antwortete er.

»Haha, hören Sie nicht auf ihn, Madame Bovary«, redete Homais dazwischen und beugte sich über seinen Teller, »das ist pure Bescheidenheit. – Wie denn, mein Lieber? Na, neulich haben Sie den ›Schutzengel‹ zum Entzücken gesungen. Ich habe Ihnen vom Laboratorium aus zugehört; Sie haben das hingelegt wie ein Opernsänger.«

Léon wohnte nämlich im Haus des Apothekers, wo er im zweiten Stock ein kleines Zimmer hatte. Er wurde bei der Schmeichelei seines Hauswirts rot; doch dieser hatte sich bereits wieder dem Arzt zugewandt und zählte ihm einen nach dem andern die wichtigsten Einwohner von Yonville auf. Er gab Antworten zum besten und wartete mit Auskünften auf. Über das Vermögen des Notars wisse man nichts Genaueres, und es gebe da noch die Familie Tuvache, die einem stets was in den Weg lege.

Emma fuhr fort:

»Und welche Musik ist Ihnen die liebste?«

»Oh, die deutsche; die läßt einen träumen.«

»Kennen Sie die italienische Oper?«

»Noch nicht; aber nächstes Jahr, wenn ich erst in Paris wohne, um mein Rechtsstudium abzuschließen, werde ich sie mir ansehen.«

»Wie ich bereits die Ehre hatte«, sagte der Apotheker, »Ihrem Herrn Gemahl im Zusammenhang mit dem armen Yanoda auseinanderzusetzen, der auf und davon gegangen ist: dank der Torheiten, die er begangen hat, können Sie sich eines der komfortabelsten Häuser Yonvilles erfreuen. Die Hauptbequemlichkeit für einen Arzt besteht darin, daß es eine Tür zur ›Allee‹ hat, durch die man hinein- und hinausgehen kann, ohne gesehen zu werden. Übrigens ist es mit allem versehen, was es für einen Haushalt an Annehmlichkeiten gibt: Waschhaus, Küche mit Speisekammer, großes Wohnzimmer, Obstkeller und dergleichen. Ihr Vorgänger war ein fideler Bruder, dem es in Gelddingen nicht drauf ankam! Hinten im Garten, nach der Wasserseite zu, hat er sich eine Laube bauen lassen, um im Sommer darin sein Bier zu trinken, und wenn Madame gern gärtnert, dann kann sie ...« – »Damit befaßt meine Frau sich kaum je«, sagte Charles; »obwohl ihr körperliche Bewegung verordnet worden ist, sitzt sie lieber ganz allein in ihrem Schlafzimmer und liest.«

»Genau wie ich«, erwiderte Léon. »Gibt es im Grunde denn Schöneres, als abends mit einem Buch am Kamin zu sitzen, während der Wind den Regen gegen die Fensterscheiben treibt und die Lampe brennt ...?«

»Nicht wahr?« fragte sie und starrte ihn aus ihren großen, weit geöffneten dunklen Augen an.

»Man denkt an nichts«, fuhr er fort, »die Stunden gehen hin. Man bleibt, wo man ist und durchschweift dennoch Länder, die man vor Augen zu haben glaubt, und unser Denken, das sich in Phantasiegebilde verstrickt, ergeht sich spielerisch in den Einzelheiten oder folgt den Windungen der Abenteuer. Es verschmilzt mit den Gestalten; es kommt einem vor, als schlüge das eigene Herz unter ihren Kostümen.«

»So ist es! So ist es!« sagte sie.

»Ist es Ihnen nicht bisweilen widerfahren«, sprach Léon weiter, »daß Sie in einem Buch einem vagen Gedanken begegneten, den Sie selber gehabt haben, irgendeinem verschwommenen Bild, das aus der Ferne wieder zu Ihnen kommt, etwas wie die uneingeschränkte Darlegung ihres feinsten, zartesten Gefühls?«

»Das habe ich empfunden«, antwortete sie.

»Eben deswegen«, sagte er, »liebe ich vor allem die Dichter. Ich finde, daß Verse zarter als Prosa sind, und daß sie einen besser zu Tränen rühren.«

»Aber auf die Dauer langweilen sie«, entgegnete Emma; »und gegenwärtig schwärme ich für Geschichten, die man in einem Atem liest, bei denen man es mit der Angst bekommt. Alltagshelden und maßvolle Gefühle, wie sie in der Wirklichkeit vorkommen, sind mir widerlich.«

»Freilich«, bemerkte der Praktikant, »solche Werke greifen einem nicht ans Herz; sie entfernen sich, wie mir scheint, vom wahren Ziel und Zweck der Kunst. Es ist inmitten der Ernüchterungen des Lebens so herrlich, daß man sich in Gedanken in edle Charaktere, in reine Zuneigungen und Bilder des Glücks versetzen kann. Was mich betrifft, der ich hier fern von Welt und Gesellschaft lebe, ist das meine einzige Zerstreuung; aber Yonville bietet ja so wenig Möglichkeiten!«

»Sicherlich genauso wenig wie Tostes«, erwiderte

Emma. »Deshalb habe ich auch immer ein Abonnement in einer Leihbücherei gehabt.«

»Wenn Madame mir die Ehre erweisen will, sie zu benutzen«, sagte der Apotheker, der die letzte Äußerung gehört hatte, »so stelle ich ihr meine Bibliothek zur Verfügung; sie besteht aus den besten Autoren: Voltaire, Rousseau, Delille, Walter Scott, ›L'Echo des Feuilletons‹, usw., und außerdem bekomme ich mehrere Blätter, darunter das ›Leuchtfeuer von Rouen‹, eine Tageszeitung, deren Berichterstatter für Buchy, Forges, Neufchâtel, Yonville und Umgegend zu sein ich das Glück habe.«

Seit zweieinhalb Stunden saßen sie jetzt bei Tisch; denn die bedienende Artémise, die in ihren Tuchschuhen saumselig über die Fliesen schlurfte, trug jeden Teller einzeln herein, vergaß alles, hörte auf nichts und ließ ständig die Tür zum Billardzimmer halb offen, die dann mit dem Ende ihrer Klinke gegen die Wand klappte.

Ohne es zu merken, hatte Léon im Plaudern den Fuß auf eine der Querleisten des Stuhls gestellt, auf dem Madame Bovary saß. Sie trug ein kleines, blauseidenes Halstuch, das wie eine Krause einen getollten Batistkragen hochhielt; und je nach ihren Kopfbewegungen versank der untere Teil ihres Gesichts in dem Stoff oder kam anmutig daraus hervor. So gerieten sie beide, während Charles und der Apotheker miteinander plauderten, in eins jener uferlosen Gespräche, deren Zufallssätze immer auf den festen Mittelpunkt einer gemeinsamen Sympathie zurückführen. Pariser Theateraufführungen, Romantitel, neue Quadrillen und die Gesellschaft, die sie nicht kannten, Tostes, wo sie gewohnt hatte, Yonville, wo sie waren, all das ließen sie an sich vorüberziehen, über alles sprachen sie, bis die Mahlzeit zu Ende war.

Als der Kaffee gebracht wurde, ging Félicité fort, um in dem neuen Haus das Schlafzimmer herzurichten, und bald brach die Tischgesellschaft auf. Madame Lefrançois schlief am erloschenen Kamin, während der Stallknecht mit einer Laterne in der Hand auf Monsieur und Madame Bovary wartete, um sie nach ihrem Haus zu führen. In seinem roten Haar hing Häcksel, und auf dem linken Bein hinkte er. Als er mit der anderen Hand den Regenschirm des Herrn Pfarrers ergriffen hatte, machte man sich auf den Weg.

Der Ort lag im Schlaf. Die Pfeiler der Markthalle warfen lange Schatten. Der Erdboden war ganz grau, wie in einer Sommernacht.

Da das Haus des Arztes nur fünfzig Schritt vom Gasthof entfernt lag, mußte allzu schnell Abschied genommen werden, und die Gesellschaft trennte sich.

Schon im Hausflur fühlte Emma die Kälte der gekalkten Wände auf ihre Schultern fallen wie nasse Wäsche. Die Mauern waren neu, und die Holzstufen knarrten. In dem im ersten Stock gelegenen Schlafzimmer fiel fahles Licht durch die gardinenlosen Fenster. Man sah Baumwipfel und in der Ferne das Wiesenland; es war halb von Nebel überschwemmt, der im Mondlicht rauchte, den Windungen des Bachs entsprechend. Mitten in dem Raum lagen und standen in buntem Durcheinander Kommodenschubfächer, Flaschen, Gardinenstangen, vergoldete Leisten, Matratzen auf Stühlen und Waschschüsseln auf dem Fußboden; die beiden Packer, die die Möbel hergebracht, hatten gleichgültig alles sich selbst überlassen.

Es war das vierte Mal, daß sie an einem unbekannten Ort schlief. Das erste Mal war es am Tag ihres Eintritts ins Kloster gewesen, das zweite Mal an dem ihrer Ankunft in Tostes, das dritte Mal auf Schloß Vaubyessard, das vierte Mal hier; und jedesmal hatte sich ergeben, daß ihr Leben in eine neue Phase getreten war. Sie glaubte nicht, daß die Dinge an verschiedenen Orten dieselben bleiben könnten, und da ihr bisheriger Anteil am Leben schlecht gewesen war, mußte derjenige, den sie noch hinter sich zu bringen hatte, wohl besser sein.

Auch die Einführung in Yonville ist ein Meisterstück des Erzählers: In wenigen, scharf konturierten Szenen steht das soziale Leben vor Augen, in dem Emma von nun an rettungslos eingespannt sein wird, denn noch ihre Ausbrüche sind geprägt von dem, wogegen sie rebelliert, bleiben Teil der Mediokrität, an der sie leidet. Daß sie, wie man sagt, vom Regen in die Traufe kommt, wird ja sogleich deutlich. Yonville wird als Ort geschildert, an dem die Zeit vorübergegangen ist. Der aufgeklärte Apotheker wetzt seine Maximen am Pfaffen, als wäre das Jahr 1789 gerade erst vergangen, im Gasthof »Zum goldenen Löwen« treffen sich abends seit Generationen die Honoratioren des Ortes zur selben Stunde, und es ist immer noch der gleiche Klatsch, der dabei von Ohr zu Ohr geht. Und alle sind versammelt, die alsbald in Emmas Leben Schicksal spielen werden. Homais, der freigeistige Apotheker, der nebenbei auch den geheimen Quacksalber macht, sein geistlicher Gegenspieler Bournisien, der penible Steuereinnehmer Binet und auch der Tuchhändler Lheureux, Emmas böser Geist, dem sie auf so sorglose Weise ins Netz gehen wird, daß man darin fast so etwas wie selbstzerstörerische Absicht vermuten möchte – und ausgerechnet in der »Schwalbe« haben sie sich kennengelernt, die für Emma einmal das Fahrzeug sein wird, mit dem sie auf ihre Insel Cythera übersetzt. Und natürlich Léon Dupuis, der Notarsgehilfe, die einzige verwandte Seele in dieser Versammlung selbstzufriedener, beschränkter und bösartiger Spießer. *(II, 3)* „Als sie am andern Morgen aufwachte, sah sie auf dem Marktplatz den Praktikanten. Sie war im Morgenrock. Er blickte auf und grüßte. Sie nickte hastig und schloß das Fenster wieder." In die Szene eines winzigen Augenblicks ist hier die Romanze gefaßt, die zwischen Emma und Léon nun beginnt und die sich mehr in ihren Köpfen, in Phantasien und Tagträumen abspielt als in der handfesten Wirklichkeit, wo beide es bei schüchternen Andeutungen, Gesten und symbolischen Handlungen bewenden lassen.

Die beiden Bovarys leben sich in Yonville ein, Charles allerdings findet zunächst kaum Patienten, und auch durch den

Umzug sind seine wirtschaftlichen Verhältnisse angespannt. Das Motiv der Geldknappheit, Emmas Leben belastend seit dem Einzug in das Haus in Tostes und seit den ständigen Ermahnungen seitens der Schwiegermutter, tritt hier abermals hervor. Da wird das Einerlei von Emmas Tagen durch eine neue Hoffnung unterbrochen, der sie sich enthusiastisch und schwärmerisch wie allen glückversprechenden Erwartungen hingibt: „Sie wünschte sich einen Jungen; stark und braun sollte er sein und Georges heißen [...]" Die Enttäuschung bleibt auch diesmal nicht aus. Die Schwangerschaft wird ihr bald zur Last, und dann ist es ein Mädchen, dem sie das Leben schenkt. Madeleine schlägt Léon als Namen vor, doch die alte Bovary sträubt sich gegen den „Sünderinnennamen". „Zu guter Letzt fiel Emma ein, daß sie auf Schloß Vaubyessard gehört hatte, wie die Marquise eine junge Dame mit »Berthe« anredete; also wurde dieser Name gewählt", was nichts daran ändert, daß ihre Zuneigung zu dem Mädchen eher gedämpft bleibt. Sie gibt es einer Tischlersfrau in Pflege und besucht es nur unregelmäßig. Einmal geht sie zusammen mit Léon, den sie zufällig trifft, zur Amme hinaus; als sie ihr Kind dann auf den Arm nimmt, muß es brechen, und die rührende Mutter-Kind-Szene ist verdorben. Die Tischlersfrau benutzt die günstige Gelegenheit des Doppelbesuchs, um bei Emma einige zusätzliche Vergünstigungen zu erreichen. Dann schreitet die wenig glückliche Mutter an Léons Arm in ihr Haus zurück, vertieft in ein oberflächliches Geplauder. „Hatten sie einander wirklich nichts anderes zu sagen? Dabei waren ihre Augen von einer viel ernsteren Plauderei erfüllt, und während sie sich bemühten, banale Redensarten zu finden, spürten sie, wie sie beide der gleiche sehnsüchtige Drang überkam; es war wie ein Geflüster der Seele, tief, unaufhörlich, und es übertönte dasjenige der Stimmen." Eine der seltenen Stellen, wo der Erzähler von seinen Figuren zurücktritt, um sie aus einiger Entfernung zum Gegenstand seiner unbestechlichen Scharfsicht zu machen. Er verfügt zwar auch hier nicht über sie wie ein Schachspieler über seine Steine, doch analysiert er ihre Züge wie ein Meister, der die verborgenen Absichten sogleich durchschaut.

(II,4) Das Alltagsleben der Bovarys geht seinen Gang. Emma „saß in ihrem Lehnstuhl am Fenster und sah die Dorfleute auf dem Fußsteig vorübergehen". Darunter auch Justin, der Apothekersgehilfe, oder Léon; abends kommt häufig der

Apotheker vorbei, diese Beispielfigur eines bemühten, doch bornierten Spießertums, um die Leitartikel der Tageszeitungen zu rekapitulieren und mit Madame Bovary über Fleisch und dessen Zubereitung, über Gewürze und Saucen zu plaudern. Justin, der Lehrling, wird Homais später holen und benutzt die Gelegenheit, mit Emmas Hausmädchen Félicité zu schäkern. An Sonntagabenden trifft man sich beim Apotheker zum Karten- oder Dominospiel. Dann steht Léon hinter Emma und hilft ihr. „Die Hände auf die Rückenlehne ihres Stuhls gestützt, betrachtete er die Zähne ihres Kamms, der in ihrem Haarknoten steckte. Bei jeder Bewegung, die sie machte, um die Karten zu werfen, zog sich ihr Kleid an der rechten Seite in die Höhe, und von ihren aufgesteckten Haaren huschte ein brauner Schimmer ihren Rücken hinunter, der immer matter wurde und sich schließlich im Schatten verlor. Dananch fiel ihr Kleid an beiden Seiten, sich in vielen Falten bauschend, auf den Stuhl zurück und breitete sich wieder bis auf den Boden aus." Das sind erotische Bilder von großer Intensität und Diskretion zugleich, in denen die Perspektive des akribisch beschreibenden und des erotisch affizierten Beobachters verschmelzen. Das gilt mehr noch für die Szenen am Kamin (ein anderes Leitmotiv des Buches), in denen Emma und Léon sich gemeinsam über einen Bildband beugen oder einander leise Gedichte vorlesen, während Bovary und Homais dem Domino frönen. „Bovary, der wenig zur Eifersucht neigte, wunderte sich nicht darüber." Dieser Zug ist entscheidend für die Handlungsentwicklung, denn er bedeutet für Emma den Dispens für manche Freiheiten und Extravaganzen, die sie sich nun immer ungenierter herausnimmt. Man macht sich gegenseitig Geschenke („sie beobachteten einander am Fenster bei der Pflege ihrer Blumen"), hat nur noch den jeweils anderen im Sinn, so daß es bald für alle im Dorf feststeht: „sie sei seine Geliebte". Doch der Klatsch schafft hier schon Tatsachen, über welche sich die beiden Beteiligten selber noch gar nicht ganz klar sind.

(II,5) Diese Klarheit erringt Emma an einem Sonntagnachmittag, nachdem sie mit Homais, Léon und ihrem Mann einen Spaziergang zur Baustelle einer neuerrichteten Flachsspinnerei gemacht hatte. Charles war ihr dabei äußerst plump und bäurisch vorgekommen, Léon mit seinem Spazierstock dagegen elegant, empfindsam, feinsinnig. „›Ob er liebt?‹ überlegte sie. ›Aber wen ...? Natürlich mich!‹ Alle Beweise dafür boten

sich ihr gleichzeitig dar; ihr Herz pochte heftig. Das Kamin-
feuer ließ an der Zimmerdecke einen fröhlichen Lichtschein
zittern; sie legte sich auf den Rücken und breitete die Arme
aus." Und dies ist denn auch der Moment, in dem Lheureux,
der Modewarenhändler, erstmals entscheidend in ihr Leben
tritt: „Als geborener Gascogner, der zum Normannen geworden war, vereinigte er die Redseligkeit des Südländers mit der
Verschlagenheit der Landschaft Caux. Sein festes, weichliches,
bartloses Gesicht sah aus, als sei es mit hellem Lakritzensaft ge-
färbt worden, und sein weißes Haar machte den scharfen
Glanz seiner kleinen schwarzen Augen noch lebhafter. Was er
früher gewesen sei, wußte man nicht [...]." So also sieht der
böse Geist aus, der nun von Emmas Leben mehr und mehr Besitz ergreift, und wenn er auch nicht mehr in der Gestalt auftritt, in welcher Märchen, Sage und Legende den teuflischen
Verführer vorstellten, erkennen wir ihn doch an seinen Metho-
den wieder; und natürlich paßt auch Lheureux' dunkle Herkunft sehr schön ins literarisch altvertraute Bild. Jedenfalls
breitet er mit liebenswürdiger Schmeichelei vor Emma seine
Schätze aus, Seidentücher, Pantoffeln, allerlei andere Filigran-
arbeiten; Geld, sagt er, sei Nebensache, das beschaffe er noch
zusätzlich. Ein einziges Mal vermag Emma der Versuchung zu
widerstehen, sonnt sich im Glanz ihrer Vernünftigkeit, die sie
auch sogleich nochmals auf die Probe stellt. Léon erscheint
wegen der Verlängerung ihres Musikalienabonnements, sie ver-
zichtet auch darauf, begrüßt dann in Gegenwart des so vergeblich schmachtenden Geliebten den gerade heimkehrenden
Charles besonders zärtlich und wendet sich ihm auch in der Fol-
gezeit geradezu demonstrativ zu. Daß sich die beiden Liebenden dadurch nur kostbarer werden, versteht sich, und unter der
Oberfläche melancholischer Entsagung „verbarg [sich] ein ver-
störtes Herz, und ihre so keuschen Lippen erzählten nichts von
dessen Qual". Emma schwärmt jetzt heimlich von Léon, wie
sie sonst von ihren Romanfiguren schwärmte, ein narzißtischer
Selbstgenuß, der den Weg zum Geliebten noch mehr versperrt
als alle Schamgefühle. „Ihr fleischlicher Hunger, ihre Lüstern-
heit nach Geld und die Melancholien ihrer Leidenschaft, all
das zerschmolz zu einem einzigen Leid; – und anstatt ihre Gedanken davon abzuwenden, heftete sie sie noch mehr daran, erregte sich am Schmerz und suchte überall nach Gelegenheiten
dazu." So bleibt sie auf ihre unterdrückten Triebe auch noch in

solcher Verneinung fixiert, die abstrakt und forciert ist, weil sie eigentlich nichts lieber täte, als ihrem Verlangen nachzugeben. Der Augenblick ist absehbar, an dem ihr unechter Widerstand zusammenbrechen wird.

(II,6) „Eines Spätnachmittags, als das Fenster offenstand und sie daran saß und Lestiboudois, dem Küster, zugesehen hatte, der den Buchsbaum stutzte, hörte sie plötzlich das Angelusläuten." Der Glockenton wirkt wie ein Stichwort, und Emmas Gedanken schweifen zurück in Kindheit und Jugend, Klostererinnerungen kommen hoch und versetzen sie in eine sentimental-religiöse Stimmung, aus der heraus sie beschließt, den Pfarrer aufzusuchen. Nicht nur der Vergangenheitsseligkeit wegen, wie sich alsbald im Gespräch mit dem Geistlichen erweist, sondern weil sie einen Helfer in ihrer seelischen Not sucht. Wobei sie freilich an den falschen geraten ist. Sehr indirekt, nur durch seine Fragen und Antworten charakterisiert, zeichnet Flaubert das Porträt eines begriffsstutzigen, stumpfen und oberflächlichen Geistes, der so recht in das spießige Provinznest paßt und natürlich dort versagt, wo Einsicht, Mitgefühl und Hilfe am nötigsten wären. „Wahrscheinlich doch die Verdauung?" ist das einzige, was ihm auf die Andeutungen Emmas einfällt. Wieder zu Hause, kann die junge Frau der Unruhe in ihrem Innern kaum Herr werden, und als die kleine Berthe sie bedrängt, stößt sie die Tochter so heftig zurück, daß sich das Kind an einer Kommode leicht verletzt und die Wange ritzt. Mit ihrer Mutterrolle kann sich Emma offenbar immer noch nicht identifizieren. Und während sie in dieser Diskrepanz zwischen äußerer Eintönigkeit und der Unruhe in ihrem Innern dahinlebt, reift in Léon der Entschluß, Yonville zu verlassen. Seiner hoffnungslosen Liebe und des Provinzdaseins überflüssig, will er nach Paris, um mit seiner juristischen Ausbildung fertig zu werden. Der Abschiedsbesuch im Arzthaus ist kurz, die letzte Begegnung mit Emma voll unterdrückter Gefühle und schiefer Worte. Auch dieser Episode hat Flaubert das Muster ihres Lebens eingeschrieben: den großen Aufbruch und die unfehlbare Enttäuschung, die schwärmerischen Gefühle und ihre prosaische Ernüchterung, die großen Hoffnungen und ihr Ende in Alltag und Mutlosigkeit.

(II,7) Nachdem Léon das Dorf verlassen, versinkt Emma in Depression. Besonders schlimm sind die Vorwürfe, die sie sich selber macht: „Warum hatte sie dieses Glück nicht beim Schopf

gepackt, als es sich darbot?" Und eben diese immer aufs neue geschürte Trauer um die verpaßte Gelegenheit, der bittere Selbsttadel über Kleinmut und Schwäche bereiten sie innerlich auf die Begegnung vor, die ihr Leben entscheidend verändern soll. Gewiß ist Rodolphe Boulanger auch von anderem Kaliber als Léon. Ein Frauenmann und erfahrener Verführer von etwas grobem, direktem Zuschnitt, doch wäre er ohne die innere Bereitschaft Emmas, Folge der Trennung von Léon, wohl kaum an sein Ziel gelangt. Die erste Begegnung findet in Charles' Sprechzimmer statt. Der Gutsbesitzer Boulanger von La Huchette bringt dem Arzt einen Knecht, der zur Ader gelassen werden soll und dabei von Emma betreut wird. Die Umstände sind nicht unwichtig. Ohne daß er es will, wird Charles zum Kuppler seiner Frau, und wie er auch später nichts von dem wahrnimmt, was in seiner unmittelbaren Umgebung geschieht, so ist er jetzt schon blind für die Anfänge. Sie werden auch von Flaubert nur sehr vermittelt dargestellt: durch das Bild, das Emma bietet und das wir durch Rodolphes Augen wahrnehmen. „Madame Bovary nahm die Schüssel. Bei der Bewegung, die sie beim Bücken machte, um sie unter den Tisch zu stellen, bauschte sich ihr Kleid (es war ein gelbes Sommerkleid mit vier Volants, langer Taille und weitem Rock) rund um sie her auf dem Fliesenboden des Wohnzimmers – und da die gebückte Emma beim Armstrecken ein wenig taumelte, spannte der geblähte Stoff sich hier und dort je nach den Bewegungen ihres Oberkörpers." Die Wirkung erschöpft sich nicht in der Bewunderung dieses Bildes. „Rodolphe Boulanger war vierunddreißig Jahre alt, von brutaler Wesensart und scharfem Verstand; überdies hatte er viel Umgang mit Frauen gehabt und kannte sich in ihnen trefflich aus. Die da hatte wirklich nett ausgesehen; also beschäftigte er sich in Gedanken mit ihr und mit ihrem Mann." Verführungsabsicht und -plan stehen bald fest, Gelegenheit soll die Landwirtschaftstagung geben.

(II,8) Am Tage des landwirtschaftlichen Ereignisses gelingt es Rodolphe, sich als Emmas Begleiter durch das Ausstellungsgelände zu etablieren. Dem Festakt und der Preisverleihung folgen die beiden vom Fenster des sonst leeren Sitzungssaales aus, der im ersten Stock des Rathauses liegt, und nun folgt die berühmte Szene, in der Rodolphe sich Emma durch seine versierten Galanterien geneigt zu machen beginnt, während unter ihnen ein Handel ganz anderer und doch verwandter Art statt-

findet. Flaubert hat das Parallelgeschehen in satirischer Absicht so montiert, daß immer wieder Sätze der Festredner das Liebesgeflüster am Fenster unterbrechen.

Auf der Estrade ging es lebhaft zu; alles tuschelte und redete miteinander. Schließlich stand der Regierungsrat auf. Man hatte herausbekommen, daß er Lieuvain hieß, und sein Name lief durch die Menge von Mund zu Mund. Als er ein paar Zettel geordnet und sich dicht vor die Augen gehalten hatte, um besser zu sehen, begann er:
»Meine Herren,
gestatten Sie mir zunächst (ehe ich auf den eigentlichen Zweck der heutigen Versammlung eingehe, und dieses Gefühl, dessen bin ich sicher, wird von Ihnen allen geteilt werden), gestatten Sie mir zunächst, sage ich, der hohen Behörden, der Regierung, des Monarchen, meine Herren, unseres Herrschers zu gedenken, unseres vielgeliebten Königs, dem kein Zweig des öffentlichen oder privaten Wohls gleichgültig ist, und der mit zugleich fester und weiser Hand das Staatsschiff durch die unaufhörlichen Gefahren eines stürmischen Meeres lenkt und dabei dem Frieden wie dem Krieg sein Recht widerfahren läßt, und ebenso dem Gewerbe, dem Handel, der Landwirtschaft und den schönen Künsten.«
»Ich will mich lieber ein bißchen weiter zurücksetzen«, sagte Rodolphe.
»Warum denn?« fragte Emma.
Aber in diesem Augenblick erhob sich die Stimme des Regierungsrats und nahm einen außergewöhnlichen Tonfall an. Er deklamierte:
»Die Zeiten sind vorbei, meine Herren, da bürgerliche Zwietracht unsere öffentlichen Plätze mit Blut überschwemmte, da der Grundbesitzer, der Kaufmann und sogar der Arbeiter, wenn er sich abends zu friedlichem Schlummer niederlegte, davor erzitterte, durch das

Sturmläuten der Brandglocke jäh geweckt zu werden, da die umstürzlerischsten Maximen frech die Grundfesten unterwühlten ...«

»Es könnte immerhin sein«, entgegnete Rodolphe, »daß ich von unten gesehen würde; dann müßte ich mich vierzehn Tage lang entschuldigen, und bei meinem schlechten Ruf ...«

»Oh! Sie machen sich schlecht«, sagte Emma.

»Nein, nein, er ist erbärmlich, ich schwör's Ihnen.«

»Aber, meine Herren«, fuhr der Regierungsrat fort, »wenn ich diese düsteren Bilder aus meiner Erinnerung auslösche und meine Blicke auf den gegenwärtigen Zustand unseres schönen Vaterlands richte, was sehe ich dann? Überall blühen Handel und Künste; überall stellen neue Verkehrswege wie Adern im Körper des Staats neue Beziehungen her; unsere großen Industriebezirke haben ihre Tätigkeit wieder aufgenommen; die Religion, gefestigter denn je, lächelt allen Herzen; unsere Häfen sind voll, das Vertrauen ist neu erstanden, und endlich atmet Frankreich wieder auf ...«

»Übrigens«, sprach Rodolphe weiter, »hat man vom Standpunkt der Gesellschaft aus vielleicht recht.«

»Wieso?« fragte sie.

»Nanu!« sagte er. »Wissen Sie denn nicht, daß es Seelen gibt, die unaufhörlich umgetrieben sind? Sie bedürfen abwechselnd des Traums und der Tat, der lautersten Leidenschaften und der wildesten Genüsse, und so stürzt man sich denn in alle möglichen Launen und Tollheiten.«

Da schaute sie ihn an, wie man einen Reisenden betrachtet, der abenteuerliche Länder durchquert hat, und dann sagte sie: »Nicht einmal diese Ablenkung haben wir, wir armen Frauen!«

»Traurige Ablenkung, denn man findet das Glück nicht darin.«

»Aber findet man es denn je?« fragte sie.

»Doch! Eines Tages widerfährt es einem«, antwortete er.

»Und gerade *das* haben Sie eingesehen.«, sagte der Regierungsrat. »Sie, die Sie Landwirte und Landarbeiter sind, friedliche Pioniere eines umfassenden Kulturwerks! Sie, die Männer des Fortschritts und der sittlichen Ordnung! Sie haben eingesehen, sage ich, daß politische Stürme wirklich noch weit furchtbarer sind als die Störungen der Atmosphäre …«

»Eines Tages widerfährt es einem«, wiederholte Rodolphe, »eines Tages, gänzlich unerwartet, und gerade dann, wenn man daran verzweifelte. Dann tun sich unendliche Weiten auf; es ist, als rufe eine Stimme: »Hier ist es ja!« Und man verspürt das Verlangen, dem Menschen, den man gefunden hat, sein Leben anzuvertrauen, ihm alles zu schenken, ihm alles zu opfern! Es bedarf keiner Erklärungen, man errät einander. Man ist einander ja schon längst im Traum begegnet. (Und er blickte sie an.) Endlich ist er da, der Schatz, nach dem man so lange gesucht hat, man hat ihn vor sich, er glänzt, er funkelt. Dabei zweifelt man noch immer; man wagt nicht, daran zu glauben; geblendet verharrt man davor, als sei man aus dem Dunkel ins Licht getreten.«

Am Schluß dieser Rede hatte Rodolphe jeden Satz mit einer Gebärde begleitet. Er fuhr sich mit der Hand übers Gesicht wie jemand, der einen Schwindelanfall bekommt; dann ließ er sie auf die Emmas niederfallen. Sie zog sie fort. Doch der Regierungsrat las immer weiter:

»Und wen könnte das wundern, meine Herren? Einzig den, der so blind wäre, so verbohrt (ich scheue mich nicht, es zu sagen), so verbohrt in die Vorurteile eines anderen Zeitalters, daß er die Gesinnung der Landwirtschaft treibenden Bevölkerungsschichten immer noch verkennt. Wahrhaftig, wo findet man mehr Patriotismus als auf dem Lande, wo mehr an Opferfreudigkeit in Dingen des Gemeinwohls, wo, mit einem Wort, mehr Intelligenz? Und, meine Herren, ich meine natürlich nicht jene oberflächliche Intelligenz, die ein eitler Schmuck müßiger Geister ist, sondern vielmehr jene tiefe, maßvolle Intelligenz, die es sich vor allem angelegen sein läßt, nützliche Ziele zu verfolgen und auf diese Weise dem Vorteil jedes Einzelnen wie der Förderung der Allgemeinheit zu dienen und eine Stütze des Staats zu sein, eine Frucht der Achtung vor den Gesetzen und der Pflichterfüllung …«

»O weh! Auch das noch!« sagte Rodolphe. »Immer die Pflicht; dergleichen Äußerungen widern mich an. Ein Haufen alter Knacker mit Flanellwesten, ein Haufen von Betschwestern mit Wärmflaschen und Rosenkränzen krächzt uns immer das alte Lied in die Ohren: ›Die Pflicht! Die Pflicht!‹ Ja, zum Donnerwetter, es ist unsere Pflicht, alles zu empfinden, was groß ist, alles zu lieben, was schön ist, und nicht alle Konventionen der Gesellschaft hinzunehmen, samt all dem Schändlichen, das sie uns auferlegt.«

»Aber schließlich …, schließlich …«, wandte Madame Bovary ein.

»Nein, nein! Warum immer gegen die Leidenschaften wettern? Sind sie nicht das einzige Schöne, das es auf Erden gibt, der Urquell des Heldischen, der Begeisterung, der Poesie, der Künste, mit einem Wort: von allem?«

»Aber man muß sich doch wohl ein bißchen nach der Meinung der Leute richten«, sagte Emma, »und sich ihrer Moral fügen.«

»Haha, das kommt, weil es deren zwei gibt«, entgegnete er. »Die kleine, die herkömmliche, die der Menschen, die sich unaufhörlich ändert, die laut kläfft, sich in den Niederungen auswirkt, am Erdboden kriecht, wie jene Versammlung von Schwachköpfen, die Sie da unten sehen. Aber die andere, die ewige, die ist um uns und über uns, wie die Landschaft, die uns umgibt, und der blaue Himmel, der uns leuchtet.«

Monsieur Lieuvain hatte sich gerade den Mund mit seinem Taschentuch abgewischt. Er fuhr fort:

»Und was könnte ich tun, meine Herren, um Ihnen hier den Nutzen der Landwirtschaft darzulegen? Wer sorgt denn für unsere Bedürfnisse? Wer liefert uns denn das tägliche Brot? Tut es nicht der Landwirt? Der Landwirt, meine Herren, der mit arbeitsamer Hand das Korn in die früchtespendenden Furchen der Äcker sät, läßt das Getreide wachsen, das dann von sinnreichen Maschinen in Staub zermahlen wird, so daß es aus ihnen unter dem Namen Mehl hervorgeht und von dort in die Städte transportiert und alsbald den Bäckern ausgehändigt wird, die daraus ein Nahrungsmittel für arm und reich fertigen. Ist es nicht auch der Landwirt, der um unserer Kleidung willen seine riesigen Schafherden auf den Weideflächen mästet? Denn wie sollten wir uns kleiden, wie uns ernähren können ohne den Landwirt? Und, meine Herren, muß man denn auf der Suche nach Beispielen so weit gehen? Wer hätte nicht oftmals nachgedacht über die volle Bedeutung alles dessen, was man dem bescheidenen Tier abgewinnt, das der Schmuck unserer Geflügelhöfe ist, das uns gleichzeitig ein weiches Kopfkissen für unser Lager, sein saftiges Fleisch für unsern Tisch und zudem noch Eier spendet? Doch ich würde kein Ende finden, wenn ich all die sonstigen unterschiedlichen Produkte aufzählen müßte, mit denen die wohlbestellte Erde gleich einer großherzigen Mutter ihre Kinder überschüttet. Hier ist es die Rebe; anderswo sind es die ziderspendenden Apfelbäume; dort der Raps; fernerhin die Käsesorten; und der Flachs; meine Herren, wir dürfen den Flachs nicht vergessen! Er hat in den letzten Jahren einen beträchtlichen Aufschwung genommen, auf den ich Ihre Aufmerksamkeit ganz besonders hinlenken möchte.«

Es hätte sich für ihn erübrigt, darauf hinzuweisen; denn alle Münder der Menge standen offen, als wollten sie seine Worte trinken. Der neben ihm sitzende Tuvache lauschte mit aufgerissenen Augen; Derozerays ließ dann und wann behutsam die Lider sinken; und etwas weiter entfernt hielt der Apotheker seinen Sohn Napoléon zwischen den Knien und legte die hohle Hand ans Ohr, um sich keine einzige Silbe entgehen zu lassen. Die übrigen Mitglieder der Jury senkten bedächtig das Kinn auf die Westen zum Zeichen der Zustimmung. Die Feuerwehr unten vor der Estrade stützte sich auf ihre Bajonette; und Binet stand noch immer starr da, die Ellbogen nach außen gewinkelt, und hielt die Säbelspitze in die Luft. Vielleicht konnte er hören, aber sehen konnte er nicht, denn die Blende seines Helms reichte ihm bis über die Nase. Sein Adjutant, der jüngste Sohn des edlen Tuvache, hatte einen noch größeren auf, und der wackelte ihm auf dem Kopf und ließ einen Zipfel seines Batikschals sehen. Er lächelte mit kindlicher Sanftmut darunter hervor, und sein schmales, blasses Gesicht, über das Schweißperlen rieselten, verriet Freude, Abspannung und Schläfrigkeit.

Der Marktplatz war bis an die Häuser gedrängt voller Menschen. Aus allen Fenstern sah man Leute sich herauslehnen, andere standen in den Türen, und Justin, der vor dem Schaufenster der Apotheke stand, schien völlig versunken zu sein in das, was er sah. Trotz der herrschenden Stille verhallte Lieuvains Stimme in der Luft. Man vernahm lediglich Satzfetzen, die dann und wann durch das Rücken der Stühle in der Menge unterbrochen wurden; dann hörte man hinter sich auf einmal ein langgezogenes Muhen aufklingen oder das Blöken von Lämmern, die einander von den Straßenecken antworteten. Tatsächlich hatten die Kuhjungen und die Schafhirten ihre Tiere bis dorthin vorgetrieben, und sie brüllten von Zeit zu Zeit und rissen mit ihren Zungen irgendwelches Grünzeug ab, das ihnen vor dem Maul hing.

Rodolphe war dicht an Emma herangerückt und flüsterte ihr leise und hastig zu:

»Empört Sie diese Verschwörung der Gesellschaft denn nicht? Gibt es ein einziges Gefühl, das durch sie nicht in Acht und Bann getan würde? Die edelsten Instinkte, die reinsten Neigungen werden verfolgt und verleumdet, und wenn sich zwei arme Seelen endlich finden, so verbündet sich alles, damit sie einander nicht angehören können. Versuchen werden sie es jedoch, sie werden die Flügel regen und einander rufen. Oh, ob früher oder später, das ist gleich, in sechs Monaten oder zehn Jahren vereinen sie sich dennoch und lieben einander, weil das Schicksal es gebieterisch fordert und weil sie füreinander geschaffen sind.«

Er hatte die Arme verschränkt auf die Knie gestützt, und als er so das Gesicht Emma entgegenhob, schaute er sie ganz aus der Nähe fest an. Sie konnte in seinen Augen kleine, goldene Strahlen wahrnehmen, die aus seinen schwarzen Pupillen hervorschossen, und sie roch sogar den Duft der Pomade, die sein Haar erglänzen ließ. Da überkam sie eine weiche Schlaffheit; sie mußte an jenen Vicomte denken, mit dem sie auf La Vaubyessard Walzer getanzt hatte und dessen Bart wie dieses Haar den Geruch von Vanille und Zitrone ausgeströmt hatte; und unwillkürlich schloß sie die Lider, um den Duft noch besser zu spüren. Aber bei der Bewegung, die sie vollführte, als sie sich auf ihrem Stuhl vorbeugte, erblickte sie ganz in der Ferne, hinten am Horizont, die alte Postkutsche, die »Schwalbe«, wie sie langsam die Höhe von Les Leux herabfuhr und eine lange Staubwolke hinter sich herzog. In

diesem gelben Gefährt war Léon so oft zu ihr zurückgekehrt, und auf ebendieser Landstraße war er für immer
weggefahren! Sie glaubte, ihn gegenüber an seinem Fenster zu sehen; dann verschwamm alles, Wolken zogen
vorüber; ihr war, als wirbele sie noch immer im Walzer
dahin, unter dem Glanz der Kronleuchter, im Arm des
Vicomte, und Léon sei nicht weit weg, er werde wiederkommen ... und dabei spürte sie nach wie vor Rodolphes Kopf dicht neben sich. Die Süße dieser Empfindung durchdrang ihre Wünsche von einst, und wie Sand-
körner unter einem Windstoß wirbelten sie empor in
dem zarten Hauch des Duftes, der sich über ihre Seele
breitete. Mehrmals öffnete sie weit die Nasenflügel, um
den kühlen Geruch des Efeus einzuatmen, der sich um
die Kapitelle rankte. Sie zog die Handschuhe aus und
wischte sich die Hände ab; dann fächelte sie sich mit dem
Taschentuch das Gesicht, wobei sie durch das Pochen
ihrer Schläfen hindurch das Gebrodel der Menge und die
Stimme des Regierungsrats hörte, der seine Phrasen
psalmodierte. Er sagte:

»Nur vorwärts! Durchgehalten! Hören Sie nicht auf
geschäftstüchtige Ohrenbläser noch auf die allzu übereil-
ten Ratschläge tollkühner Neuerer! Richten Sie Ihren
Eifer vor allem auf die Verbesserung des Bodens, auf
gute Mast, auf die Weiterentwicklung der Pferde-, Rin-
der-, Schaf- und Schweinezucht! Möge diese Tagung der
Landwirte für Sie wie jene friedlichen Arenen sein, in
denen der Sieger beim Fortgehen dem Besiegten die
Hand drückt wie einem Bruder, in der Hoffnung auf bessere Erfolge! Und ihr, ehrenwerte Knechte, bescheide-
nes Hofgesinde, um deren mühselige Arbeit sich bis zum
heutigen Tag noch keine Regierung gekümmert hat,
kommt und empfangt die Belohnung für eure schweigen-
den Tugenden und seid überzeugt, daß hinfort der Staat
seine Blicke auf euch richtet, daß er euch ermutigt, daß

er euch beschützt, daß er euch bei euren billigen Forderungen Gerechtigkeit widerfahren läßt und euch, soweit es in seiner Macht steht, die Bürde eurer mühevollen Opfer erleichtern wird!«

Danach setzte sich Monsieur Lieuvain; Monsieur Derozerays stand auf und begann eine weitere Rede. Die seine war vielleicht nicht so blütenreich wie die des Regierungsrats; dafür glänzte sie durch einen positiveren Stil, das heißt, durch speziellere Kenntnisse und tiefergehende Betrachtungen. Daher waren die Lobsprüche auf die Regierung kürzer gefaßt; die Religion und die Landwirtschaft nahmen mehr Raum ein. Die Wechselbeziehungen zwischen beiden wurden dargelegt, und wie beide von jeher die Kultur gefördert hätten. Rodolphe und Madame Bovary plauderten über Träume, Vorahnungen und Magnetismus. Der Redner griff auf die Wiege der menschlichen Gesellschaft zurück und schilderte die wüsten Zeiten, da die Menschen sich in der Tiefe der Wälder von Eicheln genährt hätten. Dann hätten sie die Tierfelle abgelegt, sich mit Stoffen bekleidet, Furchen gepflügt und Reben gepflanzt. War das nun ein Gewinn, und hatten die neuen Entdeckungen nicht mehr Unzuträglichkeiten als Vorteile mit sich gebracht? Dieses Problem wurde von Derozerays aufgeworfen. Rodolphe war nach und nach vom Magnetismus auf die Wahlverwandtschaften gekommen, und während der Herr Präsident Cincinnatus und seinen Pflug zitierte, Diocletian beim Kohlpflanzen und die chinesischen Kaiser, die den Neujahrstag durch eigenhändiges Säen begingen, setzte der junge Mann der jungen Frau auseinander, daß diese unwiderstehlichen Anziehungskräfte ihre Ursache in einem früheren Dasein haben.

»Sehen Sie doch uns beide an«, sagte er. »Warum haben wir einander kennengelernt? Welcher Zufall hat es gewollt? Ohne Zweifel haben uns über die Entfernung hinweg unsere besonderen Neigungen zueinander geführt wie zwei fließende Ströme, die sich vereinigen.«

Und er griff nach ihrer Hand; sie entzog sie ihm nicht.

»Gesamtpreis für gute Bewirtschaftung!« rief der Präsident.

»Zum Beispiel vorhin, als ich in Ihr Haus kam ...«

»Für Monsieur Bizet aus Quincampoix ...«

»Wußte ich da, daß ich Sie begleiten würde?«

»Siebzig Francs!«

»Hundertmal habe ich aufbrechen wollen, aber ich bin Ihnen gefolgt, ich bin geblieben.«

»Mistbereitung!«

»Wie ich heute abend hierbleiben würde, morgen, alle übrigen Tage, mein Leben lang!«

»Für Monsieur Caron aus Argueil, eine Goldmedaille!«

»Denn nie zuvor bin ich in der Gesellschaft jemandem begegnet, der mich so völlig bezaubert hätte.«

»Für Monsieur Bain aus Givry-Saint-Martin!«

»Daher werde ich die Erinnerung an Sie stets in mir tragen.«

»Für einen Merino-Widder ...«

»Sie aber werden mich vergessen; ich werde an Ihnen vorübergeglitten sein wie ein Schatten.«

»Für Monsieur Belot aus Notre-Dame ...«

»Doch nein, nicht wahr, ich werde etwas in Ihren Gedanken, Ihrem Leben sein?«

»Für Schweinezucht Preis ex aequo: für die Herren Lehérissé und Cullembourg; sechzig Francs!«

Rodolphe drückte ihr die Hand, und er fühlte, daß sie ganz warm war und zitterte wie eine gefangene Turteltaube, die fortfliegen möchte; aber sei es nun, daß sie versuchte, sie freizubekommen, oder daß sie jenen Druck erwiderte; sie machte eine Bewegung mit den Fingern; er rief:

»Oh, danke! Sie stoßen mich nicht zurück! Sie sind gütig! Sie verstehen, daß ich Ihnen gehöre! Erlauben Sie, daß ich Sie sehe, Sie anschaue!«

Ein durch die Fenster fahrender Windstoß bauschte die Tischdecke, und unten auf dem Marktplatz hoben die Hauben der Bäuerinnen sich wie die flatternden Flügel weißer Schmetterlinge.

»Verwendung von Ölkuchen«, fuhr der Präsident fort. Er hastete weiter:

»Flämisches Mastfutter, – Lein-Anbau, – Drainage, langjährige Pacht, – treue Dienste.«

Rodolphe war verstummt. Sie sahen einander an. Ein äußerstes Verlangen ließ ihre trockenen Lippen beben; und weich, ohne Mühe schlangen ihre Finger sich ineinander.

»Catherine-Nicaise-Elisabeth Leroux aus Sassetot-la-Guerrière, für fünfundvierzig Dienstjahre auf demselben Pachthof eine Silbermedaille – im Wert von fünfundzwanzig Francs!«

»Wo ist sie denn, die Catherine Leroux?« fragte der Regierungsrat.

Sie trat nicht vor, es wurden tuschelnde Stimmen vernehmlich:

»Geh doch hin!«

»Nein.«

»Nach links!«

»Hab doch keine Angst!«

»Ach, ist die blöd!«

»Na, ist sie nun da oder nicht?« rief Tuvache.

»Doch …! Hier steckt sie!«

»Dann soll sie doch vortreten!«

Da sah man eine kleine, alte Frau in furchtsamer Haltung auf die Estrade zugehen; sie schien in ihrer ärmlichen Kleidung zusammenzuschrumpfen. An den Füßen hatte sie plumpe Holzgaloschen und um die Hüften eine große blaue Schürze. Ihr mageres, von einer saumlosen Haube umrahmtes Gesicht hatte mehr Falten als ein verschrumpelter Reinette-Apfel, und aus den Ärmeln ihrer roten Unterjacke ragten zwei lange Hände mit knotigen Gelenken heraus. Der Scheunenstaub, die Waschlauge, das Fett der Schafwolle hatte sie so verkrustet und so rissig und hornig gemacht, daß sie wie schmutzig wirkten, obwohl sie in klarem Wasser gewaschen waren; und da sie nur hatten dienen müssen, blieben sie halb geöffnet, so als wollten sie ganz von selbst sich als demütiges Zeugnis so vieler erduldeter Leiden darbieten. Eine Art klösterlicher Strenge veredelte den Ausdruck ihres Gesichts. Nichts Trauriges oder Gerührtes machte diesen blassen Blick weich. Im steten Umgehen mit den Tieren hatte sie deren Stummheit und Ruhe angenommen. Es war das erstemal, daß sie sich inmitten einer solchen Masse von Menschen sah; sie war erschrocken über die Fahnen, die Trommelwirbel, die Herren im schwarzen Frack und das Kreuz der Ehrenlegion des Regierungsrats, und so stand sie völlig regungslos da und wußte nicht, ob sie weitergehen oder weglaufen sollte, noch warum die Menge sie vorwärtsschob und warum die Preisrichter ihr zulächelten. So verhielt sich vor diesen geputzten Bürgern ein halbes Jahrhundert der Dienstbarkeit.

»Kommen Sie doch näher heran, verehrungswürdige Catherine-Nicaise-Elisabeth Leroux!« sagte der Regierungsrat; er hatte die Liste der Preisgekrönten aus den Händen des Präsidenten entgegengenommen.

Und indem er abwechselnd auf das Papierblatt und die alte Frau blickte, wiederholte er in väterlichem Ton:

»Näher, noch näher!«

»Sind Sie denn taub?« rief Tuvache und sprang von seinem Sessel auf.

Und er beeilte sich, ihr ins Ohr zu brüllen:

»Für fünfundvierzig Jahre Dienst! Eine Silbermedaille! Fünfundzwanzig Francs wert! Die ist für Sie!«

Als sie dann ihre Medaille hatte, betrachtete sie diese
nachdenklich. Dann breitete sich ein Lächeln der Glückseligkeit über ihr Gesicht, und man hörte sie im Weggehen vor sich hinmurmeln:

»Die geb ich unserm Pfarrer, damit er für mich Messen
liest.«

»Welch eine Schwärmerei!« sagte der Apotheker, sich
zum Notar hinüberneigend.

Der Festakt war zu Ende; die Menge verlief sich; und
nun die Reden verlesen waren, nahm jeder wieder seinen alten Rang ein, und alles kehrte in seine gewohnten
Geleise zurück; die Herren fuhren ihre Knechte an, und
diese prügelten die Tiere, und die trägen Triumphatoren
trotteten in ihre Ställe zurück, einen grünen Kranz zwischen den Hörnern.

Mittlerweile war die Nationalgarde in den ersten
Stock des Rathauses emporgestiegen; sie hatte Brioches
auf ihre Bajonette gespießt, und der Bataillonstambour
schleppte einen Korb voll Flaschen. Madame Bovary
nahm Rodolphes Arm; er führte sie nach Hause; sie
trennten sich vor ihrer Tür; danach ging er allein auf der
Festwiese auf und ab und wartete auf die Stunde des
Banketts.

Das Festmahl dauerte lange; es ging laut zu, und die
Bedienung war schlecht; alles saß so eng, daß man kaum
die Ellbogen bewegen konnte, und die schmalen Bret-
ter, die als Bänke dienten, drohten unter dem Körperge-
wicht der Tafelnden durchzubrechen. Sie aßen über die
Maßen viel. Jeder wollte auf seine Kosten kommen.
Allen rann der Schweiß von der Stirn, und ein weißlicher
Dunst, wie Nebel über einem Fluß an einem Herbstmor-
gen, wogte über den Tisch zwischen den Hängelampen.
Rodolphe, mit dem Rücken an die Zeltwand gelehnt,

dachte so intensiv an Emma, daß er nichts hörte. Hinter ihm auf dem Rasen schichteten Kellner die schmutzigen Teller auf; seine Nachbarn redeten, er antwortete ihnen nicht; man füllte ihm sein Glas, und in seinem Denken breitete sich trotz des wachsenden Lärms Stille aus. Träumerisch dachte er an das, was sie zu ihm gesagt hatte und an die Form ihrer Lippen; ihr Gesicht schimmerte auf den Messingplatten der Tschakos wie in einem Zauberspiegel; die Falten ihres Kleids liefen an den Wänden hinab, und Tage der Liebe tauchten vor ihm auf, endlos, in den Aussichten der Zukunft.

Am Abend, beim Feuerwerk, sah er sie wieder; aber da war sie mit ihrem Mann, Madame Homais und dem Apotheker zusammen, der sich große Sorgen machte wegen der Gefahr der Irrläufer bei den Raketen; alle Augenblicke verließ er die Gruppe, um Binet Ermahnungen zu erteilen.

Die Feuerwerkskörper waren an den edlen Tuvache geschickt und aus übertriebener Vorsicht in dessen Keller eingeschlossen worden; daher wollte das feuchte Pulver sich nicht richtig entzünden, und das Hauptstück, ein sich in den Schwanz beißender Drache, versagte gänzlich. Hin und wieder zischte eine dürftige Rakete hoch; dann stieß die gaffende Menge einen Freudenschrei aus, in den sich das Kreischen der Frauen mischte, die in der Dunkelheit um die Taille gefaßt und gekitzelt wurden. Emma schmiegte sich wortlos an Charles' Schulter; dann verfolgte sie mit erhobenem Kinn die leuchtende Flugbahn der Raketen am schwarzen Himmel. Rodolphe betrachtete sie beim Schein der brennenden Lampions.

Nach und nach erloschen sie. Die Sterne begannen zu flimmern. Es fielen ein paar Regentropfen. Sie knüpfte ihr Tuch um den unbedeckten Kopf.

In diesem Augenblick fuhr die Droschke des Regierungsrats aus dem Gasthof heraus. Der Kutscher war betrunken und nickte plötzlich ein, und man sah von weitem, wie über dem Wagenverdeck zwischen den beiden Laternen die Masse seines Körpers nach rechts und nach links pendelte, je nach den Schwankungen der Hängeriemen.

»Wahrhaftig«, sagte der Apotheker, »man sollte schärfer gegen die Trunksucht vorgehen! Ich wollte, es würden allwöchentlich auf einer Tafel an der Rathaustür die Namen aller derjenigen angeschrieben, die sich während der Woche mit Alkohol vergiftet haben. Übrigens wären das, unter dem Gesichtspunkt der Statistik betrachtet, gewissermaßen Annalen, aus denen man notfalls … Aber entschuldigen Sie.« Und er lief nochmals zu dem Feuerwehrhauptmann hin.

Der war auf dem Heimweg. Er wollte wieder an seine Drehbank gehen.

»Sie täten vielleicht nicht übel daran«, sagte Homais zu ihm, »wenn Sie einen von Ihren Leuten losschickten oder selber gingen …«

»Lassen Sie mich in Ruhe«, antwortete der Steuereinnehmer, »es ist doch gar nichts los!«

»Wir können ganz unbesorgt sein«, sagte der Apotheker, als er sich wieder seinen Freunden zugesellt hatte. »Binet hat mir versichert, es seien alle Vorsichtsmaßnahmen getroffen worden. Kein einziger Funke ist niedergefallen. Die Spritzen sind voll Wasser. Wir können getrost schlafengehen.«

»Ach ja, ich hab's nötig«, sagte Madame Homais, die herzhaft gähnte; »aber wir haben für unser Fest einen sehr schönen Tag gehabt.«

Rodolphe wiederholte leise und mit einem zärtlichen Blick:

»Oh, ja! Wunderschön!«

Und nachdem man sich verabschiedet hatte, kehrte man einander den Rücken.

Zwei Tage später erschien im »Leuchtfeuer von Rouen« ein langer Bericht über die Tagung der Landwirte. Homais hatte ihn gleich am nächsten Tag schwungvoll verfaßt:

»Warum diese Gehänge, diese Blumen, diese Girlanden? Wohin wälzte sich diese Menge gleich den Wogen eines wütenden Meers unter den Glutstrahlen einer tropischen Sonne, die ihre Hitze über unsere Fluren ergoß?«

Danach plauderte er über die Lage der Bauern.

Freilich, die Regierung habe viel getan, aber noch nicht genug! »Nur Mut«, rief er ihnen zu, »tausend Reformen sind unerläßlich, wir wollen sie durchführen.« Dann kam er auf die Ankunft des Regierungsrats zu sprechen und vergaß dabei weder »das martialische Aussehen unserer Nationalgarde« noch »unsere höchst reizvollen Dorfschönen«, noch die kahlköpfigen Greise, gewissermaßen Patriarchen, die gekommen waren und von denen manche als »Überreste unserer unsterblichen Phalangen noch immmer ihre Herzen beim männlichen Wirbeln der Trommeln höher schlagen hörten«. Bei der Aufzählung der Mitglieder der Jury setzte er seinen Namen unter den ersten ein und erinnerte sogar in einer Fußnote daran, Monsieur Homais, der Apotheker, habe eine Denkschrift über den Zider der »Vereinigung für Ackerbau« eingereicht. Als er bei der Preisverteilung angelangt war, schilderte er die Freude der Preisträger in dithyrambischen Wendungen. »Der Vater umarmte seinen Sohn, der Bruder den Bruder, der Gatte die Gattin. Mehr denn einer zeigte voller Stolz seine schlichte Medaille vor und wird sie sicherlich nach der Heimkehr zu seiner treusorgenden Hausfrau mit Tränen in den Augen an die Wand seiner Hütte gehängt haben.

Gegen sechs Uhr abends vereinigte ein Bankett auf der Wiese Monsieur Liégeards die Hauptteilnehmer des

Festes. Unter ihnen allen hat während der ganzen Zeit die größte Herzlichkeit geherrscht. Verschiedene Trinksprüche sind ausgebracht worden: Regierungsrat Lieuvain auf den Herrscher! Monsieur Tuvache auf den Präfekten! Monsieur Derozerays auf die Landwirtschaft! Monsieur Homais auf die Industrie und die schönen Künste, diese beiden Geschwister! Monsieur Leplichey auf die Verbesserungen des Bodens! Am Abend hat plötzlich ein prächtiges Feuerwerk die Lüfte erhellt. Man hätte es als ein wahres Kaleidoskop bezeichnen können, eine richtige Operndekoration, und einen Augenblick lang hat unsere kleine Ortschaft sich mitten in einen Traum aus ›Tausendundeiner Nacht‹ versetzt glauben können. Wir müssen feststellen, daß kein unliebsamer Vorfall dieses echte Familienfest gestört hat.«

Und er hatte noch hinzugefügt:

»Lediglich das Fernbleiben der Geistlichkeit ist aufgefallen. Offenbar verstehen die Sakristeien unter Fortschritt etwas anderes. Das stehe euch frei, ihr Jünger Loyolas!«

II,9

Sechs Wochen gingen hin. Rodolphe kam nicht wieder. Eines Abends endlich erschien er.

Am Tag nach dem Fest der Landwirte hatte er sich gesagt:

»Lieber nicht so bald wieder hingehen; das wäre falsch.«

Und am Ende der Woche war er auf Jagd gegangen. Nach der Jagd hatte er gemeint, jetzt sei es zu spät, und dann hatte er überlegt:

»Wenn sie mich vom ersten Tag an geliebt hat, muß sie mich jetzt, der Ungeduld wegen, mich wiederzusehen, desto mehr lieben. Nur weiter!«

Und er sah nur zu gut, daß seine Rechnung stimmte; denn als er die große Stube betrat, bemerkte er, daß Emma blaß wurde.

Sie war allein. Es dämmerte. Die kleinen Musselingardinen an den Fensterscheiben verstärkten das Halbdunkel, und die Vergoldung des Barometers, auf das ein Sonnenstrahl fiel, sprühte Funken in den Spiegel, zwischen den Lücken des Korallenstocks hindurch.

Rodolphe war stehengeblieben; und Emma antwortete kaum auf seine ersten Höflichkeitsworte.

»Ich habe allerhand zu tun gehabt«, sagte er. »Ich bin krank gewesen.«

»Ernstlich?« rief sie aus.

»Na ja!« erwiderte Rodolphe und setzte sich neben sie auf einen Hocker, »nein …! Ich hatte nämlich nicht wiederkommen wollen.«

»Warum?«

»Erraten Sie das nicht?«

Er sah sie noch einmal an, aber so nachdrücklich, daß sie den Kopf senkte und errötete. Er fuhr fort:

»Emma …!«

»Monsieur!« stieß sie hervor und rückte ein wenig von ihm weg.

»Ach, da sehen Sie«, entgegnete er mit melancholischer Stimme, »wie recht ich hatte, als ich nicht wiederkommen wollte; denn jener Name, jener Name, der meine Seele erfüllt und der mir entschlüpft ist, den verbieten Sie mir! Madame Bovary …! Aber so nennt Sie doch alle Welt …! Außerdem ist es gar nicht Ihr Name; es ist der Name eines andern!«

Er wiederholte:

»Eines andern!«

Und er verbarg das Gesicht in den Händen.

»Ja, ich denke immerfort an Sie …! Die Erinnerung an Sie bringt mich zur Verzweiflung! Oh, Verzeihung …!

Ich will gehen ... Adieu ...! Ich will verreisen, weit weg ... so weit, daß Sie nie wieder von mir hören sollen ...! Und dabei ..., heute ..., ich weiß nicht, welche Macht mich zu Ihnen hingetrieben hat! Denn man kämpft nicht gegen den Himmel an, und dem Lächeln der Engel widerstrebt man nicht! Man läßt sich hinreißen von dem, was schön, bezaubernd, anbetungswürdig ist!«

Es geschah zum erstenmal, daß Emma solche Dinge gesagt wurden; und ihr Stolz, wie jemand, der sich in einem Dampfbad entspannt, dehnte sich lässig und vollkommen in der Wärme dieser Worte.

»Aber wenn ich auch nicht gekommen bin«, fuhr er fort, »wenn ich Sie nicht habe sehen können, ach! dann habe ich zumindest genau angeschaut, was Sie umgibt. Nachts, jede Nacht, bin ich aufgestanden und hierher gelaufen, um Ihr Haus anzusehen, das im Mondschein schimmernde Dach, die Gartenbäume, die sich vor Ihrem Fenster wiegten, und eine kleine Lampe, einen Lichtschein, der im Dunkel durch die Scheiben blinkte. Ach, Sie haben schwerlich gewußt, daß dort unten, Ihnen so nahe und doch so fern, ein armer Unglücklicher stand ...«

Mit einem Aufschluchzen wandte sie sich ihm zu.

»Oh! Sie sind gut!« sagte sie.

»Nein! Ich liebe Sie, und nichts sonst! Sie wissen es ja ganz genau! Sagen Sie es mir. Ein Wort! Ein einziges Wort!«

Und unmerklich ließ Rodolphe sich von dem Hocker bis auf den Fußboden gleiten; aber da war in der Küche das Geklapper von Holzschuhen zu hören, und außerdem war die Zimmertür, wie er jetzt merkte, nicht geschlossen.

»Wie barmherzig wäre es von Ihnen«, fuhr er fort und stand auf, »einen Wunsch zu stillen!«

Dieser war, ihr Haus zu besichtigen; er begehre, es kennenzulernen; und da Madame Bovary darin nichts Unziemliches sah, standen beide auf; da kam Charles herein.

»Tag, Doktor« sagte Rodolphe.

Der Arzt war geschmeichelt ob dieses ihm nicht zustehenden Titels und erging sich in übertrieben höflichen Redensarten, und der andere nutzte dies, um wieder ein bißchen Herr seiner selbst zu werden.

»Madame hat mir gerade«, sagte er also, »von ihrem gesundheitlichen Befinden erzählt …«

Charles unterbrach ihn; er sei tatsächlich äußerst besorgt gewesen; die Depressionen seiner Frau hätten wieder eingesetzt. Da fragte Rodolphe, ob nicht Reiten dagegen gut wäre.

»Gewiß! Vortrefflich! Ausgezeichnet …! Das ist ein guter Einfall! Das solltest du tun.«

Und als sie einwandte, sie habe kein Pferd, bot Rodolphe ihr eins an; sie lehnte sein Anerbieten ab; er bestand nicht darauf; um seinen Besuch zu begründen, erzählte er dann, sein Knecht, der Mann mit dem Aderlaß, leide noch immer an Schwindelanfällen.

»Ich sehe gelegentlich nach ihm«, sagte Bovary.

»Nein, nein, ich schicke ihn her; wir kommen zu Ihnen, das ist bequemer für Sie.«

»Ja, sehr freundlich! Vielen Dank.«

Und als sie allein waren:

»Warum nimmst du Monsieur Boulangers Anerbieten nicht an? Es war doch sehr liebenswürdig!«

Sie setzte eine Schmollmiene auf, überlegte tausend Entschuldigungsgründe und erklärte schließlich, es könne womöglich einen komischen Eindruck machen.

»Ach, darauf pfeife ich!« sagte Charles und machte eine verächtliche Handbewegung. »Die Gesundheit geht vor. Du hast unrecht!«

»Na, wie soll ich denn zu Pferde steigen, wenn ich kein Reitkleid habe?«

»Dann mußt du dir eins bestellen!« antwortete er.

Das Reitkleid gab den Ausschlag.

Als das Kostüm fertig war, schrieb Charles an Boulanger, seine Frau sei bereit, und sie nähmen sein gütiges Anerbieten an.

Am folgenden Tag gegen Mittag kam Rodolphe mit zwei Reitpferden vor Charles' Haustür. Das eine trug rosa Pompons an den Ohren und einen Damensattel aus Wildleder.

Rodolphe hatte hohe, weiche Reitstiefel angezogen; er sagte sich, daß sie noch nie dergleichen gesehen haben dürfte; tatsächlich war Emma über sein Äußeres entzückt, als er in seinem langen Samtfrack und seiner weißen Trikot-Reithose auf dem Treppenabsatz erschien. Sie war bereit; sie hatte auf ihn gewartet.

Justin hatte sich aus der Apotheke gestohlen, um sie zu sehen, und auch der Apotheker hatte sich hinaus bemüht. Er gab Boulanger Ratschläge.

»Ein Unglück ist schnell geschehen! Seien Sie vorsichtig! Ihre Pferde sind doch hoffentlich nicht feurig?«

Sie hörte über ihrem Kopf ein Geräusch: es war Félicité, die gegen die Fensterscheiben trommelte, um der kleinen Berthe Spaß zu machen. Das Kind warf ihr von oben her ein Kußhändchen zu; die Mutter antwortete darauf durch ein Winken mit dem Knauf ihres Reitstocks.

»Guten Ritt!« rief Homais. »Aber Vorsicht! Vor allem Vorsicht!«

Und er schwenkte seine Zeitung und schaute den sich Entfernenden nach.

Sobald Emmas Pferd gewachsene Erde unter sich spürte, fing es an zu galoppieren. Rodolphe galoppierte neben ihr. Dann und wann wechselten sie ein Wort. Ein wenig nach vorn geneigt, die Hand erhoben und den rechten Arm leicht ausgestreckt, gab sie sich der rhythmischen Bewegung hin, die sie im Sattel wiegte.

Am Fuß der Anhöhe ließ Rodolphe die Zügel locker; sie ritten gleichzeitig los, mit einem einzigen Satz; als sie dann oben waren, blieben beide Pferde plötzlich stehen, und Emmas langer blauer Schleier sank herab.

Es war einer der ersten Oktobertage. Über der Landschaft lag Nebel. Schwaden zogen sich zwischen den Konturen der Hügel bis zum Horizont hin; andere, die zerrissen, stiegen und verwehten. Zuweilen waren durch einen Wolkenriß hindurch im Sonnenschein die fernen Dächer von Yonville, die Gärten am Bachufer, die Gehöfte, die Mauern und der Kirchturm zu sehen. Emma schloß halb die Lider, um ihr Haus herauszufinden, und nie zuvor war das armselige Dorf, in dem sie lebte, ihr so klein vorgekommen. Von der Höhe aus, auf der sie hielten, glich die ganze Niederung einem ungeheuer großen, fahlen, verdunstenden See. Die Baumgruppen hier und da traten hervor wie dunkle Felsen; und die hohen Pappelzeilen, die aus dem Dunst herausragten, bildeten Gestade, die der Wind bewegte.

Seitwärts, über dem Rasen, unter den Fichten, sikkerte braunes Licht durch die laue Luft. Der Boden war rötlich wie Tabakstaub; er dämpfte das Geräusch der Pferderitte, und manchmal stießen sie im Gehen mit den Hufeisen abgefallene Tannenzapfen vor sich her.

Rodolphe und Emma ritten am Waldrand entlang. Sie wandte sich von Zeit zu Zeit ab, um seinem Blick auszuweichen, und dann sah sie nur die in Reih und Glied stehenden Fichtenstämme, deren unaufhörliche Aufeinanderfolge sie ein wenig schwindlig machte. Die Pferde schnauften. Das Sattelleder knirschte.

Gerade als sie in den Wald hineinritten, kam die Sonne zum Vorschein.

»Gott schützt uns!« sagte Rodolphe.

»Glauben Sie?« fragte sie.

»Weiter! Weiter!« entgegnete er.

Er schnalzte mit der Zunge. Die beiden Pferde fingen an zu laufen.

Hohe Farne, die am Wegrand standen, verfingen sich in Emmas Steigbügel. Im Reiten beugte Rodolphe sich herab und machte sie vorsichtig frei. Manchmal, wenn er Zweige wegbog, ritt er ganz dicht neben ihr hin, und Emma spürte, wie sein Knie ihr Bein streifte. Der Himmel war blau geworden. Kein Blatt regte sich. Sie kamen über weite Lichtungen voll blühenden Heidekrauts, und violette Flächen wechselten ab mit dem Gewirr der Bäume, die grau, falb oder golden waren, je nach der Verschiedenheit des Laubwerks. Oft war unter den Büschen das Hingleiten eines kleinen Flügelgeflatters zu vernehmen, oder auch das heisere, ruhige Krächzen der Raben, die zwischen den Eichen davonflogen.

Sie saßen ab. Rodolphe band die Pferde an. Sie ging auf dem Moos zwischen den Wagenspuren voran.

Aber das allzu lange Reitkleid hinderte sie, obwohl sie die Schleppe gerafft über dem Arm trug, und Rodolphe, der hinter ihr herging, sah zwischen dem schwarzen Stoff und den schwarzen Stiefeln das verlockende Weiß ihrer Strümpfe, das ihm wie ein Stück ihrer Nacktheit erschien.

Sie blieb stehen.

»Ich bin müde«, sagte sie.

»Aber, aber! Versuchen Sie es!« entgegnete er. »Nur Mut!«

Nach hundert Schritten blieb sie abermals stehen; und durch ihren Schleier, der ihr von ihrem Herrenhut schräg über die Hüften herabhing, war ihr Gesicht in bläulicher Transparenz zu sehen, als schwimme sie unter azurenen Wogen.

»Wohin gehen wir denn?«

Er antwortete nicht. Sie atmete stoßweise. Rodolphe ließ die Blicke umherschweifen und biß sich auf den Schnurrbart.

Sie kamen auf eine größere Lichtung, wo Jungholz geschlagen worden war. Sie setzten sich auf einen gefällten Baumstamm, und Rodolphe begann wiederum von seiner Liebe zu sprechen.

Zunächst erschreckte er sie nicht durch Komplimente. Er gab sich ruhig, ernst, schwermütig.

Emma hörte ihm mit gesenktem Kopf zu und bewegte dabei mit der Stiefelspitze die am Boden liegenden Holzspäne.

Doch dann kam der Satz:

»Sind unsere Schicksale jetzt nicht die gleichen?«

»Nein, nein«, antwortete sie. »Das wissen Sie ganz genau. Es ist unmöglich.«

Sie stand auf und wollte weggehen. Er ergriff ihr Handgelenk. Sie blieb stehen. Als sie ihn dann ein paar Sekunden lang mit verliebten und ganz feuchten Augen angeblickt hatte, sagte sie hastig:

»Bitte lassen Sie uns nicht mehr davon sprechen ... Wo sind die Pferde? Wir wollen heimreiten.«

Er machte eine wütende, verdrossene Geste. Nochmals sagte sie:

»Wo sind die Pferde? Wo sind die Pferde?«

Da lächelte er seltsam, und mit starrem Blick und zusammengebissenen Zähnen trat er auf sie zu und breitete die Arme aus. Zitternd wich sie zurück. Sie stammelte:

»Oh! Sie machen mir angst! Sie tun mir weh! Wir wollen weitergehen.«

»Wenn es sein muß«, entgegnete er, und sein Gesichtsausdruck wandelte sich.

Und er wurde wieder respektvoll, zärtlich und schüchtern. Sie reichte ihm den Arm. Beide traten den Rückweg an. Er sagte:

»Was hatten Sie denn? Warum? Mir ist es völlig unklar. Sicherlich mißverstehen Sie mich? Sie sind in meiner Seele wie eine Madonna auf ihrem Piedestal, ganz hoch droben, unantastbar und unbefleckt. Aber ich kann ohne Sie nicht leben! Ich bedarf Ihrer Augen, Ihrer Stimme, Ihrer Gedanken. Seien Sie meine Freundin, meine Schwester, mein Engel!«

Und er streckte den Arm aus und umschlang ihre Taille. Sie machte einen schwächlichen Versuch, sich ihm zu entwinden. So stützte er sie im Weitergehen.

Aber sie hörten die beiden Pferde, die Laub abrupften.

»Oh! Noch nicht«, sagte Rodolphe. »Lassen Sie uns noch nicht zurückreiten! Bleiben Sie hier!«

Er zog sie mit sich, um einen kleinen Tümpel herum, auf dessen Flut Wasserlinsen einen grünen Überzug bildeten. Reglos schwammen abgeblühte Seerosen zwischen den Schilfhalmen. Beim Geräusch ihrer Schritte im Gras hüpften Frösche auf, um sich zu verstecken.

»Es ist nicht recht von mir, es ist nicht recht von mir«, sagte sie. »Ich bin von Sinnen, daß ich auf Sie höre.«

»Warum denn ...? Emma! Emma!«

»Oh, Rodolphe ...!« sagte langsam die junge Frau und lehnte sich an seine Schulter.

Das Tuch ihres Kleids verfing sich in dem Samt seines Fracks. Sie bog den weißen Hals zurück, den ein Seufzer schwellte, und halb ohnmächtig, tränenüberströmt, am ganzen Leib zitternd und das Gesicht verbergend, gab sie sich hin.

Die Abendschatten sanken nieder; die waagerecht durch das Gezweig dringenden Sonnenstrahlen blendeten ihre Augen. Hier und dort, ringsum, im Laubwerk oder am Boden zitterten Lichtflecke, als hätten Kolibris im Vorüberfliegen ihre Federn umhergestreut. Überall war Stille; von den Bäumen schien etwas Sanftes auszugehen; sie fühlte ihr Herz, dessen Klopfen wieder einsetzte, und spürte das Blut durch ihren Körper dringen wie einen Milchstrom. Dann hörte sie ganz fern, außerhalb des Waldes, auf der andern Hügelkette, einen unerklärlichen, langgezogenen Schrei, eine sich hinziehende Stimme, und sie lauschte ihr schweigend; sie mischte sich wie Musik in die letzten Schwingungen ihrer erregten Nerven. Rodolphe, die Zigarre zwischen den Zähnen, flickte mit seinem Taschenmesser den gerissenen der beiden Zügel.

Auf demselben Weg ritten sie nach Yonville zurück. Im Straßenschmutz sahen sie die Hufspur ihrer Pferde wieder, Seite an Seite, und dieselben Büsche, dieselben Steine im Gras. Nichts rings um sie her hatte sich verändert; und dennoch war für sie etwas Bedeutsameres geschehen, als wenn die Hügelzüge an eine andere Stelle gerückt wären. Hin und wieder neigte sich Rodolphe zu ihr hin, nahm ihre Hand und küßte sie.

Zu Pferde sah sie reizend aus! Bei ihrem geraden Sitz, ihrer schlanken Taille, das Knie an der Mähne ihres Pferds, ein wenig gerötet durch die frische Luft und den Abendschein.

Als sie in Yonville einritten, ließ sie ihr Pferd auf dem Straßenpflaster tänzeln. Man schaute aus den Fenstern zu ihnen hin.

Beim Abendessen fand ihr Mann sie gut aussehend; aber sie tat, als höre sie nicht zu, als er fragte, wie denn der Spazierritt gewesen sei; sie saß schweigsam, den Ellbogen am Tellerrand, zwischen den beiden brennenden Kerzen.

»Emma!« sagte er.

»Was denn?«

»Tja, ich bin heute nachmittag kurz bei Monsieur Alexandre gewesen; er hat eine ehemalige, noch sehr schöne

Zuchtstute, nur die Fesseln sind ein bißchen durchgescheuert, und ich bin sicher, für so etwa hundert Taler könnte man sie bekommen ...«

Er sagte noch:

»Weil ich nämlich dachte, es könnte dich freuen, habe ich sie zurückstellen lassen ... habe ich sie gekauft ... Habe ich recht getan? Sag doch mal.«

Sie nickte zustimmend; dann, nach einer Viertelstunde, fragte sie:

»Gehst du heute abend aus?«

»Ja. Warum denn?«

»Ach, nichts, nichts, Bester.«

Und als sie Charles los war, stieg sie in ihr Schlafzimmer hinauf und schloß sich ein.

Zunächst war es wie ein Schwindelanfall; sie sah die Bäume, die Wege, die Gräben, Rodolphe, und noch immer spürte sie die Umschlingung seiner Arme, während das Laubwerk zitterte und das Schilf rauschte.

Doch als sie sich im Spiegel sah, wunderte sie sich über ihr Gesicht. Nie zuvor hatte sie so große, so dunkle Augen von solcher Tiefe gehabt. Etwas Zartes, das sich über sie gebreitet hatte, verklärte sie.

Immer wieder flüsterte sie vor sich hin: »Ich habe einen Geliebten! Einen Geliebten!« Der Gedanke entzückte sie, als durchlebe sie eine zweite Pubertät, die über sie gekommen sei. Endlich also sollten ihr die Liebesfreuden zuteil werden, das fiebernde Glück, das sie so verzweifelt ersehnt hatte. Sie trat in etwas Wunderbares ein, wo alles Leidenschaft, Verzückung, Raserei sein würde; eine bläuliche Unermeßlichkeit umgab sie, die höchsten Höhen des Gefühls schimmerten in ihren Gedanken, und das Alltagsleben tauchte nur in der Ferne auf, tief unten, im Dunkel, zwischen den Klüften dieser Höhen.

Da dachte sie an die Heldinnen der Bücher, die sie gelesen hatte, und die romantische Legion dieser ehebrecherischen Frauen begann in ihrer Erinnerung mit den Stimmen der Klosterschwestern zu singen, die sie ehedem bezauberten. Sie selber wurde zu einem wahren Teil ihrer Phantasien; sich nun selbst als einen jener Geliebten betrachtend, die sie so sehr beneidet hatte, sah sie den langen Traum ihrer Jugend verwirklicht. Überdies empfand Emma die Befriedigung der Rache. Hatte sie nicht genug gelitten? Aber jetzt triumphierte sie, und die so lange unterdrückte Sinnlichkeit brach ungemindert mit freudigem Überschäumen hervor. Sie genoß sie ohne Gewissensbisse, ohne Beunruhigung, ohne Verstörtheit.

Der nächste Tag ging hin in neuer Süße. Sie schworen einander heilige Eide. Sie erzählte ihm von ihren trüben Stimmungen. Rodolphe unterbrach sie mit seinen Küssen; und Emma bat ihn, wobei sie ihn mit halbgeschlossenen Lidern ansah, noch einmal ihren Namen zu sagen und zu wiederholen, daß er sie liebe. Es war im Walde, in der Hütte eines Holzschuhschnitzers wie am Abend zuvor. Ihre Wände waren aus Stroh, und das Dach ging so tief hinunter, daß man sich gebeugt halten mußte. Sie saßen dicht aneinander gelehnt auf einer Streu aus trockenem Laub.

Von diesem Tag an schrieben sie einander regelmäßig jeden Abend. Emma trug ihren Brief an das äußerste Ende des Gartens, dicht am Bach, und schob ihn in eine Mauerritze der Terrasse. Dort holte Rodolphe ihn ab und steckte einen anderen hinein, der zu ihrem Leidwesen immer zu kurz war.

Eines Morgens, als Charles schon vor Sonnenaufgang weggeritten war, kam sie auf den Einfall, sie müsse Rodolphe auf der Stelle besuchen. Man konnte rasch nach La Huchette gelangen, dort eine Stunde bleiben und wieder in Yonville sein, wo alles noch schliefe. Der Gedanke ließ sie vor Verlangen heftig atmen, und bald war sie mitten auf der Wiese und eilte mit schnellen Schritten dahin, ohne hinter sich zu blicken.

Der Tag begann zu grauen. Von weitem erkannte Emma das Haus ihres Geliebten, dessen zwei schwalbenschwanzförmige Wetterfahnen sich schwarz vor dem fahlen Dämmerlicht abzeichneten.

Hinter dem Gutshof stand ein ansehnliches Wohngebäude; es mußte das Schloß sein. Sie ging hinein, als ob die Mauern bei ihrem Nahen sich von selbst aufgetan hätten. Eine große, gerade Treppe führte hinauf zu einem Korridor. Emma drückte die Klinke einer Tür nieder und gewahrte unversehens hinten im Zimmer einen schlafenden Mann. Es war Rodolphe. Sie stieß einen Schrei aus.

»Du bist da! Du bist da!« sagte er immer wieder. »Wie hast du das fertiggebracht …? Oh, dein Kleid ist ganz feucht!«

»Ich liebe dich!« antwortete sie und schlang ihre Arme um seinen Hals.

Da dies erste Wagnis ihr geglückt war, kleidete sich Emma nun jedesmal, wenn Charles zu früher Stunde forttritt, schnell an und schlich sich zu der Treppe, die zum Wasser hinunterführte.

Aber wenn die Planke für die Kühe weggenommen worden war, mußte sie den Mauern folgen, die sich längs des Bachs hinzogen; die Böschung war glitschig; um nicht zu fallen, hielt sie sich an den Büscheln verdorrter Wildnelken fest. Dann eilte sie querfeldein über die Äcker, wo sie einsank, strauchelte und sich die zierlichen Schuhe beschmutzte. Ihr um den Kopf gewickelter Schal flatterte in den Wiesen im Wind; sie hatte Angst vor den Ochsen und begann zu laufen; atemlos kam sie an, mit rosigen Wangen, und ihr ganzer Körper hauchte einen frischen Duft von Pflanzensäften, Grün und freier Luft aus. Rodolphe schlief um diese Stunde noch. Sie kam wie ein Frühlingsmorgen in sein Zimmer.

Die gelben Gardinen vor den Fenstern ließen sanft ein schweres goldgelbes Licht eindringen. Emma tastete sich mit blinzelnden Augen vorwärts, während die Tautropfen, die an ihrem gescheitelten Haar hingen, eine Art Aureole aus Topasen um ihr Gesicht bildeten. Lachend zog Rodolphe sie zu sich und nahm sie an sein Herz.

Hernach musterte sie alles im Zimmer, zog die Schubfächer auf, kämmte sich mit seinem Kamm und betrachtete sich in seinem Rasierspiegel. Oft nahm sie sogar das Mundstück einer dicken Pfeife zwischen die Zähne, die zwischen Zitronen und Zuckerstücken neben einer Wasserkaraffe auf dem Nachttisch lag.

Zum Abschiednehmen brauchten sie eine gute Viertelstunde. Dann weinte Emma; am liebsten wäre sie nie wieder von Rodolphe weggegangen. Etwas, das stärker war als sie, trieb sie immer wieder zu ihm hin, so daß er eines Tags, als er sie unerwartet eintreten sah, das Gesicht verzog, als sei es ihm nicht recht.

»Was hast du denn?« fragte sie. »Tut dir was weh? Sag doch!«

Schließlich erklärte er ihr mit ernster Miene, ihre Besuche würden unvorsichtig und sie kompromittiere sich.

(II,10) Als Emma auf dem Wege zu einem ihrer morgendlichen Rendezvous dem Steuereinnehmer Binet auf seinem Jagdsitz begegnet und auch sonst die Gefahr der Entdeckung wächst, verlegen die Liebenden ihren Treffpunkt nun ganz in Emmas Nähe. Nachts, wenn Charles erschöpft von seinem Tagwerk schläft, schlüpft Emma in den Garten, und dann lieben sie sich auf der morschen Bank der Laube oder, wenn es kalt und regnerisch ist, auf der Liege in Charles' Sprechzimmer. Heimlichkeit und Angst vor Entdeckung würzen diese Zusammenkünfte und regen Emmas Phantasie zu allerlei romantisch-kit-

schigen Vorstellungen von Kampf, Duell und Liebestod an, erfindungsreich überhäuft sie den Geliebten mit sentimentalen Souvenirs, tauscht Haarlocken und Miniaturbilchen mit ihm, muß aber schließlich erkennen, daß Rodolphe dafür doch nicht den rechten Sinn besitzt. Nach einem halben Jahr, „als der Frühling kam, waren sie zueinander fast wie zwei Eheleute, die geruhsam eine häusliche Liebe hegen". Wozu es denn auch paßt, daß just zu diesem Zeitpunkt Vater Rouault seine jährliche Truthenne schickt und einen langen Begleitbrief dazu, der Emma wie aus einer andern Welt kommend berührt. Ihre Lebensverhältnisse sind verworren, der Ehebruch hat sie Charles und ihrer Familie ganz entfremdet, die ihr einst so übermäßig und exorbitant erschienene Liebe zu Rodolphe hat sich auf gewöhnliche Maße reduziert (abermals die unvermeidliche Desillusionierung) – da mag ihr der väterliche, mit seinen vielen Schreibfehlern so rührende Brief wie eine Mahnung vorkommen. Jedenfalls entwickelt sie unvermutet mütterliche Zärtlichkeit für ihre Tochter und versteht auf einmal nicht, warum sie eigentlich ihren Mann so sehr haßt.

(II,11) Die wiedererwachten familiären Gefühle erkälten sich freilich bald wieder. Dabei erscheinen sie zunächst durchaus hoffnungsvoll und zukunftsträchtig. Homais ist dazu ausersehen, diesen Scheinaufschwung und sein katastrophales Ende zu bewirken. Der Apotheker, diese Karikatur einer borniertten Fortschrittsgläubigkeit und jenes platten »Aufklärichts« (wie Lessing einmal die heruntergekommene Aufklärung bezeichnet hat), zu welcher der petit bourgois, der Kleinbürger, die großen Ideen der Vergangenheit gemodelt hat, dieser Homais also hat von einer modernen operativen Methode, Klumpfüße zu heilen, gelesen. Er überredet Charles, zur Beförderung seines ärztlichen Ruhms und zur Verbesserung seiner wirtschaftlichen Verhältnisse eine solche Operation in Yonville durchzuführen. Hippolyte, der Laufbursche des Hotels »Zum Goldenen Löwen« ist das dazu ausersehene Opfer. Der Arzt liest in Büchern über die neue Operationsmethode und findet sie auch für seine Verhältnisse praktikabel. Die Anstalten zu dem Unternehmen werden unter Teilnahme des ganzen Dorfes getroffen, die Operation ist in kürzester Zeit und scheinbar so erfolgreich wie nur möglich beendet, der Fuß zur weiteren Korrektur in ein martialisch wirkendes Gestell gespannt. Der Triumph ist groß, Emma fühlt sogar ihre Zuneigung zu dem Gatten zurück-

kehren, der ihr auf einmal gar nicht mehr so plump und häßlich vorkommt und dessen beständige, unenttäuschbare Liebe zu ihr sie wieder zu rühren beginnt. So groß der Triumph, so niederschmetternd dann aber die Katastrophe. Hippolyte gesundet nicht, das Bein beginnt zu schwellen, der Brand breitet sich vom verkrüppelten Fuß immer weiter den Schenkel hinauf aus, ohne daß Charles' Künste daran etwas zu ändern vermögen. Wie schon die Operation selbst, so hat Flaubert auch ihre Folgen mit einer Genauigkeit und Plastizität, dabei nüchtern und ohne Gefühlsbeteiligung wie in einem Lehrbuch beschrieben, daß dem Leser der Anblick des brandigen Beines in jeder Einzelheit vor Augen steht. Das sind Höhepunkte einer realistischen Schreibweise, die aber nichts von jener kruden und allein auf sich selber verweisenden Faktizität hat, welcher der Naturalismus frönt. Selbstzweckhafte Darstellungen der Realität war Flauberts Ehrgeiz nicht, und so dient ihm auch diese Episode als Abdruck des verhaßten modernen Geistes, dem die Gefühlsverwirrungen Emmas, in einer anderen Sphäre zwar, doch vollkommen entsprechen. Als die Vergiftung lebensbedrohend wird, holt man schließlich einen chirurgischen Spezialisten von außerhalb, den Doktor Canivet aus Neufchâtel, der mit seinen Ansichten über die modernen Erfindungen nicht hinter dem Berge hält: „Klumpfüße gerade machen! Kann man Klumpfüße gerade machen? Das ist, zum Donnerwetter, als wolle man einen Buckel gerade machen!" Die Schimpfrede bringt auf nur wenig verkappte Weise eine weitere Bedeutung dieser Episode zum Ausdruck. Der Mensch, der nun einmal in Flauberts unbestechlichen Augen ein »krummes Holz« ist, voller Fehler und Schwächen, versehrt in seiner Existenz, kann auf keine Weise durch den Fortschritt »begradigt« werden: ein gewiß realistisches Menschenbild, in dessen pessimistische Züge sich aber Sarkasmus und Trauer mischen. Als Canivet mit der Operation beginnt, verkriecht sich Charles in sein Haus. „»Welch ein Mißgeschick!« dachte er. »Welche Enttäuschung!«" Blamage und Angst peinigen ihn. „Emma, ihm gegenüber, beobachtet ihn; sie teilte seine Demütigung nicht, sie empfand eine andere: die nämlich, sich eingebildet zu haben, ein solcher Mensch könne etwas wert sein, als ob sie nicht schon zwanzigmal zur Genüge seine Mittelmäßigkeit festgestellt hätte." Die Liebe zu Rodolphe profitiert, wie nicht anders zu erwarten, von dieser bitteren Erfahrung: „Als Rodolphe am Abend in den Garten kam, fand er seine Geliebte unten auf der kleinen Treppe, auf der ersten Stufe, seiner wartend. Sie umschlangen einander, und all ihr nachtragender Groll schmolz wie Schnee unter der Glut seiner Küsse."

(II,12) Die Geschichte mit Hippolyte endet damit, daß der Hausknecht statt wie zuvor mit einem verkrüppelten, nun, dank der fortschrittlichen Wissenschaft, mit einem hölzernen Bein durchs Dorf hinkt. Die Liebe zwischen Emma und Rodolphe wächst, sie denkt sich immer neue Zärtlichkeiten aus, macht die ersten größeren Schulden bei Lheureux, um dem Geliebten allerlei Geschenke geben zu können, die weit über ihre Verhältnisse gehen, und sich selber nach Pariser Chic zu kleiden. Ihre Leidenschaft für Rodolphe wächst offenbar immer mehr und überschreitet jede vernünftige Grenze.

Er, dieser Mann voller Erfahrung, erkannte nicht die Verschiedenheit der Gefühle unter der Gleichheit der Ausdrucksformen. Weil liederliche oder käufliche Lippen ihm ähnliche Sätze zugeflüstert hatten, glaubte er nur schwach an die Aufrichtigkeit dieser hier. Man müsse da vieles abziehen, dachte er, übertriebene Worte verbergen mittelmäßige Gefühle. Als ob die Überfülle der Seele sich nicht manchmal in den leersten Vergleichen entlüde, da niemand je das genaue Maß weder seiner Bedürfnisse noch seiner Auffassung, noch seiner Schmerzen anzugeben vermag, und weil die menschliche Sprache wie ein gesprungener Kessel ist, auf dem wir Melodien trommeln, als gälte es Bären tanzen zu lassen, während wir doch die Sterne rühren wollten.

Aber mit jener Überlegenheit der Kritik, die derjenige besitzt, der sich in einer Bindung zurückhält, gewahrte Rodolphe in dieser Liebe Genüsse anderer Art, die es auszubeuten galt. Jede zartfühlende Rücksicht fand er unbequem. Er sprang völlig zwanglos mit ihr um. Er machte aus ihr etwas Biegsames und Verderbtes. Es war eine Art unsinniger Anhänglichkeit voller Bewunderung für ihn und Wollust für sie, ein Glücksüberschwang, der sie betäubte; und ihre Seele versank in dieser Trunkenheit und ertrank darin, eingeschrumpft wie der Herzog von Clarence in seinem Faß Malvasier.

Als Auswirkung ihrer erotischen Gepflogenheiten wandelte sich Madame Bovarys Gehaben. Ihre Blicke wurden kühner, ihre Reden freimütiger; sie beging sogar die Ungehörigkeit, in Begleitung Rodolphes, eine Zigarette im Mund, spazieren zu gehen, wie »um die Leute zu ärgern«; kurzum, die noch gezweifelt hatten, zweifelten nicht mehr, als man sie eines Tages in einem Jackett mit Herrenschnitt der »Schwalbe« entsteigen sah, und die alte Bovary, die nach einem schrecklichen Auftritt mit ihrem Mann wieder einmal bei ihrem Sohn Zuflucht gesucht hatte, war nicht die am wenigsten empörte Bürgersfrau.

Diese Stelle ist allzuoft übergangen worden, wenn man in Emma nur die Protagonistin einer restlos falschen Gefühlswelt sehen wollte, die Verkörperung jenes Kitschmenschen, in dem die spätere Kulturkritik den Prototyp des modernen Massenmenschen entdeckt zu haben glaubt. Emma drückt ihre Sehnsucht, dieses echteste und wahrste aller menschlichen Gefühle, im Medium falscher, geliehener, fremder Emotionen aus, weil es für sie keine andere Möglichkeit gibt. Dieser wahre Kern verleiht ihren eigentlich sprachlosen Leidenschaften (denn die Sprache selber ist unzulänglich) die Überzeugungskraft, so daß selbst der zynische Provinzcasanova Rodolphe mitgerissen wird und verspricht, mit ihr zusammen aus den drückenden Verhältnissen ihres jetzigen Daseins in ein neues Leben zu entfliehen. „Nie zuvor war Madame Bovary so schön gewesen wie zu dieser Zeit; sie besaß jene undefinierbare Schönheit, die der Freude entspringt, der Begeisterung und dem Erfolg und die nichts ist als die Harmonie des Temperaments mit den Umständen. Ihr Begehren, ihr Kummer, ihre Glückserfahrungen und ihre nach wie vor jungen Illusionen hatten sie stufenweise weiterentwickelt, wie Dünger, Regen, Wind und Sonne die Blumen, und so hatte sie sich schließlich in der Fülle ihrer Natur entfaltet. Ihre Augen schienen eigens für die langen, verliebten Blicke geschnitten, bei denen die Pupille verschwand, während

ein heftiger Atem die winzigen Nasenflügel weitete und die fleischigen Winkel ihrer Lippen hob, die im Licht ein leichter
dunkler Flaum beschattete. Man hätte sagen können, ein in
Verderbtheiten erfahrener Künstler habe den Knoten ihres
Haars über dem Nacken geordnet: es rollte in einer schweren
Masse nieder, nachlässig, den Zufälligkeiten des Ehebruchs
entsprechend, der es Tag für Tag aufnestelte. Ihre Stimme nahm
jetzt eine weichere und geschmeidigere Bewegung an, und
ebenso ihre Gestalt; etwas Subtiles, das einen durchdrang, entströmte selbst dem Besatz ihres Kleids und der Wölbung ihres
Fußes. Charles fand sie so entzückend und völlig unwidersteh-
lich wie in der ersten Zeit seiner Ehe." – Bei Lheureux bestellt
Emma Reisemantel und Koffer, Rodolphe verlangt noch mehrfach Fristverlängerung, um, wie er sagt, seine Geschäfte zu
ordnen. Die letzte Nacht vor dem geplanten Reisetag bringt
noch einmal einen Höhepunkt ihres wollüstigen Verhältnisses,
aber während sie voller Erwartung den Morgen herbeisehnt,
überlegt er bereits, wie er ihr den Abschied beibringen soll.

(II,13) Der Abschiedsbrief, den Rodolphe, kaum daß er zu
Hause an seinem Schreibtisch sitzt, zu formulieren beginnt (übrigens unter einer Jagdtrophäe sitzend, einem Hirschgeweih,
das an der Wand hängt), ist ein rhetorisches Meisterstück der
Selbstüberredung, mit der der ungetreue Geliebte seine
Schuldgefühle zu kompensieren sucht. „Doch als er die Feder
in der Hand hielt, fiel ihm nichts ein, so daß er sich auf beide
Ellbogen stützte und nachzudenken begann. Emma schien ihm
in eine entlegene Vergangenheit gerückt zu sein, als habe der
Entschluß, den er gefaßt hatte, zwischen sie beide jäh einen unermeßlichen Raum gelegt.

Um etwas von ihr greifbar vor sich zu haben, holte er aus
einem Schrank, der am Kopfende seines Bettes stand,
eine alte Reimser Zwiebackdose hervor, in der er seine
Frauenbriefe aufzubewahren pflegte; ihr entströmte ein
Geruch von feuchtem Staub und verwelkten Rosen.
Obenauf lag ein Taschentuch mit verblaßten Blutflek-
ken. Es hatte ihr gehört; sie hatte einmal auf einem Spaziergang Nasenbluten bekommen; er hatte es vergessen.
Daneben lag, an allen vier Ecken verbogen, die Minia-

tur, die Emma ihm geschenkt hatte; ihre Kleidung kam ihm aufgedonnert vor, und ihr himmelnder Blick war von kläglichster Wirkung; allein beim Betrachten dieses Bildnisses und dem Wecken der Erinnerung an das Urbild verschwammen Emmas Züge in seinem Gedächtnis nach und nach, als ob das lebende Gesicht und das gemalte sich aneinander rieben und sich wechselseitig auslöschten. Schließlich las er einige ihrer Briefe; sie wimmelten von Anspielungen auf ihrer beider Reise; sie waren kurz, sachlich und dringlich wie Geschäftsbriefe. Er wollte die langen wiedersehen, die von früher; um sie am Boden der Dose aufzufinden, warf Rodolphe alle übrigen durcheinander; und mechanisch begann er in diesem Wust von Papieren und Gegenständen zu wühlen; er fand ein Durcheinander von Blumensträußen, ein Strumpfband, eine schwarze Maske, Nadeln und Haare – Haarsträhnen! Braune, blonde; einige hatten sich an dem Schloß der Dose verhakt und rissen beim Öffnen.

So schlenderte er zwischen seinen Andenken dahin; er prüfte die Handschriften und den Stil der Briefe; beide waren so mannigfaltig wie ihre Rechtschreibung. Sie waren zärtlich oder lustig, drollig, melancholisch; manche baten um Liebe, manche um Geld. Bei irgendeinem Wort erinnerte er sich an Gesichter, an bestimmte Gesten, den Klang einer Stimme; manchmal jedoch erinnerte er sich an gar nichts.

Wirklich, diese Frauen, die da alle zugleich in seinen Gedanken herbeikamen, bedrängten einander und wurden kleiner wie unter einer Liebes-Nivellierwaage, die sie alle gleich machte. So nahm er eine Handvoll der durcheinanderliegenden Briefe und amüsierte sich eine Weile damit, sie in Kaskaden aus seiner rechten in seine linke Hand fallen zu lassen. Schließlich, gelangweilt und ermüdet, stellte Rodolphe die Dose wieder in den Schrank und sagte sich:

»Welch ein Haufen Blödsinn!«

Das war kurz und bündig seine Meinung; denn die Liebesfreuden hatten, wie Schüler auf einem Schulhof, dermaßen auf seinem Herzen herumgetrampelt, daß nichts Grünes mehr darauf sproßte; aber was hier hindurchgegangen war, leichtfertiger als die Kinder, hatte nicht einmal, wie sie, seinen in die Mauer gekratzten Namen hinterlassen.

»Los!« sagte er bei sich. »Angefangen!«

Er schrieb:

»Mut, Emma! Mut! Ich will Sie nicht für Ihr Leben unglücklich machen …«

»Eigentlich stimmt das«, dachte Rodolphe, »ich handle in ihrem Interesse; ich bin ein anständiger Mensch.«

»Haben Sie ihren Entschluß reiflich erwogen? Wissen Sie, in welchen Abgrund ich Sie gezogen hätte, Sie armer Engel? Nein, nicht wahr? Sie gingen vertrauensvoll und wahnsinnig und glaubten an das Glück, an die Zukunft … Ach, wie unglücklich sind wir, wie verblendet!«

Rodolphe hielt inne und suchte nach einer guten Entschuldigung.

Ein Kutscher überbringt Emma das in seiner lügnerischen Beredsamkeit so meisterhafte Schreiben, das die Adressatin aber keinen Augenblick zu täuschen vermag. Noch nie war der Zusammenbruch all ihrer Hoffnungen so total, die Fallhöhe so tief wie jetzt; sie ist fassungslos, wie in einer Art Trance, will sich zum Fenster hinausstürzen, und es sind ironischerweise die Rufe „Frau! Frau!" ihres Mannes, die sie von dem Abgrund zurückholen. Es gelingt ihr etwas, sich zu fassen, doch als sie am Abend im Schein der Wagenlaternen die vertraute Kutsche von La Huchette aus an ihrem Fenster vorüberfahren sieht, mit der Rodolphe auf die angekündigte längere Reise entflieht, bricht sie zusammen. Eine schwere Gehirnhautentzündung ist die Folge, die sie für Wochen ans Bett fesselt, aufopfernd und unter Versäumnis aller seiner Pflichten von Charles gepflegt und versorgt.

(II,14) Die Vernachlässigung seiner Patienten rächt sich, zu allen übrigen Sorgen kommt noch Geldknappheit dazu. „Der Winter war streng. Madames Genesung dauerte lange. Wenn schönes Wetter war, wurde sie in ihrem Lehnstuhl ans Fenster geschoben, und zwar an das nach dem Marktplatz zu; denn jetzt empfand sie einen Widerwillen gegen den Garten, und die Jalousie nach dieser Seite hin blieb ständig heruntergelassen." Flaubert begnügt sich mit solchen Andeutungen, um Emmas Seelenzustand zu beschreiben, wie überhaupt seine Technik indirekter Darstellung in diesen Kapiteln besonders schön studiert werden kann. „Um diese Stunde pflegte Monsieur Bournisien sie zu besuchen", heißt es lakonisch, und die ironische Zweideutigkeit einer solchen scheinbar ganz nüchtern-informativen Feststellung erschließt sich nur dem, der die bisherige Rolle des Pfarrers, seine Unsensibilität und spießige Beschränktheit vor Augen hat. Als Emma Hilfe bei ihm suchte, verstand er sie nicht, nun, da das Unglück eingetreten, versucht er die Gelegenheit für seine Zwecke zu nutzen. Die Ironie wird ihren Höhepunkt wenig später erreichen, wenn ein Gespräch zwischen ihm und Homais zum Anlaß für die letzte Wendung in Emmas Leben wird. Fürs erste scheinen seine Besuche nicht erfolglos. Die Erinnerung an das letzte Abendmahl während einer besonders schlimmen Krise ihrer Krankheit, ein ekstatisches Erlebnis voll ungehemmter Erotik, ihrer früheren jugendlichen Religiosität verwandt und sie zugleich auf ungeahnte Weise übersteigend („Die Bettlaken wurden mit Weihwasser besprengt; der Priester nahm die weiße Hostie aus dem heiligen Ziborium; und halb ohnmächtig vor himmlicher Freude streckte sie die Lippen vor, um den Leib des Herrn zu empfangen, der sich ihr darbot."), sodann das Gefühl ihrer Ohnmacht, die Enttäuschung über alles irdische Glück – das waren die günstigsten Voraussetzungen für Bournisien, dem freilich Emmas neue inbrünstige Frömmigkeit zugleich unheimlich ist. Erstmals aber ist die alte Frau Bovary eins mit ihrer Schwiegertochter, auch wenn sie, statt ihre eigenen Staubtücher zu stopfen, für Waisenkinder Unterjacken strickt, dafür aber lange in ihrem altfränkischen Betstuhl kniet (um dort, was niemand weiß, „an den Herrn die gleichen süßen Worte [zu richten], die sie ehedem ihrem Geliebten in den Ergüssen des Ehebruchs zugeflüstert hatte") und sich mit der Gesellschaft der Madame Langlois oder der trefflichen Madame

Homais begnügt. Nach einem Streitgespräch zwischen Pfarrer und Apotheker über den Nutzen und Nachteil des Theaters für das Leben und die Moral der Menschen beschließt Charles, Emma zur Zerstreuung in die Oper nach Rouen zu führen. Ihre Abneigung überwindet er mit einer für ihn in solchen Fällen seltenen Hartnäckigkeit, so daß das Ehepaar Bovary eines Tages die »Schwalbe« besteigt, um sich in die Stadt fahren zu lassen. Auf einer neuen Ebene und nur etwas verschoben wird sich nun im Theater eine Szene abspielen, die dem Erlebnis während der Landwirtschaftsausstellung entspricht. Gewiß ist diesmal Charles gegenwärtig, und er flüstert keine verführerischen Worte in ihr Ohr, es werden auch keine landwirtschaftlichen Erfolge und Preisträger angepriesen, dafür findet aber auf der Bühne das Drama der Leidenschaft statt – gleichsam als Ouvertüre für die Oper im Wirklichen, die Emma nun bevorsteht und aus der es für sie keine andere Befreiung als den Tod geben wird: die den ganzen Roman durchziehende Untergangs- und Todesmetaphorik wird jetzt immer dichter und bedrängender.

II,15

Die Menge stand an der Mauer entlang, symmetrisch eingepfercht zwischen den Schranken. An den Ecken der benachbarten Straßen wiederholten riesige Plakate mit verschnörkelten Lettern: »Lucia von Lammermoor … Lagardy … Oper … usw.« Das Wetter war schön, allen wurde heiß; in den Frisuren rann der Schweiß, alle gezückten Taschentücher tupften rote Stirnen ab; und manchmal bewegte ein vom Fluß herwehender lauer Wind den gezackten Rand der Zwillichmarkisen, die über den Eingängen der Restaurants hingen. Etwas weiter unten jedoch wurde man von einem eisigen Luftzug abgekühlt, der nach Talg, Leder und Öl roch. Es waren die Ausdünstungen der Rue des Charettes, mit ihren großen dunklen Lagerräumen, wo die Fässer rollten.

Aus Angst, lächerlich zu wirken, wollte Emma vor dem Hineingehen einen Spaziergang am Hafen machen, und Bovary behielt aus Vorsicht die Eintrittskarten in der Hosentasche in der Hand, die er gegen den Bauch drückte.

In der Vorhalle bekam sie Herzklopfen. Unwillkürlich lächelte sie aus Eitelkeit, als sie sah, wie die Menge nach rechts hinströmte, während sie selber die Treppe zum ersten Rang hinaufstieg. Es machte ihr ein kindliches Vergnügen, mit dem Finger die breiten, gepolsterten Türen aufzustoßen; sie sog in vollen Zügen den Staubgeruch der Gänge ein, und als sie in ihrer Loge saß, machte sie es sich mit der Ungezwungenheit einer Herzogin bequem.

Der Zuschauerraum begann sich zu füllen, die Operngläser wurden aus ihren Etuis geholt, und die Abonnenten, die einander von weitem erkannten, tauschten Grüße. Sie waren hergekommen, um sich im Kunstgenuß von den Plackereien des Geschäftslebens zu erholen; doch da sie den »Handel« nicht vergaßen, unterhielten sie sich nach wie vor über Baumwolle, verschnittenen Branntwein oder Indigo. Man sah alte Männer mit ausdruckslosen, friedfertigen Gesichtern, weißem Haar und fahler Gesichtsfarbe; sie ähnelten Silbermedaillen, die durch Bleidämpfe stumpf geworden sind. Im Parkett warfen sich junge Gecken in die Brust und prunkten im Ausschnitt ihrer Westen mit rosa oder apfelgrünen Halsbinden; und Madame Bovary bewunderte sie von oben, wie sie die gespannten Handflächen ihrer gelben Handschuhe auf goldbeknaufte Spazierstöcke stützten.

Mittlerweile wurden im Orchester die Kerzen angesteckt; der Kronleuchter senkte sich von der Decke herab und ergoß durch das Glitzern und Strahlen seiner geschliffenen Prismen eine jähe Heiterkeit in den Zuschauerraum; dann kamen die Musiker einer nach dem andern herein, und es gab zunächst ein langes Durcheinanderlärmen von brummenden Kontrabässen, quietschenden Geigen, schmetternden Hörnern, plärrenden Flöten und Piccoloflöten. Dann hörte man auf der Bühne ein dreimaliges Klopfen; ein Paukenwirbel setzte ein, die Blechinstrumente stimmten Akkorde an, und der aufgehende Vorhang enthüllte eine Landschaft.

Es war eine Kreuzung im Wald, links eine Quelle im Schatten einer Eiche. Bauern und Edelleute, Plaids über den Schultern, sangen im Chor ein Jägerlied; dann trat ein Offizier auf und rief den Engel des Bösen um Rache an, wobei er beide Arme gen Himmel reckte; noch einer erschien; sie gingen beide ab, und abermals sangen die Jäger.

Sie fühlte sich in ihre Jugendlektüre zurückversetzt, mitten hinein in Walter Scott. Ihr war, als höre sie durch den Nebel hindurch den Klang schottischer Dudelsäcke über die Heide tönen. Übrigens erleichterte ihr die Erinnerung an den Roman das Verständnis des Textes, sie folgte der Handlung Satz für Satz, während Gedanken, die ihr kamen, die sie nicht erfassen konnte, sogleich unter dem Anstürmen der Musik verwehten. Sie ließ sich von den Melodien einwiegen und fühlte ihr ganzes Wesen in Schwingungen geraten, als strichen die Violinbögen über ihre Nerven hin. Sie hatte nicht Augen genug, um sich sattzusehen an den Kostümen, den Dekorationen, den Gestalten, den gemalten Bäumen, die zitterten, wenn man über die Bühne schritt, an den Samtkappen, den Mänteln, den Degen, an all diesen Trugbildern, die sich in den Harmonien bewegten wie in der Luft einer anderen Welt. Jetzt trat eine junge Dame auf und warf einem grüngekleideten Knappen eine Börse zu. Sie blieb allein, und nun vernahm man eine Flöte, die wie das Murmeln einer Quelle oder wie Vogelgezwitscher klang. Lucia begann mit ernster Miene ihre Cavatine in G-Dur; sie klagte aus Liebe, sie wünschte sich Flügel. Auch Emma wäre am liebsten dem Leben entflohen und in einer Umarmung entschwebt. Plötzlich trat Lagardy als Edgar auf.

Er besaß jene schimmernde Blässe, die den glühenden Rassen des Südens etwas von der Majestät der Marmorbilder verleiht. Seine kräftige Gestalt umhüllte ein braunes Wams; ein kleiner, ziselierter Dolch schlug ihm gegen den linken Schenkel, und er rollte schmachtend die Augen und entblößte dabei seine weißen Zähne. Es hieß, eine polnische Prinzessin habe ihn eines Abends am Strand von Biarritz singen hören, wo er Fischerboote ausgebessert habe, und habe sich in ihn verliebt. Sie habe sich um seinetwillen ruiniert. Anderer Frauen wegen habe er sie sitzenlassen, und sein Ruf als Mann mit großen Liebesabenteuern diente nach wie vor seinem Ruhm als Künstler. Der gerissene Mime war sogar darauf bedacht, in die Vorankündigungen der Presse einen poetischen Satz über die bezaubernde Wirkung seiner Person und die Sensibilität seiner Seele einzuschmuggeln. Er besaß eine schöne Stimme, unerschütterliche Selbstsicherheit, mehr Temperament als Intelligenz, mehr Pathos als Empfindung, was alles dazu beitrug, diese bewundernswerte Scharlatansnatur noch mehr hervortreten zu lassen, die etwas von einem Friseurgehilfen und etwas von einem Toreador in sich vereinigte.

Von der ersten Szene an erregte er Begeisterung. Er schloß Lucia in die Arme, er ließ von ihr ab, er kam wieder, er schien verzweifelt; bald loderte sein Zorn auf, bald stöhnte er Elegien von unendlicher Süße, und zwischen Schluchzen und Küssen perlten die Töne aus seinem nackten Hals. Emma beugte sich vor, um ihn zu sehen, wobei sich ihre Fingernägel in den Samt der Loge eingruben. Sie füllte ihr Herz mit den melodiösen Klagen, die sich, von den Kontrabässen begleitet, hinzogen wie die Schreie Schiffbrüchiger im Toben des Sturms. Sie erkannte all die Verzückungen und Herzensängste wieder, an denen sie fast gestorben wäre. Die Stimme der Sängerin schien ihr nur der Widerhall ihres Bewußtseins, und die Illusion, die sie bezauberte, dünkte sie ein Stück ihres eigenen Lebens. Doch niemand auf Erden hatte sie so sehr geliebt. Er hatte am letzten Abend im Mondenschein nicht geweint wie Edgar, als sie einander gesagt hatten: »Bis morgen, bis morgen!« Der Zuschauerraum erdröhnte unter den Bravorufen; die ganze Stretta wurde wiederholt; die Liebenden sangen von den Blumen auf ihrem Grab, von Schwüren, Verbannung, Verhängnis und Hoffnungen, und als sie den endgültigen Abschiedsgruß sangen, stieß Emma einen schrillen Schrei aus, der mit dem Verzittern der letzten Akkorde verschmolz. »Warum verfolgt dieser Edelmann sie eigentlich immerzu?« fragte Bovary.

»Ach was«, antwortete sie, »er ist doch ihr Liebhaber.«

»Dabei schwört er doch, er wolle sich an ihrer Familie rächen, und dabei hat doch der andre, der vorhin gekommen war, gesagt: ›Ich liebe Lucia, und ich glaube, daß auch sie mich liebt.‹ Außerdem ist er doch Arm in Arm mit ihrem Vater weggegangen. Denn das ist doch wohl ihr Vater, der kleine Häßliche mit der Hahnenfeder am Hut?«

Trotz Emmas Erklärungen blieb Charles von dem Duett-Rezitativ an, in dem Gilbert seinem Herrn und Meister Ashton seine schändlichen Machenschaften darlegt, angesichts des falschen Verlobungsrings, der Lucia täuschen soll, bei dem Glauben, es handele sich dabei um ein Liebesgeschenk, das Edgar gesandt habe. Zudem gestand er, er werde aus dieser Geschichte nicht klug – der Musik wegen –, die den Worten sehr schade.

»Darauf kommt es nicht an!« sagte Emma. »Sei still!«

»Ich möchte nämlich«, entgegnete er und neigte sich zu ihrer Schulter, »gern im Bilde sein, weißt du.«

»Sei still! Sei still!« stieß sie ungeduldig hervor.

Lucia trat auf, halb gestützt von ihren Dienerinnen, einen Orangenblütenkranz im Haar, bleicher als der weiße Atlas ihres Kleids. Emma gedachte ihres eigenen Hochzeitstags; sie sah sich zwischen den Kornfeldern wieder, auf dem schmalen Pfad, auf dem Weg zur Kirche. Warum hatte sie nicht, wie jene dort, widerstrebt und gefleht? Sie war vielmehr fröhlich gewesen, ohne den Abgrund zu gewahren, in den sie sich stürzte … Ach, hätte sie doch in der Frische ihrer Schönheit, vor der Besudelung durch die Ehe und der Enttäuschung durch den Ehebruch, ihr Leben auf ein großes, verläßliches Herz bauen können; hätten dann Tugend, Zärtlichkeit, Wollüste und Pflicht sich miteinander vereint, wäre sie niemals von der Höhe einer solchen Glückseligkeit herabgesunken. Aber jenes Glück dort auf der Bühne war wohl nur eine Lüge, die zur Verzweiflung aller Wünsche ersonnen war. Sie kannte jetzt die Niedrigkeit der Leidenschaften, die die Kunst übertrieb. Im Bemühen, ihre Gedanken davon abzulenken, wollte Emma in dieser Wiedergabe ihrer eigenen Schmerzen nichts sehen als ein plastisches Phantasiegebilde, als eine Augenweide, und sie lächelte sogar innerlich in verächtlichem Mitleid, als im Hintergrund der Bühne, durch einen Samtvorhang, ein Mann in schwarzem Mantel auftrat.

Sein großer, spanischer Hut fiel durch eine Geste, die er machte, und sogleich stimmten die Instrumente und die Sänger das Sextett an. Edgar, mit vor Wut funkelnden Augen, beherrschte mit seiner helleren Stimme alle übrigen. Ashton schleuderte ihm in wuchtigen Tönen mörderische Herausforderungen entgegen; Lucia stieß schrille Klagerufe aus, Arthur stand abseits und modulierte in der Mittellage, und der Baß des Predigers dröhnte wie eine Orgel, während die Frauenstimmen, die seine Worte wiederholten, sie auf bestrickende Weise im Chor aufnahmen. Alle standen sie in einer Reihe und gestikulierten, und Zorn, Rache, Eifersucht, Angst und Mitleid entströmten gleichzeitig ihren halb geöffneten Mündern. Der beleidigte Liebhaber schwang seinen blanken Degen; sein Spitzenkragen hob sich stoßweise, entsprechend den Bewegungen seiner Brust, und er ging mit großen Schritten bald nach rechts, bald nach links und ließ die silbervergoldeten Sporen seiner weichen Stiefel, die sich an den Fußgelenken weiteten, auf den Bühnenbrettern klingen. Seine Liebe müsse unerschöpflich sein, dachte sie, um sie in so reichen Ergüssen über die Menge zu verströmen. All ihre Anwandlungen von Geringschätzung schwanden hin unter der Poesie der Rolle, die sie mitriß, durch die Illusion der Bühnengestalt wurde sie zu dem Mann hingezogen; sie versuchte, sich sein Leben vorzustellen, dieses von Klängen erfüllte, außerordentliche, glänzende Leben, das auch sie hätte führen können, wenn der Zufall es gewollt hätte. Sie würden einander kennengelernt, einander geliebt haben! Mit ihm würde sie von Hauptstadt zu Hauptstadt durch alle Königreiche Europas gereist sein, seine Strapazen und seine Erfolge geteilt, die Blumen aufgesammelt haben, die ihm zugeworfen wurden; sie selber hätte seine Kostüme bestickt; dann hätte sie jeden Abend hinten in einer Loge hinter dem goldenen Gitterwerk mit offenem Mund die Ergüsse dieser Seele eingesogen, die einzig für sie gesungen hätte; von der Bühne aus, während er spielte, würde er sie angeblickt haben. Und es überkam sie etwas wie Wahnsinn: er sah sie ja an, ganz sicher! Es drängte sie, zu ihm hinzueilen, in seine Arme, sich in seine Kraft zu flüchten wie in die Verkörperung der Liebe, und ihm zu sagen, ihm zuzurufen: »Entführe mich! Nimm mich mit! Laß uns forteilen! Dir, dir gehören alle meine Gluten und alle meine Träume!«

Der Vorhang senkte sich.

Gasgeruch mischte sich mit dem Atem; der Luftzug der Fächer machte die Atmosphäre noch erstickender. Emma wollte hinausgehen; die Menge drängte sich in den Gängen, und sie sank in ihren Sessel zurück, mit Herzklopfen, das ihr die Luft benahm. Da Charles fürchtete, sie könne ohnmächtig werden, lief er zum Büfett, um ihr ein Glas Mandelmilch zu holen.

Es kostete ihn große Mühe, wieder auf seinen Platz zu gelangen, denn bei jedem Schritt stieß ihn jemand mit dem Ellbogen an, des Glases wegen, das er mit beiden Händen trug, und er goß sogar drei Viertel davon einer Rouenerin mit kurzen Ärmeln über die Schulter; als sie die kühle Flüssigkeit über den Rücken hinabrinnen spürte, schrie sie auf wie ein Pfau, als gehe es ihr ans Leben. Ihr Gatte, ein Spinnereibesitzer, schimpfte auf den Tolpatsch, und während sie mit dem Taschentuch die Flecke auf ihrem schönen, kirschroten Taftkleid abtupfte, knurrte er bösartig etwas von Schadenersatz, Kosten und Bezahlung. Endlich kam Charles wieder bei seiner Frau an und sagte ganz atemlos zu ihr:

»Weiß Gott, ich habe geglaubt, ich käme niemals durch! Was für eine Menschenmenge …! Was für einen Menschenmenge …!«

Er fügte hinzu:

»Rate mal, wen ich da oben getroffen habe? Monsieur Léon!«

»Léon?«

»Ja, in Person! Er kommt gleich und macht dir seine Aufwartung.«

Und kaum hatte er diese Worte ausgesprochen, da trat der ehemalige Yonviller Praktikant auch schon in die Loge.

Mit weltmännischer Ungezwungenheit bot er ihr die Hand, und Madame Bovary streckte mechanisch die ihre hin, ohne Zweifel dem Bann eines stärkeren Willens gehorchend. Sie hatte ihn seit jenem Frühlingsabend nicht empfunden, als es auf die grünen Blätter regnete und sie voneinander Abschied nahmen, am Fenster stehend. Aber rasch besann sie sich auf das, was die Schicklichkeit für den Augenblick erheischte; mit aller Kraft schüttelte sie die Betäubung durch ihre Erinnerungen ab und fing an, hastig ein paar Redensarten zu stammeln.

»Ach! Guten Tag ... Wie? Sie hier?«

»Ruhe!« rief eine Stimme im Parkett, denn der dritte Akt begann.

»Sie sind also in Rouen?«

»Ja.«

»Und seit wann?«

»Raus! Raus!«

Man drehte sich nach ihnen um; sie verstummten.

Aber von diesem Augenblick an hörte sie nicht mehr zu; und der Chor der Gäste, die Szene zwischen Ashton und seinem Diener, das große Duett in D-Dur, all das spielte sich für sie wie in großer Entfernung ab, als wären die Instrumente weniger klangvoll gewesen, die Gestalten weiter entrückt; sie dachte zurück an die Kartenpartien beim Apotheker, an den Gang zur Amme, an das Vorlesen in der Laube, an die Plauderstunden zu zweit am Kamin, an diese ganze arme Liebe, die so lang, so heimlich, so zärlich gewesen war und die sie dennoch vergessen hatte. Warum war er wiedergekommen? Welch eine abenteuerliche Verknüpfung ließ ihn abermals in ihr Leben treten? Er stand hinter ihr und hatte sich mit der Schulter an die Logenwand gelehnt; und dann und wann fühlte sie, wie sie unter dem lauwarmen Atem seiner Nasenflügel erschauerte, der ihr Haar hinabströmte.

»Macht Ihnen das Spaß?« fragte er und neigte sich so dicht über sie, daß die Spitze seines Schnurrbarts ihre Wange streifte.

Lässig antwortete sie:

»O mein Gott, nein! nicht besonders.«

Da schlug er vor, doch einfach wegzugehen und irgendwo Eis zu essen.

»Oh, noch nicht! Bitte hierbleiben!« sagte Bovary. »Ihr Haar ist aufgelöst; es scheint also tragisch zu werden.«

Aber die Wahnsinnsszene interessierte Emma nicht, und das Spiel der Sängerin schien ihr übertrieben.

»Sie schreit zu sehr«, sagte sie zu Charles, der zuhörte.

»Ja ... vielleicht ... ein bißchen«, entgegnete er; er schwankte zwischen dem freimütigen Eingeständnis, daß es ihm gefalle, und seinem Respekt vor den Meinungen seiner Frau.

Dann sagte Léon seufzend:

»Ist das eine Hitze ...«

»Unerträglich! Wahrhaftig.«

»Ist sie dir lästig?« fragte Bovary.

»Ja, ich ersticke; laß uns gehen.«

Behutsam legte Léon ihr den langen Spitzenschal um die Schultern, und sie gingen alle drei nach dem Hafen, wo sie im Freien vor dem Fenster eines Cafés Platz nahmen.

Zunächst sprachen sie von Emmas Krankheit, obwohl sie Charles von Zeit zu Zeit unterbrach, aus Furcht, wie sie sagte, Monsieur Léon zu langweilen; und dieser erzählte, er sei nach Rouen gekommen, um zwei Jahre in einem großen Anwaltsbüro zu arbeiten, um sich mit dem Prozeßverfahren vertraut zu machen, das in der Normandie ganz anders gehandhabt werde als in Paris. Dann erkundigte er sich nach Berthe, nach der Familie Homais, der Mutter Lefrançois; und da sie einander im Dabeisein des Gatten weiter nichts zu sagen hatten, stockte die Unterhaltung bald.

Aus dem Theater kommende Leute gingen auf dem Bürgersteig vorüber; alle trällerten oder grölten aus vol-

ler Kehle: »O holder Engel, geliebte Lucia!« Da wollte
Léon den Kunstkenner herauskehren, und er fing an,
über Musik zu sprechen. Er habe Tamburini, Rubini,
Persiani und Grisi gehört; mit denen verglichen sei Lagardy trotz seiner großen Erfolge nicht viel wert.

»Dabei wird doch behauptet«, unterbrach ihn Charles, der in kleinen Stückchen sein Rum-Sorbet kaute,
»im Schlußakt sei er ganz wunderbar; es tut mir leid, daß
wir von dem Schluß weggegangen sind; es fing gerade
an, mir Spaß zu machen.«

»Übrigens«, warf der Praktikant ein, »er gibt bald eine
weitere Vorstellung.«

Doch Charles antwortete, sie führen gleich am nächsten Tag wieder heim.

»Sofern du nicht«, wandte er sich seiner Frau zu, »allein hierbleiben willst, mein Kätzchen?«

Und bei dieser unerwarteten Aussicht, die sich seiner
Hoffnung bot, änderte der junge Mann seine Taktik und
stimmte Lobeshymnen auf Lagardy im Schlußauftritt
an. Das sei etwas Großartiges, etwas Erhabenes! Da versteifte sich Charles:

»Du kommst am Sonntag zurück. Nun, entschließ
dich! Es wäre falsch, wenn du auch nur im geringsten das
Gefühl hast, es tue dir gut.«

Inzwischen waren die Nachbartische leer geworden;
ein Kellner stellte sich diskret in ihrer Nähe auf; Charles,
der begriff, zog die Börse; der Praktikant hielt ihn am
Arm zurück und vergaß sogar nicht, zwei Silberstücke
Trinkgeld zu geben, er ließ sie auf der Marmorplatte klirren.

»Es ist mir sehr unlieb«, murmelte Bovary, »daß Sie
Ihr Geld …«

Der andere deutete mit einer Geste voller Herzlichkeit an, es sei nicht der Rede wert, und nahm seinen
Hut:

»Also abgemacht, nicht wahr? Morgen um sechs?«

Charles beteuerte nochmals, er könne nicht länger bleiben; aber nichts hindere Emma ...

»Die Sache ist nur die ...«, stammelte sie mit einem seltsamen Lächeln, »ich weiß nicht recht ...«

»Also schön! Du kannst es dir überlegen, und dann werden wir sehen; beschlaf es erst mal ...«

Dann sagte er zu Léon, der sie begleitete:

»Nun Sie jetzt wieder in unserer Gegend sind, kommen Sie doch hoffentlich dann und wann zu uns zum Abendessen?«

Der Praktikant antwortete, er werde es nicht versäumen, er müsse überdies demnächst in einer Büro-Angelegenheit nach Yonville kommen. Und sie verabschiedeten sich an der Passage Saint-Herbland, als es von der Kathedrale gerade halb zwölf schlug.

DRITTER TEIL

III,1

Monsieur Léon hatte zwar fleißig Jura studiert, aber auch leidlich oft die »Chaumière« besucht, wo er recht hübsche Erfolge bei den Grisetten davongetragen hatte; sie hatten gefunden, er sehe vornehm aus. Unter den Studenten war er einer der schicklichsten gewesen; er trug das Haar weder zu lang noch zu kurz, vernaschte nicht sogleich am Monatsersten das Geld für das ganze Trimester und stand mit seinen Professoren auf gutem Fuß. Der Ausschweifungen hatte er sich stets enthalten, und zwar sowohl aus Ängstlichkeit wie aus Feingefühl.

Oft, wenn er lesend in seinem Zimmer blieb oder abends unter den Linden des Luxembourg-Parks saß, ließ er sein Gesetzbuch zu Boden fallen, und ihn überkam die Erinnerung an Emma. Doch allmählich wurde dies Gefühl schwächer, und andere Begehrlichkeiten häuften sich darüber, obwohl es beharrlich weiter durch sie hindurchschimmerte; denn Léon hatte noch nicht alle Hoffnung aufgegeben, und immer wiegte sich für ihn in der Zukunft eine ungewisse Verheißung wie eine goldne Frucht in einem phantastischen Laubwerk.

Nun, da er sie nach dreijähriger Trennung wiedersah, erwachte seine Leidenschaft aufs neue. Jetzt, dachte er, gilt es endlich, sich zu entschließen, sie zu besitzen. Übrigens war seine Schüchternheit im Umgang mit leichtfertiger Gesellschaft hingeschwunden, und er kehrte in die Provinz zurück, erfüllt von Verachtung für alles, was nicht in Lackschuhen über den Asphalt der Boulevards schritt. Vor einer Pariserin in Spitzen, im Salon eines berühmten Professors, einer Persönlichkeit mit Orden und eigenem Wagen, hätte der arme Praktikant sicherlich gezittert wie ein Knabe; aber hier in Rouen, am Hafen, vor der Frau dieses kleinen Landarztes, fühlte er sich überlegen und war von vornherein sicher, daß er Bewunderung wecken würde. Die Wirkung hängt von der Umgebung ab, in der sie ausgeübt wird: im Zwischenstock spricht man anders als im vierten, und wenn eine Frau reich ist, scheint sie zum Schutz ihrer Tugend von allen ihren Banknoten umgeben zu sein wie von einem Küraß im Futter ihres Korsetts.

Nachdem Léon sich an jenem Abend von dem Ehepaar Bovary verabschiedet hatte, war er den beiden in einiger Entfernung durch die Straßen nachgegangen; als er sie dann vor dem »Roten Kreuz« stehenbleiben sah, hatte er kehrt gemacht und die ganze Nacht damit zugebracht, einen Plan auszuhecken. So fand er sich gegen fünf Uhr nachmittags in der Küche des Gasthofs ein, mit zugeschnürter Kehle, bleichen Wangen und der Entschlossenheit der Feiglinge, die nichts aufhält.

»Monsieur ist schon abgereist«, antwortete ihm ein Angestellter.

Das erschien ihm als ein günstiges Vorzeichen. Er stieg hinauf.

Sie war bei seinem Eintreten keineswegs verwirrt; sie entschuldigte sich vielmehr, daß sie vergessen habe, ihm zu sagen, wo sie abgestiegen sei.

»Oh, das habe ich erraten«, sagte Léon.

»Wieso?«

Er behauptete, er sei von ungefähr ganz instinktiv zu ihr geleitet worden. Sie begann zu lächeln, und um seine Albernheit wiedergutzumachen, erzählte Léon sogleich, er habe den Vormittag damit hingebracht, in sämtlichen Hotels der Stadt nach ihr zu suchen.

»Sie haben sich also entschlossen hierzubleiben?« fügte er hinzu.

»Ja«, sagte sie, »und das war unrecht von mir. Man soll sich nicht an Vergnügungen gewöhnen, die man sich nicht leisten kann, wenn man von Tausenden von Anforderungen umgeben ist …«

»Oh, das kann ich mir vorstellen …!«

»Nein, das können Sie nicht, denn Sie sind keine Frau.«

Auch die Männer hätten ihre Sorgen; und die Unterhaltung kam in Gang mit ein paar philosophischen Erwägungen. Emma verbreitete sich eingehend über die Armseligkeit irdischer Zuneigungen und die ewige Einsamkeit, in der das Herz begraben bleibe.

Um sich ins rechte Licht zu setzen oder in naiver Nachahmung jener Melancholie, durch die die seine hervorgerufen worden war, erklärte der junge Mann, er habe sich während seiner ganzen Studienzeit entsetzlich gelangweilt. Die Juristerei sei ihm zuwider; er fühle sich zu anderem berufen, und seine Mutter quäle ihn in jedem ihrer Briefe. Denn mehr und mehr präzisierten sie die

Gründe ihrer Leiden; und jeder von ihnen erregte sich, je länger er sprach, ein wenig mehr in diesem fortschreitenden Bekenntnis. Aber manchmal schreckten sie vor der völligen Darlegung dessen, was sie dachten, zurück, und dann suchten sie nach einem Satz, der es dennoch hätte andeuten können. Sie beichtete ihre Leidenschaft für einen andern nicht; und er sagte nicht, daß er sie vergessen hatte.

Vielleicht erinnerte er sich wirklich nicht mehr an seine Soupers nach dem Ball mit leichten Mädchen, die als Holzausladerinnen kostümiert waren; und sie dachte gewiß nicht an ihre früheren Liebeszusammenkünfte, als sie morgens über die Wiesen nach dem Schloß ihres Liebhabers geeilt war. Der Lärm der Stadt drang kaum bis zu ihnen hinauf, und das Zimmer schien nur deswegen klein zu sein, um ihrer beider Alleinsein noch traulicher zu machen. Emma trug einen Morgenrock aus geköpertem Barchent; sie schmiegte ihren Haarknoten gegen die Rücklehne des alten Lehnstuhls; die gelbe Tapete an der Wand bildete für sie etwas wie einen goldenen Hintergrund, und ihr unbedeckter Kopf mit dem hellen Scheitel in der Mitte wiederholte sich im Spiegel, und ebenso ihre Ohrläppchen, die unter den glatten, breiten Haarflächen hervorsahen.

»Aber entschuldigen Sie«, sagte sie, »es ist unrecht von mir! Ich langweile Sie mit meinen ewigen Klagen!«

»Nein, ganz und gar nicht, nicht im mindesten!«

»Wenn Sie wüßten«, fuhr sie fort und blickte mit ihren schönen Augen, in denen eine Träne rollte, zur Zimmerdecke auf, »was ich mir alles erträumt hatte!«

»Und ich erst! Oh, ich habe sehr viel durchgemacht! Oft bin ich hinausgegangen, einfach vor mich hin, und habe mich an den Quais entlanggeschleppt, um mich durch den Lärm der Menge zu betäuben, ohne die Besessenheit bannen zu können, die mich verfolgte. Im Schaufenster eines Graphikhändlers am Boulevard hing ein italienischer Kupferstich; er stellte eine Muse dar. Sie trug eine Tunika und blickte zum Mond empor und hatte Vergißmeinnicht in ihrem gelösten Haar. Irgend etwas trieb mich unaufhörlich dorthin; ganze Stunden habe ich davorgestanden.«

Dann sagte er mit zitternder Stimme:

»Sie sah Ihnen ein wenig ähnlich.«

Madame Bovary wandte den Kopf ab, damit er auf ihren Lippen nicht das unwiderstehliche Lächeln sähe, das sie dort aufsteigen fühlte.

»Oft«, fuhr er fort, »habe ich Ihnen Briefe geschrieben und sie dann wieder zerrissen.«

Sie antwortete nicht. Er fuhr fort:

»Manchmal habe ich mir eingebildet, ein Zufall müsse Sie herführen. Ich habe geglaubt, Sie an Straßenecken zu erkennen; und ich bin hinter allen Droschken hergelaufen, aus deren Fenster ein Schal wehte, der dem Ihren ähnlich sah …«

Sie schien entschlossen zu sein, ihn reden zu lassen, ohne ihn zu unterbrechen. Mit verschränkten Armen und gesenktem Kopf betrachtete sie die Rosetten ihrer Hausschuhe, und ab und zu machte sie in deren Atlas kleine Bewegungen mit den Zehen.

Dann seufzte sie:

»Das Kläglichste ist doch, nicht wahr?, wenn man wie ich ein unnützes Leben hinschleppen muß. Könnten doch unsere Schmerzen jemandem dienlich sein, dann würde man sich mit dem Gedanken des Opfers trösten.«

Er begann, die Tugend, die Pflicht und die stumme Opferfreudigkeit zu preisen; er selber verspüre ein unglaubliches Verlangen nach Hingabe, das er nicht stillen könne.

»Am liebsten wäre ich Nonne in einem Hospital«, sagte sie.

»Ach«, erwiderte er, »für uns Männer gibt es nicht dergleichen fromme Aufgaben; ich wüßte keine Betätigung ... außer vielleicht der des Arztes ...«

Mit einem leichten Achselzucken unterbrach ihn Emma und erzählte klagend von ihrer Krankheit, an der sie beinahe gestorben sei; leider! Sie brauchte sonst jetzt nicht mehr zu leiden. Sogleich bekundete auch Léon Sehnsucht nach der »Ruhe des Grabes«; eines Abends habe er sogar sein Testament geschrieben und verlangt, man solle ihn in der schönen Decke mit dem Samtsaum begraben, die er von ihr geschenkt bekommen habe. So wären sie beide am liebsten gewesen; beide erschufen sie sich ein Idealbild, an dem sie jetzt ihr vergangenes Leben maßen. Übrigens ist die Sprache ein Walzwerk, das stets die Gefühle breitdrückt.

Aber bei der Erwähnung der Decke fragte sie:

»Warum denn?«

»Warum?«

Er zögerte.

»Weil ich Sie sehr liebgehabt habe!«

Und Léon beglückwünschte sich, diese Schwierigkeit überwunden zu haben; dabei spähte er aus dem Augenwinkel nach ihrem Gesicht.

Es war wie der Himmel, wenn ein Windstoß die Wolken verjagt. Die vielen traurigen Gedanken, die sie verdüstert hatten, schienen aus ihren dunklen Augen gewichen zu sein; ihr ganzes Gesicht strahlte.

Er wartete. Endlich antwortete sie:

»Ich habe es schon immer geahnt ...«

Dann erzählten sie einander die kleinen Begebenheiten jenes so weit zurückliegenden Daseins, dessen Freuden und Kümmernisse sie soeben in einer einzigen Äußerung zusammengefaßt hatten. Er erinnerte sich der Clematis-Laube, der Kleider, die sie getragen hatte, der Möbel ihres Schlafzimmers, ihres ganzen Hauses.

»Und unsere armen Kakteen, wo sind die?«

»Der Frost im letzten Winter hat sie eingehen lassen.«

»Ach, wie habe ich an sie gedacht, ob Sie mir das glauben? Oft sah ich sie vor mir wie damals, wenn an Sommermorgen die Sonne auf die Jalousien fiel … und ich Ihre beiden nackten Arme entdeckte, die zwischen den Blumen hantierten …«

»Armer Freund!« sagte sie und streckte ihm die Hand hin.

Sogleich preßte Léon die Lippen darauf. Dann, nachdem er einen tiefen Atemzug getan hatte, sagte er:

»Sie sind für mich damals eine irgendwie unbegreifliche Kraft gewesen, die mein Leben in Bann schlug. Einmal zum Beispiel bin ich zu Ihnen gekommen; aber sicherlich erinnern Sie sich dessen nicht mehr?«

»Doch«, sagte sie. »Sprechen Sie weiter.«

»Sie standen unten im Hausflur, zum Ausgehen bereit, auf der letzten Treppenstufe; Sie hatten sogar einen Hut mit kleinen blauen Blumen auf; und ohne Aufforderung Ihrerseits und fast gegen meinen Willen habe ich Sie begleitet. Doch mit jeder Minute wurde mir klarer bewußt, wie dumm das von mir war, aber ich ging auch weiterhin neben Ihnen her, wagte nicht, Ihnen völlig zu folgen, wollte Sie indessen auch nicht verlassen. Wenn Sie in einen Laden traten, blieb ich draußen auf der Straße und sah Ihnen durch das Schaufenster zu, wie Sie Ihre Handschuhe auszogen und das Geld auf den Ladentisch zählten. Dann haben Sie bei Madame Tuvache geschellt; es wurde Ihnen geöffnet, und ich stand wie ein Idiot vor der großen, schweren Haustür, die hinter Ihnen ins Schloß gefallen war.«

Madame Bovary wunderte sich beim Zuhören, daß sie so alt sei; alle diese Dinge, die nun wiedererstanden, schienen ihr Dasein zu erweitern; daraus wurde etwas wie eine Unermeßlichkeit der Gefühle erschaffen, in die sie sich zurückbegab; und von Zeit zu Zeit sagte sie leise und mit halb gesenkten Lidern:

»Ja, so ist es … so ist es … so ist es …«

Sie hörten, wie die verschiedenen Uhren des Stadtviertels Beauvoisine acht Uhr schlugen; es liegen dort viele Schulen, Kirchen und große, verlassene Stadtpalais. Die beiden sprachen nicht mehr; aber sie fühlten, wenn sie einander ansahen, ein Brausen in ihrem Kopf, als sei gegenseitig aus ihren starren Augen etwas wie ein dunkles Tönen hervorgegangen. Sie hatten einander gerade die Hände gereicht; und Vergangenheit und Zukunft, Erinnerungen und Träume, alles verschmolz in der Süße dieser Ekstase. Immer dichter wurde die Nacht auf den Wänden, auf denen, halb im Dunkel verloren, nur noch die grellen Farben der vier Buntdrucke schimmerten, die vier Szenen aus »La Tour de Nesle« darstellten, mit Erklärungen in französicher und spanischer Sprache darunter. Durch das Schiebefenster war zwischen spitzen Dächern ein Stück dunklen Himmels zu sehen.

Sie stand auf, um zwei Kerzen auf der Kommode anzuzünden, dann kam sie und setzte sich wieder.

»Nun …?« sagte Léon.

»Nun?« antwortete sie.

Und er überlegte, wie er das unterbrochene Zwiegespräch wieder anknüpfen könne, als sie ihn fragte:

»Wie kommt es nur, daß mir bis zum heutigen Tag niemand ähnliche Empfindungen anvertraut hat?«

Der Praktikant wandte ein, ideal gesinnte Naturen seien schwierig zu verstehen. Er selber habe sie auf den ersten Blick geliebt; und er gerate in Verzweiflung, wenn er an das Glück denke, das sie gehabt haben würden, wenn sie beide durch eine Gnade des Zufalls einander eher begegnet und auf unlösbare Weise aneinander gebunden gewesen wären.

»Ich habe auch bisweilen daran gedacht«, entgegnete sie.

»Welch ein Traum!« flüsterte Léon.

Und ganz zart über den blauen Saum ihres weißen Gürtels streichend, fügte er hinzu:

»Wer hindert uns denn, von vorn anzufangen …?«

»Nein, lieber Freund«, antwortete sie. »Ich bin zu alt … Sie sind zu jung … vergessen Sie mich! Andere werden Sie lieben … und Sie werden sie lieben.«

»Nicht wie Sie!« rief er aus.

»Was für ein Kind Sie sind! Kommen Sie, lassen Sie uns vernünftig sein! Ich will es!«

Sie stellte ihm die Unmöglichkeiten ihrer beider Liebe dar, und daß sie sich, wie damals, in den schlichten Grenzen einer geschwisterlichen Freundschaft halten müßten. Geschah es im Ernst, daß sie so sprach? Sicherlich wußte Emma es selber nicht, so beansprucht war sie von dem Zauber der Verführung und der Notwendigkeit, sich dagegen zu wehren; sie betrachtete den jungen Mann mit einem gerührten Blick und wehrte sanft die schüchternen Liebkosungen ab, die seine zitternden Hände versuchten.

»Oh, Verzeihung!« sagte er und zog sich zurück.

Und Emma wurde von einem vagen Erschrecken ergriffen angesichts dieser Schüchternheit, die gefährlicher für sie war als Rodolphes Dreistigkeit, wenn er mit ausgebreiteten Armen auf sie zukam. Niemals war ihr ein Mann so schön erschienen. Eine erlesene Reinheit ging von seiner Haltung aus. Er senkte seine langen, leicht aufwärts gebogenen Wimpern. Seine Wange, deren Haut zart war, werde rot – so dachte sie – aus Verlangen nach ihr, und Emma fühlte eine unwiderstehliche Lust, ihre Lippen darauf zu drücken. Da neigte sie sich nach der Standuhr vor, und wie um nach der Zeit zu sehen, sagte sie:

»Mein Gott, wie spät es ist! Wie wir plaudern!«

Er verstand den Wink und suchte nach seinem Hut.

»Ich habe sogar das Theater darüber vergessen! Und der arme Bovary, der mich doch eigens deshalb hiergelassen hat! Monsieur und Madame Lormeaux von der Rue Grand-Pont hatten mich hinbegleiten sollen.«

Und nun war die Gelegenheit verpaßt, denn morgen reiste sie ab.

»Wirklich?« fragte Léon.

»Ja.«

»Ich muß Sie aber doch noch wiedersehen«, entgegnete er. »Ich hatte Ihnen noch etwas sagen wollen ...«

»Was denn?«

»Etwas ... etwas Wichtiges, Ernstes. Aber, nein, Sie werden gar nicht wegfahren, das ist unmöglich! Wenn Sie wüßten ... Hören Sie doch ... Haben Sie mich denn nicht verstanden? Haben Sie denn nicht erraten ...?«

»Dabei sprechen Sie doch so gewandt«, sagte Emma.

»Ach, Sie scherzen. Genug, genug! Gewähren Sie aus Mitleid, daß ich Sie wiedersehe ... einmal ... ein einziges Mal.«

»Also, gut ...!«

Sie hielt inne, als besinne sie sich anders:

»Oh! Nicht hier!«

»Wo Sie wollen.«

»Wollen Sie ...«

Sie schien nachzudenken; dann sagte sie kurz:

»Morgen um elf in der Kathedrale.«

»Ich werde dort sein!« rief er und griff nach ihren Händen; sie entzog sie ihm. Und da sie beide standen, er hinter ihr, und Emma den Kopf neigte, beugte er sich gegen ihren Hals vor und küßte sie lange in den Nacken.

»Aber Sie sind verrückt! Ja, Sie sind verrückt!« sagte sie mit einem kleinen, klingenden Lachen, während seine Küsse sich vervielfältigten.

Dann streckte er den Kopf über ihre Schulter vor und schien in ihren Augen die Zustimmung zu suchen. Sie blitzten ihn mit eisiger Majestät an.

Léon trat drei Schritte zurück; er wollte fort. Auf der Schwelle blieb er stehen. Dann flüsterte er mit zitternder Stimme:

»Bis morgen.«

Sie nickte und verschwand wie ein Vogel im Nebenzimmer.

Am Abend schrieb Emma dem Praktikanten einen endlosen Brief, in dem sie die Verabredung rückgängig machte: es sei jetzt alles aus, und um ihrer beider Glück willen dürften sie einander nicht wieder begegnen. Doch als der Brief zugeklebt war und sie Léons Adresse nicht wußte, geriet sie in große Verlegenheit.

»Ich will ihn ihm selber geben«, sagte sie sich. »Er wird ja kommen.«

Am andern Morgen stand Léon bei offenem Fenster trällernd auf seinem Balkon und putzte eigenhändig seine Halbschuhe, und zwar mehrmals. Er zog eine weiße Hose an, feine Strümpfe, einen grünen Frack, sprengte in sein Taschentuch alles, was er an Parfüms besaß; dann ließ er sich frisieren, kämmte sich aber noch einmal, um seinem Haar mehr natürliche Eleganz zu geben.

»Es ist noch zu früh!« dachte er, als er auf die Kuckucksuhr des Friseurs sah, die neun Uhr zeigte.

Er las eine alte Modezeitung, ging fort, rauchte eine Zigarre, schlenderte drei Straßen hinauf, meinte, jetzt sei es Zeit, sich langsam nach dem Platz vor Notre-Dame zu begeben.

Es war ein schöner Sommermorgen. In den Schaufenstern der Juweliere glitzerten Silberwaren, und das Licht, das schräg auf die Kathedrale fiel, flimmerte auf den Bruchstellen der grauen Steine; ein Vogelschwarm wirbelte im blauen Himmel um die Kreuzblumen der Türmchen; der Platz, der von Rufen widerhallte, duftete nach den Blumen, die sein Pflaster säumten, Rosen, Jasmin, Nelken, Narzissen und Tuberosen, unregelmäßig durch feuchte Grünflächen, von Katzenminze und Vogelmiere gegliedert; der Springbrunnen in der Mitte plätscherte, und unter breiten Regenschirmen zwischen zu Pyramiden aufgeschichteten Warzenmelonen saßen barhäuptige Hökerinnen und drehten in Papier Veilchensträuße.

Der junge Mann nahm einen. Es war das erstemal, daß er Blumen für eine Frau kaufte; und als er daran roch, weitete sich seine Brust vor Stolz, als habe sich diese Huldigung, die er einer andern zugedacht hatte, auf ihn selbst zurückgewandt.

Doch er fürchtete aufzufallen; entschlossen trat er in die Kirche ein.

Der Schweizer stand auf der Schwelle, mitten im linken Portal, unter der »Tanzenden Marianne«, den Federhut auf dem Kopf, das Rapier an der Wade, den Stab in der Faust, majestätischer als ein Kardinal und schimmernd wie ein Tabernakel.

Er ging auf Léon zu und fragte mit dem milden Lächeln, das Geistliche aufsetzen, wenn sie Kinder befragen:

»Der Herr ist gewiß nicht von hier? Der Herr möchte die Sehenswürdigkeiten der Kirche besichtigen?«

»Nein«, sagte der andre.

Und er machte zunächst einen Rundgang durch die beiden Seitenschiffe. Dann ging er wieder und sah auf den Platz hinaus. Emma kam immer noch nicht. Er ging zurück und stieg bis zum Chor hinauf.

Das Hauptschiff spiegelte sich mit dem Anfang der Spitzbogen und einem Teil der Kirchenfenster in den vollen Weihwasserbecken. Doch der Widerschein der Glasgemälde, der sich an den Marmorkanten brach, setzte sich etwas weiter weg auf den Fliesen fort wie ein bunter Teppich. Das helle Tageslicht von draußen fiel in drei langen, mächtigen Lichtströmen durch die drei offenen Portale in die Kirche. Von Zeit zu Zeit ging ein Sakristan hinten vorüber und machte vor dem Altar die schiefe Kniebeuge der Frommen, die in Eile sind. Die Kristallkronleuchter hingen still herab. Im Chor brannte eine silberne Lampe, und aus den Seitenkapellen, den dunklen Teilen der Kirche, drang manchmal etwas wie gehauchte Seufzer mit dem Geräusch eines zufallenden Gitters, dessen Echo unter den hohen Gewölben widerhallte.

Léon ging mit gemessenen Schritten an den Mauern entlang. Nie war ihm das Leben so schön erschienen. Gleich würde sie kommen, liebreizend, erregt, hinter sich nach Blicken spähend, die ihr folgten – in ihrem Volantkleid mit ihrem goldenen Lorgnon, ihren zierlichen Stiefelchen, in jeder erdenklichen Eleganz, die er noch nicht gekostet hatte, und in dem unaussprechlich Verführerischen der Tugend, die erliegt. Rings um sie her dehnte sich die Kirche wie ein gigantisches Boudoir; die Gewölbe neigten sich, um im Dunkel die Beichte ihrer Liebe entgegenzunehmen; die Kirchenfenster leuchteten, um ihr Gesicht zu verklären, und die Weihrauchfässer würden brennen, daß sie im Rauch der Düfte erscheine wie ein Engel.

Doch sie kam nicht. Er setzte sich auf einen Stuhl, und seine Blicke fielen auf ein blaues Fenster, auf dem Flußschiffer zu sehen waren, die Körbe trugen. Er betrachtete es lange und aufmerksam, und er zählte die Schuppen der Fische und die Knopflöcher der Wämser, während seine Gedanken auf der Suche nach Emma umherschweiften.

Der abseits stehende Schweizer ärgerte sich im stillen über dieses Individuum, das es sich erlaubte, die Kathedrale allein zu bewundern. Ihm schien sein Verhalten ungeheuerlich, als bestehle er ihn irgendwie und begehe geradezu einen Kirchenfrevel.

Doch ein Seidenrauschen auf den Fliesen, der Rand eines Huts, ein schwarzer Umhang ... Sie war es! Léon stand auf und eilte ihr entgegen.

Emma war blaß. Sie ging schnell.

»Lesen Sie!« sagte sie und hielt ihm ein Papier hin ...

»O nein!«

Und brüsk zog sie die Hand zurück und trat in die Kapelle der Heiligen Jungfrau ein, wo sie auf einem Betstuhl niederkniete und zu beten begann.

Der junge Mann war über diesen bigotten Einfall verärgert; dann jedoch verspürte er einen gewissen Reiz darin, sie mitten im Stelldichein in Andacht versunken zu sehen wie eine andalusische Marquise; dann verdroß es ihn bald, da sie kein Ende fand.

Emma betete, oder vielmehr, sie zwang sich zum Gebet, in der Hoffnung, der Himmel werde ihr einen jähen Entschluß herabsenden; und um die göttliche Hilfe auf sich zu lenken, füllte sie ihre Augen mit dem Glanz des Tabernakels, atmete den Duft der weißen Nachtviolen, die in den großen Vasen blühten, und lieh das Ohr der Stille der Kirche, die den Aufruhr ihres Herzens nur um so stärker anwachsen ließ.

Sie erhob sich, und sie wandten sich dem Ausgang zu, da trat der Schweizer schnell an sie heran und sagte:

»Madame ist gewiß nicht von hier? Madame möchte die Sehenswürdigkeiten der Kirche besichtigen?«

»Nein!« rief der Praktikant.

»Warum nicht?« entgegnete sie.

Denn sie klammerte sich mit ihrer wankenden Tugend an die Madonna, an die Skulpturen, an die Grabmäler, an jeden Vorwand.

Dann führte der Schweizer sie, um in der Reihenfolge

vorgehen zu können, zum Eingang zurück, bis dicht an den Platz, wo er ihnen mit seinem Stab einen großen Kreis aus schwarzen Steinen ohne Inschriften oder Zierat zeigte. »Das hier«, sagte er majestätisch, »ist der Umfang der schönen Amboise-Glocke. Sie wog vierzigtausend Pfund. In ganz Europa hatte sie nicht ihresgleichen. Der Meister, der sie gegossen hat, ist vor Freude daran gestorben ...«

»Weiter«, sagte Léon.

Der gute Mann setzte sich wieder in Bewegung; dann, abermals vor der Kapelle der Jungfrau angelangt, breitete er die Arme in einer Geste der zusammenfassenden Erläuterung aus und sagte stolzer als ein Grundbesitzer, der seine Spaliere zeigt:

»Unter diesem schlichten Stein ruht Pierre de Brézé, Herr auf La Varenne und Brissac, Großmarschall des Poitou und Statthalter der Normandie, gefallen in der Schlacht bei Montlhéry am 16. Juli 1465.«

Léon biß sich auf die Lippen und trat von einem Fuß auf den andern.

»Und hier rechts, dieser Ritter im eisernen Harnisch auf dem sich bäumenden Roß ist sein Enkel Louis de Brézé, Herr auf Breval und Montchauvet, Graf von Maulevrier, Baron von Mauny, Kammerherr des Königs, Ordensritter und gleichfalls Statthalter der Normandie, gestorben am 23. Juli 1531, einem Sonntag, wie die Inschrift besagt; und darunter, dieser Mann hier, der eben ins Grab steigen will, stellt ebendenselben dar. Nicht wahr, es ist doch undenkbar, sich eine vollkommenere Darstellung des Nichts vorzustellen?«

Madame Bovary nahm ihr Lorgnon. Léon stand regungslos, sah sie an und wagte weder ein Wort zu sprechen noch eine Bewegung zu machen, so sehr fühlte er sich entmutigt durch dieses Miteinander von Geschwätz und Gleichgültigkeit.

Der unermüdliche Führer fuhr fort:

»Hier diese Frau neben ihm, die weinend auf den Knien liegt, ist seine Gemahlin Diane de Poitiers, Gräfin von Brézé, Herzogin von Valentinois, geboren 1499, gestorben 1566; und links die, die ein Kind trägt, ist die Heilige Jungfrau. Jetzt wenden Sie sich bitte hierher: hier sehen Sie die Grabmäler der d'Amboise. Sie waren alle beide Kardinäle und Erzbischöfe von Rouen. Dieser hier war Minister König Ludwigs XII. Er hat viel für die Kathedrale getan. In seinem Testament hat er den Armen dreißigtausend Taler in Gold vermacht.«

Und ohne stehenzubleiben und immer weiterredend drängte er die beiden in eine Kapelle, in der zahlreiche Baluster lagen und standen; er schob einige beiseite und zeigte auf eine Art Block, der einmal eine schlecht gemachte Statue gewesen sein mochte.

»Sie schmückte einst«, sagte er mit einem langen Seufzer, »das Grab von Richard Löwenherz, König von England und Herzog der Normandie. Die Kalvinisten, Monsieur, haben sie so zugerichtet. Sie hatten sie aus Bosheit in der Erde vergraben, unter Monseigneurs Bischofsstuhl. Hier sehen Sie die Tür, durch die Monseigneur sich in seine Wohnung begibt. Jetzt wollen wir uns die Glasfenster mit der Garguille ansehen.«

Aber Léon zog hastig ein Silberstück aus der Tasche und nahm Emmas Arm. Der Schweizer war ganz verdutzt über diese unzeitige Freigebigkeit; der Fremde hatte ja noch längst nicht alles gesehen. Daher rief er ihm nach:

»He, Monsieur, die Spitze! Die Spitze ...«

»Danke«, sagte Léon.

»Sie handeln sehr unrecht! Die Spitze soll vierhundertvierzig Fuß hoch werden, nur neun weniger als die große ägyptische Pyramide. Sie ist ganz und gar aus Gußeisen; sie ...«

Léon flüchtete; ihm schien, daß seine Liebe, die seit bald zwei Stunden in der Kirche reglos geworden war wie die Steine, sich jetzt verflüchtigen würde wie eine Rauchwolke durch diesen abgestumpften Schlot von länglichem Käfig, von durchbrochenem Kamin, der sich so grotesk über der Kathedrale spreizte wie der extravagante Versuch eines phantasierenden Kesselschmieds.

»Wohin wollen wir jetzt gehen?« fragte sie.

Ohne zu antworten, ging er mit schnellem Schritt weiter, und Madame Bovary tauchte schon den Finger ins Weihwasser, als sie hinter sich ein starkes Geschnauf und Gekeuch hörten, unterbrochen von dem regelmäßigen Aufgesetztwerden eines Stabes. Léon wandte sich um.

»Monsieur!«

»Was gibt's?«

Und er erblickte wiederum den Schweizer, der unterm Arm und des Gleichgewichts wegen gegen den Bauch gedrückt etwa zwanzig dicke Broschüren trug. Es waren Werke, »die die Kathedrale behandelten«.

»Rindvieh!« grollte Léon und stürzte aus der Kirche.

Auf dem Platz vor der Kirche trieb sich ein Junge herum.

»Hol mir eine Droschke!«

Der Junge flitzte wie ein Geschoß durch die Rue des Quatre-Vents davon; die beiden standen jetzt ein paar Minuten lang einander gegenüber und waren ein bißchen verlegen.

»Ach, Léon …! Wirklich … Ich weiß nicht … ob ich soll …« Sie zierte sich. Dann sagte sie plötzlich mit ernster Miene:

»Das ist sehr unschicklich, wissen Sie?«

»Wieso denn?« erwiderte der Praktikant. »In Paris macht man es so!«

Und diese Äußerung brachte sie zum Entschluß, als sei sie ein unumstößliches Beweismittel.

Aber die Droschke kam nicht. Léon hatte Angst, Emma könne wieder in die Kirche gehen. Endlich erschien der Wagen.

»Gehen Sie wenigstens durch das Nordportal hinaus!« rief ihnen der Schweizer zu, der auf der Schwelle stehengeblieben war, »und sehen Sie sich die ›Auferstehung‹, das ›Jüngste Gericht‹, das ›Paradies‹, den ›König David‹ und die ›Verdammten im Höllenfeuer‹ an.«

»Wohin, Monsieur?« fragte der Kutscher.

»Wohin Sie wollen!« sagte Léon und schob Emma in den Wagen. Und das schwerfällige Fuhrwerk setzte sich in Bewegung.

Es fuhr die Rue Grand-Pont hinab, überquerte die Place des Arts, den Quai Napoléon, den Pont Neuf und hielt dann genau vor dem Denkmal Pierre Corneilles.

»Weiter!« rief eine Stimme aus dem Wageninnern.

Der Wagen fuhr weiter; von der Kreuzung La Fayette an ging es bergab; er bog in gestrecktem Galopp in den Bahnhof ein.

»Nein, geradeaus!« rief dieselbe Stimme.

Die Droschke fuhr aus den Gittern heraus, und als sie bald darauf auf dem Korso angelangt war, trabte sie gemächlich unter den großen Ulmen hin. Der Kutscher wischte sich die Stirn, nahm seinen Lederhut zwischen die Beine und lenkte den Wagen über die Seitenwege ans Ufer, bis an den Rasen.

Er fuhr am Fluß entlang, auf dem mit Kieseln gepflasterten Treidelweg und dann eine ganze Weile auf Oyssel zu, über die Inseln hinaus.

Aber unvermittelt ging es in einem Zug durch Quatremares, Sotteville, die Grande-Chaussee, die Rue d'Elbœuf, und dann kam es am Botanischen Garten zum dritten Halt.

»Fahren Sie doch weiter!« rief die Stimme wütender.

Und sogleich nahm die Droschke ihre Fahrt wieder

auf, fuhr durch Saint-Sever, über den Quai des Curandiers, den Quai aux Meules, nochmals über die Brücke, über die Place du Champ-de-Mars und hinter den Krankenhausgärten vorbei, wo alte Männer in schwarzen Kitteln auf einer völlig von Efeu übergrünten Terrasse im Sonnenschein spazierengingen. Sie fuhr den Boulevard Bouvreuil hinauf, über den Boulevard Cauchoise, dann den ganzen Quai du Mont-Riboudet entlang bis zur Anhöhe von Deville.

Sie machte kehrt, und jetzt fuhr sie, wie es gerade kam, ohne Ziel und Zweck. Sie wurde in Saint-Pol gesehen, in Lescure, am Mont Gargan, bei La Rouge-Marc und auf der Place du Gaillardbois, auf der Rue Maladrerie, der Rue Dinanderie, vor der Kirche Saint-Romain, vor Saint-Vivien, Saint-Maclou, Saint-Nicaise, – vor dem Zollamt, auf der Place à la Basse-Vieille-Tour, bei den Trois-Pipes und am Hauptfriedhof. Von Zeit zu Zeit warf der Kutscher von seinem Bock herab verzweifelte Blicke nach den Kneipen hin. Er begriff nicht, welch wütender Drang nach Ortsveränderung diese Leute vorwärts trieb, so daß sie nirgendwo Halt machen wollten. Ein paarmal versuchte er es, aber jedesmal hörte er hinter sich zornige Rufe. Dann trieb er seine beiden schweißtriefenden Schindmähren mit knallenden Peitschenhieben an, unbekümmert um die Wagenstöße an holprigen Stellen; hier und dort rannte er an, er gab auf nichts mehr acht, hatte allen Ehrgeiz verloren und weinte fast vor Durst, Ermüdung und Kümmernis.

Und am Hafen, inmitten der Lastwagen und Fässer, auf den Straßen, an den Eckprellsteinen machten die Bürger große, erstaunte Augen über dieses in der Provinz so ungewöhnliche Geschehnis, einen Wagen mit zugezogenen Scheibengardinen, der auftauchte und immer wieder auftauchte, verschlossener als ein Grab und schlingernd wie ein Schiff.

Einmal, um die Tagesmitte, auf freiem Feld, als die Sonne am heißesten auf die alten versilberten Laternen brannte, glitt eine nackte Hand unter der kleinen gelben Leinengardine hervor und warf Papierschnitzel hinaus, die der Wind davonwirbelte und die sich etwas weiter entfernt wie weiße Schmetterlinge auf einem rot blühenden Kleefeld niederließen.

Dann, gegen sechs Uhr nachmittags, hielt der Wagen in einer Gasse des Stadtviertels Beauvoisine, und es entstieg ihm eine Frau, die mit gesenktem Schleier davonging, ohne sich umzuschauen.

(III,2) Ist jemals eine Verführungs- und Liebesszene mit größerer Delikatesse und Intensität zugleich in der Weltliteratur dargestellt worden als hier? Und ist nicht die nackte Hand, die unter der kleinen gelben Leinengardine hervorgleitet, schamloser als alle Entkleidungskunststücke in der erotischen Literatur? Emmas Liebesleben jedenfalls hat mit dieser Kutschen-Ausfahrt, die Cythera nicht am anderen Ufer suchte, sondern mit sich führte, eine neue und ganz ungeahnte Dimension erreicht. Flaubert spart nicht mit psychologischen Beobachtungen, wie sie subtiler und klarer auch in späterer Literatur nicht auftauchen – auch was die Schattenseiten dieses neuerlichen Auf- und Ausbruchsversuchs betrifft, der diesmal nun wirklich beinahe unter Charles' Patronage stattfindet. („Nichts zwang sie übrigens zur Abreise; aber sie hatte versprochen, an diesem Abend zurückzukehren. Übrigens erwartete Charles sie, und schon fühlte sie im Herzen diese feige Unterwürfigkeit, die vielen Frauen wie die Strafe und zugleich wie das Lösegeld für den Ehebruch erscheint.") Als Emma dann das erste von vielen Malen allein mit der »Schwalbe« nach Yonville zurückkehrt, richtet ihr das Mädchen Félicité aus, sie solle sofort zum Apotheker kommen. Dort gerät sie in eine wütende Auseinandersetzung zwischen Homais und seinem Lehrling Justin – es handelt sich eigentlich um eine Lappalie, die aber auf ein sehr viel unheilvolleres Ereignis vorausdeutet. Justin hat verbotenerweise den Schlüssel zu der »Giftbude« benutzt, um für die Küche eine Ersatzschüssel zu holen, die bisher zu pharmazeutischen Zwecken gedient hatte und noch dazu ganz in der Nähe

151

eines besonders wichtigen Behälters stand: „Aha! Du weißt nicht! Na, ich selber, ich weiß! Du hast eine blaue, mit gelbem Wachs versiegelte Glasflasche gesehen, mit weißem Pulver drin, und ich hatte mit eigener Hand darauf geschrieben: Gefährlich! Und weißt du, was darin ist? Arsenik! Und so was rührst du an! Nimmst eine Abdampfschüssel, die daneben steht!" In den schlimmsten Stunden ihres Lebens wird sich Emma Bovary an diese Szene erinnern und ihre eigenen Folgerungen daraus ziehen. (Flaubert hat selber von der Technik der langen Vorbereitungen gesprochen (Brief v. 1.2.1852), in der noch der einfachste Satz für den Rest des Romans eine unendliche Tragweite besitze – und diese Technik ist es, die er in der »Madame Bovary« zur Vollkommenheit entfaltet hat, so daß ein derart dichtes Verweisungsnetz entstanden ist, das man auch bei häufiger Lektüre kaum erschöpfend verfolgen kann.) Fürs nächste erfährt Emma, nachdem der Apotheker endlich seine Schimpfkanonade beendet hat, daß ihr Schwiegervater gestorben ist und Charles aus übertriebener Rücksichtnahme Homais gebeten hat, ihr das Ereignis schonend mitzuteilen. Ihre Trauer hält sich in so engen Grenzen, daß ihr Mann ernstlich befremdet ist. Auch als die Schwiegermutter anderntags hinzukommt und Mutter wie Sohn sich jetzt gemeinsam in ihren Schmerzen ergehen, ändert das an ihrer Gleichgültigkeit nichts. Pünktlich stellt sich auch Modewarenhändler Lheureux ein, um seine Dienste anzubieten und Charles bei der Gelegenheit an den Wechsel zu erinnern, den er ihm nach der Krankheit Emmas zur Überbrückung des ersten wirtschaftlichen Engpasses ausgestellt hatte. Er beglückwünscht Emma zu der zu erwartenden Erbschaft, rät ihr, sich mit einer Generalvollmacht die Verfügungsgewalt darüber zu verschaffen, und liefert ihr zwölf Meter schwarzen Barègestoff für das Trauerkleid. Emma erreicht Charles' Zustimmung für die Vollmacht („Sie hatte aus Lheureux' Belehrungen Nutzen gezogen.") und bringt ihn sogar soweit, daß er sie zu Léon schickt, um den Notarsgehilfen in dieser Sache um Rat zu fragen. Wie sie schon bei der Anbahnung ihres Verhältnisses mit Léon zeitweise die aktivere war, so hat sie sich inzwischen ganz zu der überlegenen, initiativereichen Geliebten entwickelt, die ihr Schicksal glaubt in die eigene Hand nehmen zu können, in Wahrheit aber so unfrei ist wie zuvor.

(III,3) „Es waren drei reiche, köstliche, wundervolle Tage,

wahre Flitterwochen. Sie wohnten im »Hotel de Boulogne« am Hafen. Und dort hausten sie bei geschlossenen Fensterläden und verriegelten Türen, mit Blumen auf dem Fußboden und eisgekühlten Fruchtsäften, die ihnen schon am Morgen gebracht wurden." Manchmal gehen sie in das Gastzimmer einer Kneipe oder machen gegen Abend eine Bootsfahrt. Beim Abschied vergewissert sich Emma, daß auch die Angelegenheit mit ihrer Vollmacht in ihrem Sinne geregelt werde.

(III,4) Einmal kehrt dann auch Léon wieder nach Yonville zurück und besucht Emma in ihrem Haus. Die Geliebte bemüht sich, Mittel und Wege zu finden, um einmal jede Woche nach Rouen fahren zu können. Schließlich erreicht sie ihr Ziel, indem sie vorgibt, regelmäßig Klavierunterricht nehmen zu müssen, um ihre inzwischen arg reduzierten musikalischen Fähigkeiten wieder auf den alten Stand zu bringen. Auch bei Lheureux erscheint sie nun wieder als regelmäßige Kundin.

(III,5) Jeden Donnerstag fährt Emma jetzt mit der »Schwalbe« in die Stadt. Der ständige Schauplatzwechsel bringt ein ganz anderes Erzähltempo in den Roman, die Handlung wirkt hektischer und signalisiert, daß Emma immer schneller der Katastrophe zutreibt. Unruhe und Schwindel bemächtigen sich ihrer, sobald die Kutsche in die Stadt einfährt, verstohlen huscht sie durch düstere Gassen, Kneipen- und Dirnenviertel hin zur gemeinsamen Absteige, wo Léon sie bereits erwartet. „Das breite Mahagonibett hatte die Gestalt einer Gondel. Die Vorhänge aus roter Levantine hingen von der Decke herab und bauschten sich am ausgeweiteten Kopfende ein wenig zu tief – und nichts auf der Welt war so schön wie ihr brauner Kopf und ihre weiße Haut, die sich von diesem purpurnen Farbgrund abhoben, wenn sie in einer verschämten Geste ihre beiden nackten Arme übereinanderschlug und das Gesicht in den Händen verbarg." Eine Geste, die zu ihr gehört, seit sie sich Rodolphe im Wald von Yonville hingab. Emma bietet auf diese Weise nicht nur das Bild, sie führt auch das Leben einer ›Belle de jour‹, einer Frau, die sich für Stunden mit ihrem Geliebten in mehr oder weniger anrüchigen Hotels trifft, um dann wieder in ihr bürgerliches Leben zurückzukehren. Dem hektischen Ortswechsel entspricht ihre innere Verfassung. „In der Mannigfaltigkeit ihrer Stimmungen, die sie abwechselnd mystisch oder fröhlich machten, schwatzhaft, schweigsam, überschwenglich und lässig, rief sie in ihm tausend Wünsche wach

und erweckte Instinkte oder Reminiszenzen. Sie war die Liebende aller Romane, die Heldin aller Dramen, unbestimmtes »Sie« aller Lyrikbände. Er fand auf ihren Schultern den Bernsteinschimmer der »Badenden Odaliske«; sie besaß die schmale Schlankheit der feudalen Burgherrinnen; sie ähnelte auch der »bleichen Frau aus Barcelona«, darüber hinaus aber war sie ganz Engel!" Ein gefallener Engel natürlich auch, wenn man die Salongemälde berücksichtigt, an die sich Léon bei ihrem Anblick offenbar erinnert fühlt. Wenn sie dann zurückfährt und die Lichter der Stadt unter ihr liegen, passiert der Wagen die Anhöhe, wo ihn ein zerlumpter, blinder Bettler mit schrecklich entstelltem Gesicht und verwirrtem Verstande erwartet und ihr das Abschiedslied hinterhersingt: „An heißen Tagen zur Sommerzeit / Sind alle Mädchen zur Liebe bereit." Er ist eine unheimliche Figur, die Emma mit ihrer schrecklichen Erscheinung und ihren Klageliedern immer wieder erschrecken wird, und wirkt wie die Reminiszenz aus einem der romantischen Romane, die sie so liebt. Er ist Unheilsbote und abschreckende Wächterfigur in einem, ein Angehöriger der Unterwelt und menschliches Menetekel, sein mißtönender Gesang wird Emma bis in ihre Todesstunde begleiten. Während sie in der Stadt alle ihre Leidenschaften auslebt, gibt sie sich zu Hause mit großer Liebenswürdigkeit. So sicher ist sie in ihrem Rollenspiel inzwischen, daß auch plötzliche Irritationen ihr nichts anhaben können. Als Charles zufällig ihrer angeblichen Klavierlehrerin Félicie L'Empereur begegnet und zu seinem Erstaunen erfahren muß, daß sie keine Schülerin namens Emma Bovary kenne, redet sie sich, von Charles befragt, unbefangen auf eine Namensgleichheit heraus und spielt kurz danach ihrem Mann ganz zufällig eine Quittung über die bislang absolvierten Klavierstunden in die Hände. Auch andere Klippen meistert sie wie selbstverständlich und ganz unbesorgt. Als Lheureux sie einmal an Léons Arm aus dem Hotel herauskommen sieht, hat sie zwar Angst, er könne schwatzen, doch unterläßt das der Händler natürlich im eigenen Interesse. Emma gerät übrigens immer mehr in seine Abhängigkeit. Als die Erbschaft dank der Vollmacht fast aufgebraucht ist, hilft ihr Lheureux, den noch vorhandenen Grundbesitz zu veräußern. Das reicht für einige Zeit, doch als auch dieser Rest aufgebraucht ist und Charles zufällig an ihrer Statt einen der neuen Wechsel präsentiert erhält, wenden sich die beiden um Hilfe an die alte

Madame Bovary, die aber zur Bedingung macht, alle Rechnungen prüfen zu dürfen. Dabei kommt auch die Generalvollmacht zur Sprache, die Charles seiner Frau gegeben hatte, seine Mutter verlangt die Annullierung: „Emma verschwand, kam jedoch sehr bald wieder und hielt ihr majestätisch ein großes Schriftstück hin. »Danke«, sagte die alte Frau. Und sie warf die Vollmacht ins Feuer. Emma fing gellend, schrill und unaufhörlich zu lachen an; sie hatte einen Nervenanfall bekommen." Worauf eine erbitterte Auseinandersetzung zwischen Mutter und Sohn folgt. Als Charles mit seiner Frau wieder allein ist, muß er sie lange bitten, bevor sie eine neue Vollmacht von ihm akzeptiert. Wenn auch solche Begebenheiten noch zu Emmas Gunsten ausgehen, so mehren sie sich doch auf beunruhigende Weise – und das macht sie nicht etwa vorsichtiger, sondern nur noch desperater in ihrem Verhalten. Es ist, als wolle sie die Entdeckung provozieren, weil sie innerlich nicht mehr mit ihrem Leben fertig wird. So bleibt sie ohne Vorankündigung eines Abends einfach in Rouen, worauf der verängstigte Charles am nächsten Morgen sogleich in die Stadt fährt, sie zu suchen, und es nur dem Zufall zu verdanken ist, daß er ihr in unverfänglicher Situation allein begegnet. Die einzige Folge: Emma wird noch sorgloser und fährt, wann sie will, unter einem Vorwand nach Rouen, taucht auch in der Kanzlei auf, was Léon einigen Verdruß mit seinem Chef bereitet.

(III,6) Umgekehrt findet sich auch Léon immer wieder einmal in Yonville ein, wo er bei dem Apotheker zu Mittag ißt. Die Gegeneinladung, mit der sich Léon bei seinem Gastgeber revanchieren möchte, nimmt Homais ausgerechnet an einem Donnerstag an, ihrem, Emmas und Léons gemeinsamen Donnerstag, und so sitzt eines frühen Morgens der Apotheker zusammen mit Emma in der »Schwalbe«. Trotz seiner Absicht, den ungelegenen Gast schnell loszuwerden, läßt sich Léon auf allerlei Unternehmungen mit Homais ein, während Emma sehnsüchtig auf den Geliebten wartet. Als er in einer Pause dem Gast entwischen kann, kommt es zu einer kurzen, aber heftigen Auseinandersetzung zwischen den Liebenden. Léon verspricht, schnell wieder zurück zu sein. Läuft zu Homais, wird von dem aber mit großer Penetranz von seiner Absicht abgehalten. Als Léon sich schließlich freimachen kann und ins Hotel stürzt, ist Emma abgereist, aufs höchste erregt und erzürnt. „Dann wurde sie ruhiger und sah schließlich ein, daß sie

ihn schlechter gemacht habe als er war. Aber die Anschwärzung derer, die wir lieben, befleckt diese immer ein bißchen. Götterbilder darf man nicht berühren, sonst bleibt einem die Vergoldung an den Fingern haften." Ihre Begegnungen werden in der Folge noch unbedingter, ausschweifender, wollüstiger. „Indessen war auf dieser kalt beperlten Stirn und auf diesen stammelnden Lippen, in diesen verstörten Augen, in der Umschlingung dieser Arme etwas Übersteigertes, Unbestimmtes und Todtrauriges, von dem Léon schien, es schiebe sich zwischen sie beide, wie um sie zu trennen.

Er wagte ihr keine Fragen zu stellen; doch in der Erkenntnis, wie erfahren sie sei, sagte er sich, daß sie durch alle Prüfungen des Leids und der Lust hindurchgegangen sein müsse. Was ihn ehedem entzückt hatte, erschreckte ihn jetzt ein wenig. Außerdem lehnte er sich gegen die täglich zunehmende Vergewaltigung seines Ichs auf." Auch für Emma häufen sich die Augenblicke, in denen sie sich ganz fern von Léon fühlt, Momente der Rückbesinnung auf ihr Leben, in denen sie sich ihrer Liebe fast zwanghaft und künstlich vergewissern muß. Über diesem Leben sind ihr die Geldangelegenheiten längst gleichgültig geworden. Doch eines Tages erscheint ein Unbekannter vor ihr, dem Lheureux einige fällige Wechsel zur Präsentation überlassen hat, und holt sie auf den Boden der harten ökonomischen Wirklichkeit zurück. Noch einmal gelingt es ihr, das Schlimmste, also gerichtliche Verfügung und Zwangsvollstreckung, abzuwenden. Sie treibt Geld auf, wo sie es finden kann, verkauft einiges ihrer Habe, schickt an säumige Patienten Rechnungen und unterschlägt dann Charles das Geld. Dennoch wird ihre innere und äußere Lage immer haltloser, tagelang sperrt sie sich nur halbangekleidet in ihrem Zimmer ein, Angstanfälle treiben sie um, der Liebe zu Léon ist sie bald überdrüssig, bald sehnt sie sich nach ihm. Auch der Geliebte wird unzuverlässig, entfernt sich innerlich von ihr, ein anonymer Brief hat seiner Mutter die Augen geöffnet, auch soll er demnächst erster Praktikant in der Kanzlei werden, seine Karriere verträgt die Liäson mit einer verheirateten Frau nicht. Dennoch treffen sie sich beide weiter, weil es keinem gelingt, die Verbindung zu lösen. Der Fastnachtsabend bringt Emma auf den absoluten Tiefpunkt ihrer Liebeskarriere: sie kehrt nicht nach Yonville zurück, sondern durchrollt die ganze Nacht auf einem Maskenball in Gesellschaft von Holzfällern und Matrosen. Als sie nach

Hause kommt, zeigt ihr Félicité ein Schriftstück des Gerichts. Binnen vierundzwanzig Stunden muß sie achttausend Francs aufbringen, sonst droht ihr die Zwangsvollstreckung ihrer Mobilien und Effekten. Lheureux, den sie sofort aufsucht, läßt sich diesmal nicht erweichen – die lange gefürchtete, mit Zittern erwartete, aber unbewußt doch mit allen Mitteln provozierte Katastrophe ist eingetroffen.

(III,7) In den Stunden, die ihr noch bleiben, büßt Emma reichlich all die Schuld, die sie auf sich geladen hat. Flauberts Meisterschaft zeigt sich gerade darin, daß in dem Moment, da Emma auf dem tiefsten Scheitelpunkt ihres Lebens und ihrer moralischen Existenz angekommen ist, sich die Verkommenheit und Niedertracht ihrer Umwelt in aller Kraßheit offenbart – und zwar gerade durch das Versagen an ihr. Während der Gerichtsvollzieher schon den Bestand schätzt, hetzt Emma von Adresse zu Adresse, um Hilfe und finanzielle Entlastung zu erbitten. Zuerst zu Léon nach Rouen, der sie für verrückt erklärt, sich wenig Mühe, ihr dafür aber ein halbherziges Versprechen für drei Uhr nachmittags gibt, bis zu welchem Zeitpunkt er auftreiben wolle, was er könne. Als er nicht kommt, fährt Emma um vier Uhr nach Yonville zurück – in Gesellschaft des Apothekers, der auf der Anhöhe hinter der Stadt mit dem blinden Bettler ein Gespräch anknüpft, ihm Hoffnung auf Heilung macht und ihn dadurch, wie sich zeigen wird, nach Yonville lockt. Als sich am nächsten Tage schon die Menschen um die öffentlich angeschlagene Versteigerungsankündigung drängen, stürzt Emma auf Félicités Anraten zum Notar Guillaumin, der ihr nach einigem Zögern Hilfe verspricht, wenn sie sich zu einigem anderen – Entgegenkommen entschließen könne. Emmas verletzter Stolz rebelliert gegen das hinterhältige Ansinnen, sie läuft davon, immer kopfloser und verzweifelter jetzt. Hinzu kommt noch der „Gedanke an Bovarys Überlegenheit", der ihr unterträglich ist: „»Ja«, murmelte sie und knirschte mit den Zähnen, »er würde mir verzeihen, er, der mir mit einer Million nicht genug bieten könnte, um ihm zu verzeihen, daß er mich gekannt hat … Nie! Niemals!«" Die nächste Station ihrer hektischen Hilfesuche ist der Steuereinnehmer Binet, doch auch aus seinem Hause kommt sie mit leeren Händen, dieweil Madame Caron und Madame Tuvache tuschelnd darüber rätseln, welche schändliche Gegenleistung sie dem geizigen Manne wohl angeboten haben könne. Nach Hause wagt sie sich nicht

einmal mehr, um etwas Atem zu schöpfen, und so kriecht sie jetzt bei der einst verachteten »Mutter Rollet«, der alten Amme ihres Kindes, unter, schickt sie sogar aus, Nachrichten vom Stand der Dinge einzuholen. „»Bei Ihnen zu Hause ist niemand!« »Wie?« »Niemand! Und Monsieur weint. Er ruft Ihren Namen. Man sucht Sie.« Emma antwortete nichts. Sie keuchte und rollte dabei die Augen nach allen Seiten, während die Bäuerin, erschrocken über ihren Gesichtsausdruck, unwillkürlich zurückwich; sie glaubte, Emma sei wahnsinnig geworden. Plötzlich schlug sie sich an die Stirn, denn wie ein heller Blitz in dunkler Nacht war die Erinnerung an Rodolphe ihr durch die Seele gezuckt. Er war so gut, so zartfühlend, so großherzig! Und überdies, wenn er zögern sollte, ihr diesen Gefallen zu erweisen, so wußte sie genau, daß sie ihn dazu würde zwingen können, wenn sie durch ein einziges Augenzwinkern ihre gestorbende Liebe zurückrief. So machte sie sich auf den Weg nach La Huchette, ohne sich bewußt zu werden, daß sie drauf und dran war, das zu tun, was sie eben noch so sehr empört hatte, und ohne im mindesten zu ahnen, daß sie sich prostituierte." – Das sind wirklich Hadeswanderungen, ein Hinundherirren durch die verschiedenen Kreise der Hölle, so daß Emma Bovary immer mehr den Kontakt zur Wirklichkeit verliert. In panischem Schrecken stürzt sie von Station zu Station, wie ein Kind, dem man sämtliche Sicherheit geraubt hat. Wahn und Wirklichkeit kann sie, wie so oft schon (wenn auch diesmal ganz anders) nicht mehr unterscheiden. In Rouen hatte sie für einen Augenblick die Vision, den Wagen des Vicomte an sich vorbeirollen zu sehen, und dies Erlebnis, das den Ring zu den Anfängen ihrer Geschichte zurück schlägt, macht mit einem Male deutlich, welchen Wahnideen sie von Anfang an die Realität geopfert hat. Doch auch deren Vertreter sind dadurch nicht etwa gerechtfertigt, wie sich bei dieser letzten Konfrontation ihrer phantastischen Welt mit der Welt des gewöhnlichen Lebens erweist. So sieht sich Emma am Schluß nicht allein in einem heillosen finanziellen Dilemma, sondern viel mehr in der ausweglosen Falle zwischen den zwar verlockenden, aber zuletzt unbefriedigt lassenden Möglichkeiten ihrer Traumwelt und den Ansprüchen einer heillosen, korrupten und nichtswürdigen Realität, die sich doch gegen alle Versuche, ihr zu entgehen, zuletzt durchsetzt. Flaubert läßt weder seiner Figur noch dem Leser ein Schlupfloch, es gibt keine wirkliche Alternative im Gleichgewicht des Schlimmen – oder sollte Charles Bovary eine solche sein? Wohl kaum, denn von ihm ist zuletzt nicht mehr zu sagen als höchstens der Satz, mit dem Georg Büchners Novelle »Lenz« schließt: So lebte er hin.

III,8

Unterwegs überlegte sie: »Was soll ich sagen? Womit soll ich anfangen?« Und je näher sie kam, desto bekannter wurden ihr die Büsche, die Bäume, die Binsen auf dem Hügel, das Schloß dort hinten. Sie geriet wieder in die Empfindungen ihrer ersten Liebesregung hinein, und ihr armes, zusammengepreßtes Herz weitete sich liebevoll. Ein lauer Wind wehte ihr ins Gesicht; der schmelzende Schnee fiel Tropfen für Tropfen von den Knospen ins Gras.

Wie früher trat sie durch die kleine Parktür ein und gelangte in den Ehrenhof, den eine Doppelreihe buschiger Linden säumte. Sie wiegten säuselnd ihre langen Zweige. Alle Hunde im Zwinger schlugen an, und ihr Gebell verhallte, ohne daß jemand erschien.

Sie stieg die breite, gerade Treppe mit dem Holzgeländer hinauf, die zu einem mit staubigen Fliesen belegten Gang führte, auf den eine Reihe von Zimmern mündete, ganz wie in Klöstern oder Gasthöfen. Das seine lag ganz am Ende, links. Als sie die Finger auf den Knauf gelegt hatte, verließen sie plötzlich die Kräfte. Sie hatte Angst, er wäre nicht daheim; sie wünschte es beinahe, und dabei war dies ihre einzige Hoffnung, die letzte Rettungsmöglichkeit. Eine Minute lang sammelte sie sich; sie härtete ihren Mut in dem Gefühl der gegenwärtigen Notwendigkeit und ging hinein.

Er saß am Kamin, beide Füße auf dessen Verkleidung, und rauchte eine Pfeife.

»Nanu? Sie?« fragte er und sprang auf.

»Ja, ich …! Ich möchte Sie um einen Rat bitten, Rodolphe.«

Und trotz allen ihren Bemühungen war es ihr unmöglich, den Mund zu öffnen.

»Sie haben sich nicht verändert, Sie sind nach wie vor
reizend!«

»Oh!« entgegnete sie bitter, »das müssen traurige
Reize sein, lieber Freund, da Sie sie ja doch verschmäht
haben.«

Da fing er an, sein Verhalten zu erklären; er entschuldigte sich in vagen Ausdrücken, weil er keine besseren zu
finden vermochte.

Sie ließ sich durch seine Worte und mehr noch durch
seine Stimme fangen, und durch den Anblick seiner Person, und zwar so sehr, daß sie tat, als glaube sie an den
Vorwand zu ihrer beider Trennung, oder vielleicht
glaubte sie sogar daran: es sei ein Geheimnis, von dem
die Ehre und sogar das Leben einer dritten Person abge-
hangen habe.

»Schon gut!« sagte sie und sah ihn traurig an. »Ich
habe sehr gelitten!«

Er antwortete philosophisch:

»So ist nun mal das Leben!«

»Hat es wenigstens Ihnen nach unserer Trennung
Gutes gebracht?« fragte Emma.

»Ach, weder Gutes … noch Schlechtes.«

»Vielleicht wäre es besser gewesen, wenn wir einander
nie verlassen hätten.«

»Ja … vielleicht!«

»Glaubst du?« fragte sie und rückte näher an ihn
heran.

Und sie seufzte.

»O Rodolphe, wenn du wüßtest …! Ich habe dich sehr
liebgehabt!«

Jetzt geschah es, daß sie seine Hand ergriff, und eine

Weile saßen sie mit verschränkten Fingern da – wie am ersten Tag, bei der Versammlung der Landwirte! In einem Aufwallen seines Stolzes sträubte er sich gegen seine Rührung. Aber sie schmiegte sich an seine Brust und sagte:

»Wie hätte ich ohne dich leben sollen? Man kann sich des Glücks nicht entwöhnen! Ich war verzweifelt! Ich habe geglaubt, ich müsse sterben! Ich werde dir das alles erzählen, du wirst schon sehen. Und du … du hast mich gemieden …!«

Denn seit drei Jahren war er ihr sorglich aus dem Weg gegangen, auf Grund der angeborenen Feigheit, die für das starke Geschlecht typisch ist; und Emma sprach weiter, mit lieblichen Kopfbewegungen, schmeichlerischer als eine verliebte Katze.

»Du liebst eine andere, gesteh es nur! Oh, ich verstehe sie, glaub es mir, und ich entschuldige sie; du wirst sie verführt haben, wie du mich verführt hast. Denn du bist ja ein Mann! Du besitzt alles, was nötig ist, daß man dich liebt. Aber wir fangen wieder von vorn an, nicht wahr? Wir wollen einander lieben! Sieh, ich lache, ich bin glücklich …! Sprich doch!«

Und sie sah entzückend aus, in ihren Augen zitterte eine Träne wie ein Wassertropfen nach einem Gewitter in einem blauen Blumenkelch. Er nahm sie auf den Schoß und streichelte mit dem Handrücken liebkosend ihr glattes, gescheiteltes Haar, auf dem im Dämmerlicht ein letzter Sonnenstrahl erglänzte wie ein goldener Pfeil. Sie neigte die Stirn; nach einer Weile küßte er sie behutsam mit gespitzten Lippen auf die Augenlider.

»Du hast ja geweint!« sagte er. »Warum denn?«

Sie brach in Schluchzen aus. Rodolphe hielt das für den Ausbruch ihrer Liebe; da sie nichts sagte, hielt er dies Schweigen für eine letzte Regung der Scham, und er rief:

»Oh, verzeih mir! Du bist die einzige, die ich wirklich mag. Ich bin dumm und gemein gewesen! Ich liebe dich und ich werde dich immer lieben …! Was hast du denn? Sag es doch!«

Er war vor ihr niedergekniet.

»Ja …! Ich bin zugrunde gerichtet, Rodolphe! Du mußt mir dreitausend Francs leihen!«

»Aber … aber …«, sagte er und erhob sich langsam, wobei sein Gesicht einen ernsten Ausdruck annahm.

»Du weißt«, fuhr sie rasch fort, »daß mein Mann sein ganzes Vermögen bei einem Notar angelegt hatte, und der ist durchgegangen. Wir haben uns Geld geliehen; die Patienten haben nicht bezahlt. Übrigens ist die Nachlaß-regelung noch nicht abgeschlossen; wir bekommen spä-ter noch etwas heraus. Aber heute sollen wir wegen drei-tausend Francs gepfändet werden, und zwar jetzt gleich, in dieser Stunde; und im Vertrauen auf deine Freund-schaft bin ich hergekommen!«

»Ach so!« dachte Rodolphe, der unversehens blaß ge-worden war, »deswegen ist sie hergekommen!«

Schließlich sagte er mit gelassener Miene:

»Ich habe sie nicht, Beste.«

Das war keineswegs gelogen. Hätte er sie gehabt, so würde er sie sicherlich gegeben haben, obwohl es ihm, wie den meisten Menschen, unangenehm gewesen wäre, etwas so Großherziges zu tun; von allen Sturmstößen, die über die Liebe herfallen können, ist der kälteste und der am heftigsten an den Wurzeln zerrende eine Bitte um Geld.

»Du hast sie nicht!«

Sie wiederholte ein paarmal:

»Du hast sie nicht …! Ich hätte mir diese letzte Schmach ersparen können. Du hast mich nie geliebt! Du bist nicht besser als die andern!«

Jetzt hatte sie sich verraten; sie verhaspelte sich.

Rodolphe unterbrach sie; er versicherte, er selber sei »in Verlegenheit«.

»Oh, da tust du mir leid!« sagte Emma. »Ja, sehr, ganz ungemein …!«

Und sie ließ ihre Blicke an einer damaszierten Flinte haften, die im Gewehrschrank blinkte.

»Aber wenn man so arm ist, dann steckt man sein Geld nicht in Gewehrkolben! Man kauft keine Stutzuhr mit Schildpatteinlagen!« fuhr sie fort und zeigte auf die Boulle-Uhr. »Und auch keine Reitpeitsche mit silbervergoldetem Griff« – sie strich mit der Hand darüber hinweg – »noch Anhängsel für seine Taschenuhr! Oh, er läßt sich nichts abgehen! Sogar ein Likörschränkchen hat er in seinem Schlafzimmer; denn du liebst dich selber, du lebst gut, du hast ein Schloß, Pachthöfe, Waldbestände; du reitest Parforce-Jagden, du reist nach Paris … Ja, wenn du mir nur dies hier gegeben hättest«, rief sie und nahm seine Manschettenknöpfe vom Kaminsims, »nur die geringste dieser Nichtigkeiten! Die lassen sich zu Geld machen …! Oh! Ich will sie nicht! Behalt sie nur.«

Und sie warf die beiden Knöpfe weit weg; das Goldkettchen riß, als sie gegen die Wand schlugen.

»Ich aber, ich würde dir alles gegeben, alles verkauft haben; mit meinen Händen würde ich gearbeitet, auf den Landstraßen würde ich gebettelt haben, einzig um eines Lächelns, eines Blickes willen, um dich sagen zu hören: ›Danke!‹ Und du bleibst seelenruhig in deinem Sessel sitzen, als ob du mir nicht schon genug Leid angetan hättest! Ohne dich, das weißt du ganz genau, hätte ich glücklich leben können! Wer und was hat dich dazu gezwungen? Etwa eine Wette? Und dabei hast du mich geliebt, du hast es gesagt … Und noch dazu eben erst … Ach, du hättest mich lieber hinauswerfen sollen! Meine Hände sind noch warm von deinen Küssen, und dort, an jener Stelle, auf dem Teppich, da hast du mir auf den

Knien ewige Liebe geschworen. Du hast mich daran glauben lassen; zwei Jahre lang hast du mich durch den herrlichsten, köstlichsten Traum geschleppt ...! Ja, und unsere Fluchtpläne, weißt du noch? Oh, dein Brief, dein Brief! Der hat mir das Herz zerrissen ...! Und jetzt, da ich wieder zu ihm komme, zu ihm, der reich, glücklich und frei ist, und ihn um eine Hilfeleistung bitte, die der Erstbeste gewähren würde, jetzt, da ich ihn anflehe und ihm abermals all meine Liebe darbringe, stößt er mich zurück, weil es ihn dreitausend Francs kosten würde!«

»Ich habe sie nicht!« antwortete Rodolphe mit der vollkommenen Ruhe, mit der sich resignierter Zorn wie mit einem Schild deckt.

Sie ging. Die Wände bebten, die Zimmerdecke erdrückte sie; und sie ging abermals durch die lange Allee und stolperte gegen die Haufen welken Laubs, die der Wind zerwehte. Endlich langte sie am Umfassungsgraben und am Gittertor an; sie zerbrach sich die Fingernägel am Schloß, so hastig wollte sie es öffnen. Dann jedoch blieb sie nach hundert Schritten stehen, völlig außer Atem, dem Umsinken nahe. Und jetzt, als sie sich umwandte, sah sie noch einmal das unerbittliche Schloß mit dem Park, den Gärten, den drei Einfriedigungen und allen Fenstern der Fassade.

Sie stand in Betäubung verloren da und war sich ihrer selbst nur noch durch das Klopfen ihrer Pulse bewußt, von dem sie glaubte, sie höre es aus sich herausdringen wie eine betäubende Musik, die das Land erfüllte. Der Erdboden unter ihren Füßen schien ihr weicher als eine Welle, und die Ackerfurchen dünkten sie ungeheure braune, brandende Wogen. Alles, was an Erinnerungen und Gedanken in ihrem Kopf war, stob gleichzeitig hervor, mit einem Schlag, wie die tausend Leuchtfunken eines Feuerwerks. Sie sah ihren Vater, Lheureux' Arbeitsgelaß, ihr gemeinsames Schlafzimmer dort drüben, eine ganz andere Landschaft. Wahnsinn packte sie, sie bekam es mit der Angst, es gelang ihr, sich zusammenzureißen, wenn auch nur auf eine verworrene Weise, das ist wahr; denn sie erinnerte sich nicht an die Ursache ihres grausigen Zustands, nämlich der Geldfrage. Sie litt einzig und allein an ihrer Liebe und spürte, wie ihre Seele sie durch diese Erinnerung verließ, so wie im Sterben liegende Verwundete fühlen, wie ihnen das Leben aus ihrer blutenden Wunde entweicht.

Das Dunkel brach herein; Krähen flogen.

Plötzlich war ihr, als platzten in der Luft feuerfarbende Kugeln wie blitzeschleudernde Bälle, die flach wurden, sich drehten, sich unaufhörlich drehten, um schließlich im Schnee zu zerschmelzen, zwischen den Baumzweigen. In jedem von ihnen erschien Rodolphes Gesicht. Sie wurden immer zahlreicher und kamen immer näher, sie drangen in sie ein; alles verschwand. Sie erkannte die Lichter der Häuser, die in der Ferne durch den Nebel blinkten.

Nun sah sie ihre Lage plötzlich wie einen Abgrund. Sie atmete so schwer, daß es ihr fast die Brust zerriß. Dann lief sie in einem Aufschwung von Heroismus, der sie beinah freudig stimmte, den Abhang hinab, überschritt die Kuhplanke, ging den Fußpfad entlang, die Allee, an der Markthalle vorüber, bis sie vor dem Laden des Apothekers stand. Niemand war darin. Sie wollte hineingehen; aber auf das Geräusch der Schelle hin konnte jemand kommen; deshalb schlüpfte sie durch das Hoftor, hielt den Atem an, tastete sich an den Hausmauern entlang bis zur Schwelle der Küche, wo eine auf dem Herd stehende Kerze brannte. Justin, in Hemdsärmeln, trug eine Schüssel hinaus.

»Aha! Sie sind beim Abendessen. Ich warte also.«

Er kam zurück. Sie klopfte an die Fensterscheibe. Er trat heraus.

»Den Schlüssel! Den von oben, wo die …«

»Wie?«

Und er schaute sie an, ganz erschrocken über ihr blasses Gesicht, das sich weiß von der Schwärze der Nacht abhob. Sie kam ihm über die Maßen schön und majestätisch vor wie eine überirdische Erscheinung; ohne zu begreifen, was sie wolle, ahnte er etwas Schreckliches.

Aber hastig, leise, mit süßer zerschmelzender Stimme, fuhr sie fort:

»Ich will ihn haben! Gib ihn mir.«

Da die Wand dünn war, hörte man das Klappern der Gabeln auf den Tellern im Eßzimmer.

Sie behauptete, sie müsse irgend etwas haben, um die Ratten zu töten, die sie beim Schlafen störten.

»Ich müßte Monsieur Bescheid sagen.«

»Nein! Bleib!«

Dann, mit gleichgültiger Miene:

»Ach was, das ist nicht nötig, ich sag es ihm gleich. Komm, leuchte mir!«

Sie trat in den Korridor, von dem aus die Tür ins Laboratorium ging. An der Wand hing ein Schlüssel mit einem Schildchen: »Giftbude«.

»Justin!« rief der Apotheker; er war ungeduldig geworden.

»Komm mit hinauf!« Und er folgte ihr.

Der Schlüssel drehte sich im Schloß, und sie ging geradewegs auf das dritte Wandbrett zu, so gut leitete die Erinnerung sie, ergriff das blaue Glasgefäß, riß die Korkplatte ab, langte mit der Hand hinein, zog sie voll weißen Pulvers heraus und fing sofort an, es zu essen.

»Halten Sie ein!« rief er und stürzte sich auf sie.

»Still! Sonst kommt jemand …«

Er war außer sich, wollte rufen.

»Sag nichts davon, sonst fällt alles auf deinen Chef zurück.«

Dann ging sie beruhigt schnell davon, und fast mit der Heiterkeit einer erfüllten Pflicht.

Als Charles fassungslos über die Nachricht von der Pfändung heimkam, hatte Emma gerade das Haus verlassen. Er rief, weinte, war einer Ohnmacht nahe, aber sie kam nicht wieder. Wo mochte sie sein? Er schickte Félicité zu Homais, zu Tuvache, zu Lheureux, in den »Goldenen Löwen«, überallhin; und wenn seine Angstgefühle aussetzten, sah er seinen guten Ruf geschändet, ihrer beider Vermögen verloren, Berthes Zukunft zerstört! Was war die Ursache …? Keine Erklärung! Er wartete bis sechs Uhr abends. Schließlich konnte er es nicht mehr aushalten, und weil er sich einbildete, sie sei nach Rouen gefahren, ging er auf die Landstraße, legte eine halbe Meile zurück, begegnete niemandem, wartete noch eine Weile und ging dann wieder zurück.

Sie war heimgekommen.

»Was ist denn passiert …? Warum …? Erkläre mir doch …!«

Sie hatte sich an ihren Sekretär gesetzt und schrieb einen Brief, den sie langsam versiegelte, nachdem sie Tag und Stunde darunter gesetzt hatte. Dann sagte sie feierlich:

»Du wirst ihn morgen lesen; bis dahin bitte ich dich, keine einzige Frage an mich zu richten …! Nein, keine!«

»Aber …«

»Ach, bitte laß mich!«

Und sie legte sich lang auf ihr Bett.

Ein bitterer Geschmack, den sie im Mund verspürte, weckte sie auf. Undeutlich sah sie Charles und schloß die Augen wieder.

Voller Neugier beobachtete sie sich, um festzustellen, ob sie Schmerzen habe. Nein, noch nicht. Sie hörte das Ticken des Uhrpendels, das Knacken des Feuers und die Atemzüge Charles', der neben ihrem Bett stand.

»Ach, mit dem Tod ist es gar nicht so schlimm!« dachte sie. »Ich schlafe einfach ein, und dann ist alles aus!«

Sie trank einen Schluck Wasser und drehte sich nach der Wand hin.

Jener abscheuliche Tintengeschmack dauerte an.

»Ich habe Durst …! Ach, ich habe solchen Durst!« seufzte sie.

»Was hast du denn?« fragte Charles und hielt ihr ein Glas hin.

»Es ist nichts …! Bitte mach das Fenster auf … ich ersticke!«

Und es überkam sie ein so plötzlicher Brechreiz, daß sie kaum noch Zeit hatte, ihr Taschentuch unter dem Kopfkissen hervorzuziehen.

»Nimm es weg!« sagte sie hastig. »Wirf es fort!«

Er fragte sie aus; sie gab keine Antwort. Regungslos lag sie da, aus Furcht, sich bei der geringsten Bewegung übergeben zu müssen. Dabei verspürte sie eine eisige Kälte von den Füßen bis zum Herzen aufsteigen.

»Ach, jetzt fängt es wohl an!« murmelte sie.

»Was hast du gesagt?«

Mit einer weichen, angstvollen Bewegung rollte sie den Kopf hin und her, und immerfort öffnete sie den Mund, als liege ihr etwas sehr Schweres auf der Zunge. Um acht setzte das Erbrechen wieder ein.

Charles beobachtete, daß sich auf dem Boden des Napfs eine Art weißer Niederschlag gebildet und an dem Porzellan festgesetzt hatte.

»Das ist außergewöhnlich! Das ist eigenartig!« sagte er ein paarmal.

Sie jedoch sagte mit fester Stimme:

»Nein, du irrst dich!«

Da fuhr er ihr zart, fast streichelnd mit der Hand über den Magen. Sie stieß einen schrillen Schrei aus. Erschrocken zuckte er zurück.

Dann fing sie an zu wimmern, zunächst ganz schwach.

Ein starker Frostschauer schüttelte ihre Schultern, und sie wurde bleicher als das Bettuch, in das sich ihre verkrampften Finger gruben. Ihr unregelmäßiger Pulsschlag war jetzt fast nicht zu spüren.

Schweißtropfen rieselten über ihr bläuliches Gesicht, das wie in den Ausdünstungen eines metallischen Dampfs erstarrt schien. Ihre Zähne schlugen aufeinander, ihre geweiteten Augen sahen ziellos um sich, und auf alle Fragen antwortete sie nur mit einem Kopfschütteln; ein paarmal lächelte sie sogar. Nach und nach wurde ihr Stöhnen stärker. Ein dumpfes Brüllen entrang sich ihr; dabei behauptete sie, es gehe ihr besser und sie werde gleich aufstehen. Aber dann überkamen sie die Krämpfe; sie schrie auf:

»Ah! das ist grausam, mein Gott!«

Er warf sich vor ihrem Bett auf die Knie.

»Rede! Was hast du gegessen? Antworte doch um des Himmels willen!«

Und er sah sie mit Augen so voller Zärtlichkeit an, wie sie sie niemals erlebt hatte.

»Nun, da ... da ...!« sagte sie mit versagender Stimme.

Er stürzte zum Sekretär, brach das Siegel auf und las laut: »Es soll niemand beschuldigt werden ...« Er hielt inne, fuhr sich mit der Hand über die Augen und las weiter.

»Was ...! Hilfe, zu Hilfe!«

Und er konnte immer nur das eine Wort hervorstoßen: »Vergiftet! Vergiftet!« Félicité lief zu Homais, der sich auf dem Marktplatz laut darüber ausließ; Madame Lefrançois hörte es im »Goldenen Lamm«; manche standen auf, um es ihrem Nachbarn zu erzählen, und die ganze Nacht hindurch war das Dorf wach.

Verstört, stammelnd, dem Zusammenbruch nahe lief

Charles durch das Zimmer. Er stieß gegen die Möbel, raufte sich die Haare, und der Apotheker hätte nie geglaubt, daß es auf Erden ein so furchtbares Schauspiel geben könnte.

Er ging wieder nach Hause und schrieb an Canivet und Doktor Larivière. Er hatte den Kopf verloren; mehr als fünfzehn Entwürfe machte er. Hippolyte fuhr nach Neufchâtel, und Justin ritt Bovarys Pferd so zuschanden, daß er es auf der Höhe von Bois-Guillaume stehen ließ, lahm und halbtot.

Charles wollte in seinem medizinischen Handbuch nachschlagen, konnte aber nichts erkennen; die Zeilen tanzten.

»Ruhe!« sagte der Apotheker. »Es handelt sich lediglich darum, ein wirksames Gegenmittel zu verabreichen. Was für ein Gift war es?«

Charles zeigte den Brief. Es war Arsenik.

»Also«, sagte der Apotheker, »es müßte eine Analyse davon gemacht werden.«

Denn er wußte, daß bei allen Vergiftungen eine Analyse gemacht werden müsse; und der andere, der ihn nicht verstanden hatte, antwortete:

»Ja! Tun Sie's! Tun Sie's! Retten Sie sie …«

Als er dann wieder bei ihr war, sank er schlaff auf den Teppich nieder und blieb mit gegen den Rand ihres Bettes gelehntem Kopf sitzen und schluchzte.

»Weine nicht!« sagte sie. »Bald quäle ich dich nicht mehr!«

»Warum? Wer hat dich dazu getrieben?«

Sie erwiderte:

»Es mußte sein, mein Freund.«

»Warst du denn nicht glücklich? Bin ich schuld? Ich habe doch alles getan, was ich konnte!«

»Ja … es ist wahr …, du bist gut.«

Und sie strich ihm langsam mit der Hand übers Haar.

Die Süße dieser Empfindung machte seine Traurigkeit überschwer; er fühlte sein ganzes Wesen zerbrechen bei dem Gedanken, daß er sie verlieren müsse, während sie, ganz im Gegensatz, ihm nun mehr Liebe zeigte als je zuvor; und es fiel ihm nichts ein; er wußte nichts und wagte nichts; die Dringlichkeit eines schnellen Entschlusses brachte ihn vollends aus der Fassung.

Nun habe sie Schluß gemacht, dachte sie, mit allen Hintergehungen, Niedrigkeiten und den Begierden ohne Zahl, die sie gemartert hatten. Jetzt haßte sie niemanden mehr; eine dämmerhafte Verwirrung senkte sich auf ihr Denken, und von allen irdischen Lauten hörte Emma nur noch die dann und wann aussetzende Klage dieses armen Herzens, die sanft und undeutlich war wie die letzten Klänge einer fern verhallenden Symphonie.

»Bringt mir die Kleine«, sagte sie und stützte sich auf den Ellbogen.

»Du fühlst dich nicht schlechter, nicht wahr?« fragte Charles.

»Nein, nein!«

Das Kind wurde von dem Mädchen auf dem Arm hereingetragen; es hatte sein langes Nachthemd an, aus dem die nackten Füße hervorsahen; es war ernst und fast noch im Traum. Erstaunt betrachtete es die Unordnung im Zimmer und blinzelte mit den Augen, weil die auf den Möbeln brennenden Kerzen blendeten. Sie erinnerten es wohl an die Neujahrsmorgen oder an Mittfasten, wenn es auch so früh wie heute von Kerzenschein geweckt und ins Bett der Mutter geholt worden war, um seine Geschenke zu bekommen, denn es fragte unvermittelt:

»Wo ist es denn, Mama?«

Und da alle schwiegen:

»Aber ich sehe ja mein Schuhchen gar nicht!«

Félicité hielt es über das Bett, doch dabei schaute es noch immer nach dem Kamin hin.

»Hat Amme es mitgenommen?« fragte es.

Und bei diesem Namen, der Madame Bovary an ihre Ehebrüche und ihre Nöte erinnerte, wandte sie den Kopf ab, als sei ihr der ekle Geschmack eines noch viel stärkeren Gifts auf die Zunge gekommen. Berthe aber blieb auf dem Bett sitzen.

»Oh, was für große Augen du hast, Mama! Wie blaß du bist! Wie du schwitzt …!«

Die Mutter sah sie an.

»Ich fürchte mich!« sagte die Kleine und beugte sich zurück.

Emma nahm ihre Hand und wollte sie küssen; sie sträubte sich.

»Genug! Bringt sie weg!« rief Charles, der im Alkoven schluchzte.

Dann ließen die Symptome für kurze Zeit nach; sie wirkte weniger unruhig; und bei jedem unbedeutenden Wort, bei jedem etwas unruhigeren Atemzug ihrer Brust schöpfte er neue Hoffnung. Als endlich Canivet eintrat, warf er sich ihm schluchzend in die Arme.

»Ach, da sind Sie ja! Vielen Dank! Wie gütig von Ihnen! Aber es geht ja besser! Da, sehen Sie doch …«

Der Kollege war keineswegs dieser Meinung, und da er, wie er selber sagte, nicht gleichzeitig auf vier Wegen vorgehen wollte, verordnete er ein Brechmittel, um den Magen völlig zu entleeren.

Sogleich erbrach sie Blut. Ihre Lippen preßten sich noch mehr aufeinander. Ihre Glieder waren krampfhaft zusammengezogen, der Körper mit braunen Flecken bedeckt, und ihr Puls glitt unter den Fingern hin wie ein gespannter Faden, wie eine Harfensaite kurz vor dem Zerspringen.

Dann begann sie furchtbar zu schreien. Sie verfluchte

das Gift, überhäufte es mit Schmähungen, flehte es an, es möge sich beeilen, und stieß mit ihren steif gewordenen Armen alles weg, was Charles, der mehr in Todesqualen war als sie, ihr einzuflößen sich mühte. Er stand da, das Taschentuch an den Lippen, röchelnd, weinend, an Schluchzern erstickend, die ihn bis zu den Hacken durchrüttelten; Félicité lief im Zimmer umher; Homais regte sich nicht; er stieß tiefe Seufzer aus, und Canivet, der nach wie vor Haltung zur Schau trug, begann dennoch, sich unbehaglich zu fühlen.

»Zum Teufel …! Dabei … ist doch nun alles raus, und wenn die Ursache beseitigt ist …«

»… muß auch die Wirkung aufhören«, sagte Homais. »Das ist klar.«

»Aber so retten Sie sie doch!« jammerte Bovary.

Ohne auf den Apotheker zu hören, der auf gut Glück die Hypothese aufstellte: »Es ist vielleicht ein heilsamer Paroxysmus«, wollte Canivet ihr Theriak verabfolgen, als Peitschengeknall laut wurde; alle Fensterscheiben klirrten, und ein Eilpostwagen, den aus Leibeskräften drei bis an die Ohren schmutzbespritzte Pferde zogen, bog in rasender Fahrt um die Ecke der Markthalle. Es war Doktor Larivière.

Das Erscheinen eines Gottes hätte keine größere Erregung auslösen können. Bovary hob die Hände; Canivet hielt jäh inne, und Homais nahm seine phrygische Mütze ab, noch ehe der Doktor eingetreten war.

Er gehörte der großen Chirurgenschule an, die unter Bichats Leitung entstanden war, jener heute verschwundenen Generation philosophischer Praktiker, die ihrer Kunst mit fanatischer Liebe anhingen und sie mit Begeisterung und Scharfsinn ausübten! In seinem Krankenhaus zitterte alles, wenn er in Zorn geriet, und seine Schüler verehrten ihn so sehr, daß sie, kaum daß sie ihre Praxis eröffnet hatten, sich bemühten, ihn auf jede mögliche Weise nachzuahmen; so kam es, daß man bei ihnen in den Städten der Umgebung seinen langen, gesteppten Überrock aus Merinowolle und seinen weiten schwarzen Frack wiederfand, dessen aufgeknöpfte Ärmelaufschläge ein Stückchen über seine fleischigen, sehr schönen Hände reichten, die niemals in Handschuhen steckten, gleichsam als wollten sie desto schneller zum Eintauchen in die menschlichen Nöte bereit sein. Er verachtete Ordensauszeichnungen, Titel und Mitgliedschaften in Akademien; er war gastfreundlich, liberal, ein Vater der Armen; er übte die Tugend, ohne an sie zu glauben; er hätte fast für einen Heiligen gegolten, wenn die Gewitztheit seines Geistes ihn nicht hätte gefürchtet werden lassen wie einen Satan. Sein Blick, der schärfer war als seine Operationsmesser, drang einem geradewegs in die Seele und operierte jede Lüge aus Ausflüchten und Schamhaftigkeiten heraus. Und so ging er seines Wegs mit jener gutmütigen Majestät, die das Bewußtsein eines großen Talents, eines Vermögens und einer vierzigjährigen arbeitsreichen und untadeligen Wirksamkeit verleiht.

Schon an der Tür runzelte er die Brauen, als er Emmas leichenfarbenes Antlitz sah; sie lag mit offenem Mund auf dem Rücken. Dann tat er, als höre er Canivet zu, fuhr mit dem Zeigefinger unterhalb der Nase hin und her und sagte mehrmals:

»In Ordnung, in Ordnung.«

Doch dann zuckte er mit einer langsamen Bewegung die Achseln. Bovary ließ ihn nicht aus den Augen; sie sahen sich an; und dieser des Anblicks von Schmerzen so gewohnte Mann konnte eine Träne nicht zurückhalten, die auf seine Halskrause tropfte.

Er wollte Canivet ins Nebenzimmer ziehen. Charles folgte ihm.

»Es geht ihr sehr schlecht, nicht wahr? Wenn man ihr

nun Senfpflaster auflegte? Ich weiß nicht aus noch ein! Finden Sie doch was! Sie haben doch so viele gerettet!«

Charles umschlang ihn mit beiden Armen und starrte ihn verstört und flehend an; fast besinnungslos lehnte er an seiner Brust.

»Nun, nun, mein armer Junge, Mut! Es ist nichts mehr zu machen.«

Und der Doktor Larivière wandte sich ab.

»Sie gehen?«

»Ich komme wieder.«

Er ging hinaus, als wolle er dem Postillion eine Weisung geben; der wackere Canivet war mitgekommen, auch er legte keinen Wert darauf, daß Emma ihm unter den Händen starb.

Aber der Apotheker holte sie beide auf dem Marktplatz ein. Bei seiner Charakteranlage konnte er sich nicht von berühmten Leuten trennen. So beschwor er Larivière, ihm die hohe Ehre zu erweisen und bei ihm zu Mittag zu essen.

Rasch wurde in den »Goldenen Löwen« nach Tauben geschickt, nach allem, was in der Metzgerei an Koteletts zu haben war; bei Tuvache wurde Sahne geholt, Eier bei Lestiboudois, und der Apotheker persönlich war bei den Vorbereitungen behilflich, während Madame Homais an den Bändern ihrer Unterjacke zupfte und sagte:

»Sie müssen schon entschuldigen, Monsieur; denn in unserem armseligen Dorf, wenn man da nicht schon tags zuvor Bescheid weiß …«

»Die Weingläser mit Fuß!!!« flüsterte Homais.

»Wenn wir wenigstens in der Stadt wohnten, da könnten wir uns mit gefüllten Kalbsfüßen helfen.«

»Sei doch still …! Bitte zu Tisch, Herr Doktor!«

Und er hielt es gleich nach den ersten Bissen für angebracht, ein paar Einzelheiten über die Katastrophe aufzutischen:

»Zunächst trat ein Gefühl der Trockenheit im Pharynx auf, danach unerträgliche Schmerzen im Epigastrom, Superpurgation, Koma.«

»Wie hat sie sich eigentlich vergiftet?«

»Keine Ahnung, Herr Doktor, und ich weiß nicht einmal, wie sie sich das Acidum arsenicum hat verschaffen können.«

Justin, der gerade einen Stapel Teller hereinbrachte, fing an zu zittern.

»Was hast du?« fragte der Apotheker.

Bei dieser Frage ließ der junge Mensch alles auf den Boden fallen; es gab ein großes Geklirr und Geklapper.

»Tolpatsch!« rief Homais. »Ungeschickter Kerl! Tölpel! Alberner Esel!«

Aber dann beherrschte er sich plötzlich:

»Ich habe gleich eine Analyse versuchen wollen, Herr Doktor, und also habe ich primo behutsam in ein Reagenzglas …«

»Sie hätten ihr lieber die Finger in den Hals stecken sollen«, sagte der Chirurg, »das wäre weit besser gewesen.«

Sein Kollege schwieg; er hatte kurz zuvor unter vier Augen eine kräftige Strafpredigt seines Brechmittels wegen bekommen, so daß der gute Canivet, der bei Gelegenheit des Klumpfußes so hochfahrend und redselig gewesen war, sich heute recht schweigsam verhielt; er lächelte unaufhörlich in zustimmender Weise.

Homais blähte sich in seinem Gastgeberstolz, und der betrübliche Gedanke an Bovary trug durch eine egoistische Gegenwirkung unbestimmt zu seinem Wohlbefinden bei. Die Anwesenheit des großen Arztes regte ihn an. Er kramte seine ganze Gelehrsamkeit aus und wartete durcheinander mit Kanthariden, Upas, Manzanilla und Schlangengift auf.

»Und ich habe sogar gelesen, Herr Doktor, daß verschiedene Leute durch zu stark geräucherte Wurst vergiftet worden sind und plötzlich umfielen! Das wenigstens hat in einem sehr schönen Bericht gestanden, den eine unserer pharmazeutischen Größen, einer unserer Meister, der berühmte Cadet de Gassicourt, geschrieben hat!«

Madame Homais kam wieder herein; sie trug eine jener wackeligen Maschinen, die mit Brennspiritus geheizt werden; denn Homais legte Wert darauf, seinen Kaffee, den er eigenhändig geröstet, pulverisiert und gemischt hatte, am Tisch zuzubereiten.

»Saccarum, Herr Doktor?« fragte er, als er den Zucker reichte. Dann ließ er alle seine Kinder herunterkommen, weil er begierig war, die Ansicht des Chirurgen über ihre Konstitution zu hören.

Endlich wollte Larivière aufbrechen; aber da bat Madame Homais ihn ihres Mannes wegen um eine Konsultation. Sein Blut verdicke sich, weil er jeden Abend nach dem Essen einschlafe.

Der Doktor antwortete mit einem Wortspiel, das unbemerkt blieb; er lächelte ein wenig darüber und öffnete die Tür. Doch die Apotheke stand gedrängt voll von Menschen, und es kostete ihn die größte Mühe, sich den edlen Tuvache vom Hals zu schaffen, der Angst hatte, daß seine Frau schwindsüchtig sei, weil sie immer in die Kaminasche spuckte; dann kamen Binet, der manchmal Heißhunger, und Madame Caron, die Stiche hatte; Lheureux klagte über Schwindelanfälle, Lestiboudois litt an Rheumatismus, Madame Lefrançois unter Sodbrennen. Endlich zogen die drei Pferde an, und ganz allgemein fand man, daß er sich nicht besonders liebenswürdig gezeigt habe.

Doch die öffentliche Aufmerksamkeit wurde durch Bournisiens Erscheinen abgelenkt; er kam mit dem heiligen Öl durch die Markthalle.

Homais war es seinen Grundsätzen schuldig, daß er die Priester mit den Raben verglich, die der Leichengeruch anlockte; ihm persönlich war der Anblick eines Geistlichen unangenehm, da die Soutane ihn an das Bahrtuch denken ließ, und so verabscheute er die eine aus Furcht vor dem anderen.

Dennoch schreckte er nicht vor dem zurück, was er seine »Mission« nannte; er ging wieder zu Bovary, begleitet von Canivet, dem Larivière vor seinem Aufbruch diese Geste eindringlich nahegelegt hatte; ohne die Vorstellungen seiner Frau hätte der Apotheker sogar seine beiden Söhne mitgenommen, um sie an harte Begebenheiten zu gewöhnen und damit es ihnen eine Lehre, ein Beispiel sei, ein feierliches Bild, das ihnen später im Kopf haften sollte.

Als sie eintraten, war das Zimmer ganz von düsterer Feierlichkeit erfüllt. Auf dem mit einer weißen Serviette bedeckten Nähtisch lagen in einer Silberschüssel fünf oder sechs Watteflöckchen; daneben stand ein schweres Kruzifix zwischen zwei Leuchtern mit brennenden Kerzen. Emma, das Kinn auf der Brust, öffnete die Lider übermäßig weit, und ihre armen Hände tasteten über das Bettuch mit jener schauerlichen und rührenden Geste der Sterbenden, die anmutet, als wollten sie schon das Leichentuch über sich ziehen. Bleich wie ein Marmorbild und mit Augen, rot wie glühende Kohlen, stand Charles ihr tränenlos am Fußende des Bettes gegenüber, während der Priester, auf ein Knie gestützt, leise Worte murmelte.

Langsam wandte sie das Gesicht und schien erfreut, unvermittelt die violette Stola vor sich zu sehen; offenbar fand sie inmitten einer ungemeinen Beruhigung in die verlorene Wollust ihrer ersten mystischen Aufschwünge zurück, mit den einsetzenden Visionen der ewigen Seligkeit.

Der Priester erhob sich und ergriff das Kruzifix; da streckte sie den Hals wie eine Dürstende und preßte die Lippen auf den Leib des Gottmenschen; mit all ihrer erlöschenden Kraft drückte sie den innigsten Liebeskuß darauf, den sie je gegeben hatte. Dann sprach er das »Misereatur« und das »Indulgentiam«, tauchte den rechten Daumen in das Öl und begann die Salbungen: erst die Augen, die so glühend alle irdischen Herrlichkeiten begehrt hatten; dann die Nasenflügel, die so lustvoll die lauen Lüfte und Düfte der Liebe eingesogen hatten; dann den Mund, der sich für die Lüge aufgetan, der vor Stolz geseufzt und im Luxus aufgeschrien hatte, dann die Hände, die sich an süßen Berührungen ergötzt, und schließlich die Fußsohlen, die einst so flink der Stillung ihrer Wünsche entgegengeeilt waren und jetzt nie wieder gehen würden.

Der Pfarrer wischte sich die Finger ab, warf die ölgetränkten Watteflöckchen ins Feuer und setzte sich wieder zu der Sterbenden, um ihr zu sagen, daß sie jetzt ihre Schmerzen denjenigen Jesu Christi vereinen und sich dem göttlichen Erbarmen überlassen solle.

Als er mit seinen Ermahnungen fertig war, versuchte er, ihr eine geweihte Kerze in die Hand zu stecken, das Symbol der Himmelsherrlichkeit, von der sie nun bald umgeben sein würde. Aber Emma war zu schwach, sie konnte die Finger nicht schließen, und ohne Bournisien wäre die Kerze zu Boden gefallen. Sie war jedoch nun nicht mehr so bleich, und ihr Gesicht hatte einen Ausdruck von Heiterkeit, als habe das Sakrament sie geheilt.

Der Priester ließ es sich nicht nehmen, darauf hinzuweisen; ja, er erklärte sogar Bovary, daß der Herr bisweilen das Leben der Menschen verlängere, wenn er es als für das Heil notwendig erachte; und Charles dachte an den Tag, da sie, dem Tode so nah, schon einmal das Sakrament empfangen hatte.

»Vielleicht brauche ich noch nicht zu verzweifeln«, dachte er.

Wirklich betrachtete sie langsam alles, was um sie war, wie jemand, der aus einem Traum erwacht; dann bat sie mit deutlicher Stimme um ihren Spiegel und verharrte eine Weile darüber geneigt, bis ihr große Tränen aus den Augen rannen. Sie lehnte den Kopf mit einem Seufzer zurück und sank wieder auf das Kissen.

Nun begann ihre Brust hastig zu keuchen. Die Zunge trat ganz aus dem Mund heraus; ihre rollenden Augen wurden matt wie die Glocken zweier Lampen, die verlöschen, daß man sie schon hätte für tot halten können, wäre nicht die erschreckende, beschleunigte Bewegung ihrer Rippen gewesen, die ein wütender Atem rüttelte, als vollführe die Seele Sprünge, um sich loszulösen. Félicité kniete sich vor das Kruzifix, und sogar der Apotheker knickte ein bißchen die Kniegelenke ein, während Canivet abwesend auf den Marktplatz sah. Bournisien hatte wieder zu beten begonnen, das Gesicht gegen den Bettrand geneigt, wobei seine lange, schwarze Soutane sich hinter ihm wie eine Schleppe im Zimmer ausbreitete. Charles kniete an der anderen Bettseite und streckte Emma die Arme entgegen. Er hatte ihre Hände ergriffen, drückte sie und zuckte bei jedem Schlag ihres Herzens zusammen wie unter der Erschütterung einer zusammenbrechenden Ruine. Je stärker das Röcheln wurde, desto rascher sprach der Priester seine Gebete: sie mischten sich in Bovarys ersticktes Schluchzen, und manchmal schien alles in dem dumpfen Murmeln der lateinischen Silben unterzugehen, die wie Totenglocken klangen.

Plötzlich wurde auf dem Bürgersteig das Klappern schwerer Holzschuhe vernehmlich, und das Scharren eines Stocks; und eine Stimme erscholl, eine rauhe, heisere Stimme, die sang:

>An heißen Tagen zur Sommerszeit
Sind alle Mädchen zur Liebe bereit.«

Emma richtete sich auf wie eine Leiche, die man galvanisiert, mit aufgelöstem Haar, starren Augen und klaffendem Mund.

>Nanettchen sammelte voll Fleiß
Die Ähren, als die Mahd vollendet;
Sie hat sich oftmals tief gebückt
Zur Furche, die das Brot uns spendet.«

»Der Blinde!« schrie sie.

Und Emma begann zu lachen, ein grauenvolles, irrsinniges, verzweifeltes Lachen; sie glaubte das scheußliche Gesicht des Elenden zu sehen, das sich in den ewigen Finsternissen aufreckte wie ein Schreckgespenst.

>Jedoch der starke Wind, o weh,
Der hob ihren kurzen Rock in die Höh!«

Ein Krampf warf sie auf die Matratze zurück. Alle traten heran. Sie war nicht mehr.

III,9

Immer, wenn jemand gestorben ist, tritt etwas wie eine Betäubung ein, so schwierig ist es, diesen Einbruch des Nichts zu begreifen und sich in den Glauben daran zu schicken. Als Charles jedoch sah, daß sie sich nicht mehr bewegte, warf er sich über sie und rief: »Adieu! Adieu!«

Homais und Canivet zogen ihn aus dem Zimmer.

»Fassen Sie sich!«

»Ja«, sagte er und machte sich los. »Ich werde vernünftig sein, ich tue nichts Böses. Aber lassen Sie mich! Ich will sie sehen! Es ist meine Frau!«

Und er weinte.

»Weinen Sie«, sprach der Apotheker weiter. »Lassen Sie der Natur ihren Lauf; das wird Sie erleichtern!«

Charles war schwächer als ein Kind geworden; er ließ sich nach unten in die große Stube führen, und Homais kehrte bald nach Hause zurück.

Auf dem Marktplatz wurde er von dem Blinden angesprochen, der sich in der Hoffnung auf die antiphlogistische Salbe bis nach Yonville geschleppt und jeden Vorübergehenden gefragt hatte, wo der Apotheker wohne.

»Na, schön! Als ob ich jetzt nicht genug um die Ohren hätte! Tut mir leid, komm später wieder!«

Und er trat schnellstens in die Apotheke.

Er hatte zwei Briefe zu schreiben, ein Beruhigungsmittel für Bovary herzustellen, sich eine Lüge auszudenken, durch die die Vergiftung vertuscht werden konnte, und daraus einen Artikel für das »Leuchtfeuer« zu machen, ganz abgesehen von all den Menschen, die auf ihn warteten, um Genaueres zu erfahren; und als dann alle Yonviller sein Märchen von dem Arsenik vernommen hatten, das sie für Zucker gehalten hatte, als sie Vanillecreme bereitete, ging Homais nochmals zu Bovary hinüber. Er traf ihn allein (Canivet war gerade aufgebrochen); er saß im Lehnstuhl am Fenster und sah mit stierem Blick auf die Fußbodenfliesen.

»Sie müßten jetzt die Stunde für die Feierlichkeit festsetzen«, sagte der Apotheker.

»Warum? Welche Feierlichkeit?«

Dann mit stammelnder und erschrockener Stimme:

»Oh, nein, nicht wahr? Ich will sie hierbehalten.«

Um Haltung zu bewahren, nahm Homais eine Karaffe vom Wandbrett und begoß die Geranien.

»Oh, danke, Sie sind sehr freundlich!«

Er sprach nicht zu Ende, überwältigt von der Fülle der Erinnerungen, die das Tun des Apothekers in ihm auslöste.

Um ihn abzulenken, hielt Homais es für angebracht, ein wenig über das Gärtnern zu plaudern; Pflanzen brauchten Feuchtigkeit. Charles nickte zustimmend.

»Übrigens wird es jetzt bald Frühling werden.«

»Ah!« sagte Bovary.

Der Apotheker war mit seinen Gedanken am Ende und schob behutsam die kleinen Scheibengardinen beiseite.

»Sieh an, da geht Tuvache vorbei!«

Mechanisch wiederholte Charles:

»Geht Tuvache vorbei.«

Homais wagte nicht, nochmals auf die Vorbereitungen für das Begräbnis zu sprechen zu kommen; erst dem Geistlichen gelang es, ihn zu einem Entschluß darüber zu bringen.

Er schloß sich in seinem Sprechzimmer ein, nahm eine Feder, und nachdem er eine Weile geschluchzt hatte, schrieb er:

»Ich will, daß sie in ihrem Hochzeitskleid begraben wird, mit weißen Schuhen und einem Brautkranz. Das Haar soll ihr über die Schultern gekämmt werden; drei Särge, einen aus Eiche, einen aus Mahagoni, einen aus Blei. Man soll mir nichts sagen, ich werde stark sein. Es soll über alles ein großes Stück grünen Samtes gebreitet werden. Dies ist mein Wille. Erfüllt ihn.«

Die Herren wunderten sich sehr über Bovarys romantische Einfälle; der Apotheker ging sofort zu ihm hinein und sagte:

»Das mit dem Samt kommt mir übertrieben vor. Die Kosten übrigens …«

»Geht Sie das was an?« rief Charles. »Lassen Sie mich in Ruhe! Sie haben sie nicht geliebt. Hinaus mit Ihnen!«

Der Geistliche nahm ihn beim Arm, um ihn zu einem Gang durch den Garten zu veranlassen. Er verbreitete sich über die Eitelkeit aller irdischen Dinge. Gott sei sehr groß und sehr gütig; man müsse sich ohne Murren seinem Ratschluß unterwerfen und ihm sogar danken.

Charles brach in Lästerungen aus.

»Ich verfluche ihn, Ihren Gott!«

»Noch ist der Geist der Auflehnung in Ihnen«, seufzte der Geistliche.

Bovary war schon weit weg. Mit großen Schritten ging er beim Spalier an der Mauer entlang und knirschte mit den Zähnen und sah mit Blicken voller Fluch zum Himmel auf; aber nicht einmal ein Blatt bewegte sich davon.

Leiser Regen fiel. Charles, dessen Brust bloß war, fing schließlich an zu schlottern; er ging hinein und setzte sich in die Küche. Um sechs hörte man auf dem Marktplatz Wagengerassel: es war die »Schwalbe«, die ankam, und er preßte die Stirn gegen die Fensterscheibe und sah zu, wie die Fahrgäste einer nach dem anderen ausstiegen. Félicité legte ihm eine Matratze ins Wohnzimmer; er warf sich darauf und schlief ein.

Homais war zwar ein Freigeist, aber er ehrte die Toten. Daher trug er dem armen Charles nichts nach; er kam am Abend wieder, um die Totenwache zu halten; er brachte drei Bände und eine Schreibmappe mit, um sich Notizen zu machen.

Bournisien hatte sich bereits eingefunden, und am Kopfende des Bettes, das aus dem Alkoven herausgerückt worden war, brannten zwei großen Kerzen.

Der Apotheker, den das Schweigen bedrückte, begann über »die unglückliche junge Frau« zu lamentieren; und der Priester antwortete, jetzt helfe nichts mehr als für sie zu beten.

»Immerhin«, entgegnete Homais, »gibt es nur zwei Möglichkeiten. Entweder ist sie im Stand der Gnade gestorben (wie die Kirche sich ausdrückt), und dann bedarf sie unserer Gebete nicht; oder sie ist als Unbußfertige (das ist, glaube ich, der kirchliche Ausdruck) abgeschieden, und dann ...«

Bournisien unterbrach ihn und erklärte griesgrämig, gebetet müsse auf alle Fälle werden.

»Aber«, wandte der Apotheker ein, »wenn Gott stets weiß, was uns not tut, wozu ist dann das Gebet dienlich?«

»Wie?« rief der Geistliche aus, »das Gebet? Sind Sie denn kein Christ?«

»Verzeihung!« sagte Homais. »Ich bewundere das Christentum. Erstens hat es die Sklaven befreit, es hat der Welt eine Moral gegeben ...«

»Darum handelt es sich nicht! Sämtliche Texte ...«

»Oh! Oh! Die Texte! Schlagen Sie ein Geschichtsbuch auf; man weiß doch, daß die Texte von den Jesuiten gefälscht worden sind.«

Charles kam herein, trat an das Bett heran und schob langsam die Vorhänge zurück.

Emmas Kopf war auf die rechte Schulter gesunken. Der Winkel des Mundes, der sich geöffnet hatte, bildete im unteren Teil des Gesichts ein schwarzes Loch; beide Daumen hatten sich fest ins Handinnere gedrückt; etwas wie weißer Staub lag auf ihren Lidern, und die Augen begannen in einem blassen Schleim zu verschwimmen, der wie ein dünnes Gewebe war, als hätten Spinnen ihr Netz darüber gesponnen. Das Bettuch bildete von den Brüsten bis zu den Knien eine Höhlung und hob sich dann an den Fußspitzen; und es mutete Charles an, als ob unendliche Massen, ein ungeheures Gewicht, auf ihr lasteten.

Die Kirchturmuhr schlug zwei. Das dumpfe Rauschen des Bachs war zu hören, der in der Finsternis am Fuß der Terrasse hinfloß. Von Zeit zu Zeit schneuzte Bournisien sich geräuschvoll, und Homais ließ seine Feder über das Papier kratzen.

»Jetzt, lieber Freund«, sagte er, »müssen Sie gehen; dieser Anblick zerreißt Ihnen das Herz!«

Als Charles das Zimmer verlassen hatte, nahmen der Apotheker und der Pfarrer ihr Streitgespräch wieder auf.

»Lesen Sie Voltaire!« sagte der eine. »Lesen Sie Holbach, lesen Sie die Enzyklopädie!«

»Lesen Sie die ›Briefe einiger portugiesischer Juden‹!« sagte der andere. »Lesen Sie die ›Vernunft des Christentums‹ von Nicolas, einem ehemaligen Richter!«

Sie erhitzten sich, liefen rot an, sprachen beide gleichzeitig, ohne aufeinander zu hören; Bournisien entrüstete sich über eine solche Vermessenheit; Homais staunte über eine solche Dummheit; und sie waren nahe daran, einander Beleidigendes zu sagen, als plötzlich Charles wieder erschien. Eine unwiderstehliche Gewalt zog ihn her; fortwährend stieg er die Treppe wieder hinauf.

Um sie besser zu sehen, setzte er sich ihr gegenüber und verlor sich in dieser Betrachtung, die nicht mehr schmerzlich war, weil sie tief war.

Es fielen ihm Geschichten vom Starrkrampf und von den Wundern des Magnetismus ein, und er meinte, wenn er es mit äußerster Willenskraft wolle, könne er sie vielleicht wieder erwecken. Einmal beugte er sich sogar über sie und rief ganz leise: »Emma! Emma!« Und sein heftiger Atem ließ die Kerzenflammen gegen die Wand flackern.

Bei Tagesanbruch langte die alte Bovary an; Charles umarmte und küßte sie und brach abermals in Tränen aus. Sie versuchte, wie es bereits der Apotheker getan hatte, ihm Vorstellungen über die Kosten des Begräbnisses zu machen. Da brauste er so auf, daß sie verstummte; er beauftragte sie sogar, sogleich in die Stadt zu fahren, um alles Erforderliche zu kaufen.

Charles blieb den ganzen Nachmittag über allein; Berthe war zu Madame Homais gebracht worden; Félicité hielt sich mit der Mutter Lefrançois oben im Schlafzimmer auf.

Gegen Abend empfing er Besuche. Er stand auf, drückte Hände, ohne sprechen zu können, man wurde gebeten, sich zu den andern zu setzen, die einen großen Halbkreis um den Kamin bildeten. Alle hatten die Köpfe gesenkt und wippten mit den übereinandergeschlagenen Beinen und stießen in Abständen tiefe Seufzer aus; jeder langweilte sich maßlos; aber keinem fiel es ein, zu gehen.

Als Homais um neun wiederkam (seit zwei Tagen war immer nur er auf dem Marktplatz gesehen worden), war er beladen mit einem Vorrat an Kampfer, Benzoë und aromatischen Kräutern. Er brachte auch ein Gefäß voll Chlorkalk mit, um die Miasmen zu vertreiben. Das Hausmädchen, Madame Lefrançois und die alte Bovary waren gerade um Emma beschäftigt; sie machten das Totenkleid fertig; sie breiteten den langen, steifen Schleier über sie, der sie bis zu den Atlasschuhen bedeckte.

Félicité schluchzte:

»Ach, meine arme Herrin! Meine arme Herrin!«

»Sehen Sie sie nur einmal an!« sagte die Gastwirtin seufzend, »wie niedlich sie noch immer aussieht! Man könnte schwören, gleich müsse sie aufstehen.«

Dann beugten sie sich über sie, um ihr den Brautkranz aufzusetzen.

Der Kopf mußte ein wenig angehoben werden, und da quoll aus ihrem Mund eine schwarze Flüssigkeit, als erbreche sie sich.

»O mein Gott! Ihr Kleid, sehen sie sich doch vor!« rief Madame Lefrançois. »Fassen Sie doch mit zu!« sagte sie zu dem Apotheker. »Oder haben Sie etwa Angst?«

»Ich, und Angst?« entgegnete er und zuckte die Achseln. »Na, hören Sie mal! Ich habe im Hôtel-Dieu noch ganz andere Dinge gesehen, als ich Pharmazeutik studierte! Wir haben im Seziersaal Punsch gebraut! Das Nichts erschreckt keinen Philosophen; und ich beabsichtige sogar, wie ich schon oft gesagt habe, meine Leiche der Anatomie zu vermachen, damit sie später der Wissenschaft etwas nützt.«

Als der Pfarrer kam, erkundigte er sich, wie es Bovary gehe; und auf die Antwort des Apothekers entgegnete er:

»Die Wunde, wissen Sie, ist noch zu frisch!«

Daraufhin beglückwünschte ihn Homais, daß er nicht wie alle andern Gefahr laufe, eine geliebte Gefährtin zu verlieren; daraus ergab sich dann eine Diskussion über den Zölibat der Priester.

»Denn es ist doch unnatürlich«, sagte der Apotheker, »daß ein Mann sich der Frauen enthalten soll! Manche Verbrechen …«

»Aber, zum Kuckuck!« rief der Geistliche, »wie könnte ein in die Bande der Ehe verstrickter Mensch beispielsweise das Beichtgeheimnis wahren?«

Homais griff die Beichte an. Bournisien verteidigte sie; er verbreitete sich über die Besserung, die sie zuwege bringe. Er führte verschiedene Geschichten von Dieben an, die plötzlich zu anständigen Menschen geworden seien. Offiziere, die sich dem Tribunal der Buße genaht, hätten das Gefühl gehabt, es falle ihnen wie Schuppen von den Augen. In Freiburg gebe es einen protestantischen Pastor …

Sein Partner war eingeschlafen. Als er dann in der allzu drückenden Atmosphäre des Schlafzimmers einen leichten Luftmangel verspürte, öffnete er das Fenster, was den Apotheker aufweckte.

»Wie wär's mit einer Prise?« fragte er ihn. »Da, nehmen Sie, das hält munter.«

Irgendwo in der Ferne erscholl langgezogenes Gebell.

»Hören Sie den Hund heulen?« fragte der Apotheker.

»Es wird behauptet, sie witterten die Toten«, antwortete der Geistliche. »Es ist wie mit den Bienen; die fliegen aus ihrem Stock weg, wenn ein Mensch stirbt.«

Homais erhob keinen Einwand gegen diesen Aberglauben; er war wieder eingeschlafen.

Der robustere Bournisien fuhr noch eine Weile fort, ganz leise die Lippen zu bewegen; dann senkte er unmerklich sein Kinn, ließ sein dickes Buch aus der Hand gleiten und begann zu schnarchen.

So saßen die beiden einander gegenüber, den Bauch vorgestreckt, die Gesichter gedunsen, mit verdrießlichen Mienen; nach so vielen Mißstimmigkeiten waren sie schließlich einander in der gleichen menschlichen Schwäche begegnet; und sie regten sich genausowenig wie die Leiche neben ihnen, die aussah, als schlafe sie.

Als Charles hereinkam, weckte er sie nicht. Es war das letzte Mal. Er wollte Abschied von ihr nehmen.

Die aromatischen Kräuter qualmten noch, und die bläulichen Dampfwirbel vermischten sich am Fenster mit den hereindringenden Nebelschwaden. Es blinkten ein paar Sterne, und die Nacht war mild.

Das Wachs der Kerzen fiel in dicken Tränen auf die Bettlaken. Charles sah in die Flammen, bis ihr gelbes Strahlen seine Augen müde machte.

Glanzlichter zitterten über das Seidenkleid hinweg; es war weiß wie Mondschein. Emma verschwand darunter; und ihm schien, als trete sie aus sich heraus und gehe undeutlich in die Dinge ringsum ein, in die Stille, in die Nacht, in den Wind, der vorüberstrich, in die feuchten, aufsteigenden Düfte.

Dann plötzlich sah er sie im Garten von Tostes auf der Bank vor der Weißdornhecke, oder auch in Rouen, auf der Straße, auf der Schwelle ihres Hauses, im Hof von

Les Bertaux. Er hörte noch immer das Gelächter der fröhlichen jungen Burschen, die unter den Apfelbäumen tanzten; das Schlafzimmer war erfüllt vom Duft ihres Haars, und ihr Kleid raschelte in seinen Armen wie Funkengeknister. Es war dasselbe, das sie jetzt trug!

So verharrte er lange und gedachte aller hingeschwundenen Beglückungen, ihrer Haltung, ihrer Gesten, des Klangs ihrer Stimme. Auf ein Aufwallen der Verzweiflung folgte ein anderes, und so ging es weiter, unversieglich, wie die Wogen einer steigenden Flut.

Es überkam ihn eine furchtbare Neugier: langsam, mit den Fingerspitzen, klopfenden Herzens, hob er ihren Schleier. Aber vor Grauen stieß er einen Schrei aus, der die beiden andern aufweckte. Sie zerrten ihn hinaus, in die große Stube hinunter.

Dann kam Félicité und sagte, er wolle etwas von ihrem Haar haben.

»Schneiden Sie ihr doch welches ab!« erwiderte der Apotheker.

Und da sie es nicht wagte, ging er selber hin, die Schere in der Hand. Er zitterte so stark, daß er an mehreren Stellen in die Schläfenhaut stach. Schließlich jedoch versteifte Homais sich gegen die Erschütterung und vollführte aufs Geratewohl ein paar kräftige Schnitte, und dadurch entstanden in dem schönen, schwarzen Haar kahle Stellen.

Der Apotheker und der Pfarrer versenkten sich wieder in ihre Beschäftigungen, nicht ohne von Zeit zu Zeit einzunicken, was sie einander bei jedem neuen Erwachen vorwarfen. Dann besprengte Bournisien stets das Zimmer mit Weihwasser, und Homais streute ein bißchen Chlorkalk auf den Fußboden.

Félicité hatte vorgesorgt und auf der Kommode eine Flasche Schnaps, einen Käse und eine dicke Brioche bereitgestellt. Daher seufzte der Apotheker, der es nicht mehr aushalten konnte, gegen vier Uhr morgens: »Wahrhaftig, ich würde mit Wonne einen Happen zu mir nehmen!«

Der Geistliche ließ sich nicht lange bitten; er ging hinaus, um seine Messe zu lesen, und kam dann wieder; sie aßen und tranken einander zu, wobei sie ein bißchen grinsten, ohne zu wissen, warum, angeregt von dem sonderbaren Verlangen nach Lustigkeit, das einen nach Trauerhandlungen überkommt; und beim letzten Gläschen klopfte der Priester dem Apotheker auf die Schulter und sagte zu ihm:

»Schließlich werden wir uns doch noch verständigen!«

Unten im Hausflur begegneten sie den gerade eintreffenden Handwerkern. Jetzt mußte Charles zwei Stunden lang die Marter des Hammers ertragen, der auf die Sargbretter niederdröhnte. Dann wurde sie in den Eichensarg gelegt, und dieser wurde in die beiden andern gesenkt; und da der letzte zu breit war, mußten die Zwischenräume mit Wolle aus einer Matratze ausgestopft werden. Als dann die drei Deckel abgehobelt, zugenagelt und zugelötet waren, wurde der Sarg vor der Tür aufgestellt; man öffnete das Haus weit, und die Yonviller begannen herbeizuströmen.

Der alte Rouault langte an. Als er das schwarze Sargtuch sah, wurde er auf dem Marktplatz ohnmächtig.

III,10

Er hatte den Brief des Apothekers erst sechsunddreißig Stunden nach dem Geschehen erhalten, und um ihn zu schonen, hatte Homais so geschrieben, daß daraus unmöglich zu ersehen war, was man davon zu halten habe.

Zunächst war der gute Mann umgefallen wie vom Schlag gerührt. Dann verstand er es so, sie sei nicht tot. Aber sie konnte es sein ... Schließlich hatte er seinen

Kittel angezogen, seinen Hut genommen, einen Sporn an seinen Stiefel geschnallt und war in rasender Eile fortgeritten; und während des ganzen Wegs hatte der alte Rouault gekeucht und war vor Angst nahezu vergangen. Einmal hatte er sogar absitzen müssen. Er konnte nichts mehr erkennen, rings umher hörte er Stimmen; er meinte, er werde verrückt.

Der Tag brach an. Er sah drei schwarze Hühner, die auf einem Baum schliefen; er erbebte, so erschreckte ihn dies üble Vorzeichen. Da gelobte er der Heiligen Jungfrau drei Meßgewänder für die Kirche, und daß er barfuß vom Kirchhof in Les Bertaux bis zur Kapelle von Vassonville wallfahrten wolle.

Beim Einreiten in Maromme brüllte er die Leute im Gasthof wach, rammte mit einem Schulterstoß die Haustür ein, stürzte sich auf den Hafersack, goß eine Flasche Zider in die Krippe und saß wieder auf, und von allen vier Hufeisen stoben Funken.

Er redete sich ein, sicherlich werde sie gerettet werden; die Ärzte würden schon ein Mittel finden, ganz bestimmt. Es fielen ihm alle Wunderheilungen ein, von denen ihm erzählt worden war.

Doch dann sah er sie tot vor sich. Da lag sie auf dem Rücken, vor seinen Augen, mitten auf der Landstraße. Er riß die Zügel zurück, und die Halluzination verschwand.

Um sich Mut zu machen, trank er in Quincampoix nacheinander drei Tassen Kaffee.

Er überlegte, daß beim Schreiben eine Namensverwechslung unterlaufen sein könne. Er suchte in seiner Tasche nach dem Brief, fühlte ihn, wagte indessen nicht, ihn zu öffnen.

Dann kam er auf die Vermutung, es sei vielleicht nur ein schlechter Scherz, irgendein Racheakt, der Einfall eines Betrunkenen, und außerdem, wenn sie wirklich tot wäre, dann hätte man es doch merken müssen! Doch nein, die Felder sahen aus wie immer, der Himmel war blau, die Bäume wiegten sich; eine Schafherde trottete vorüber. Er erblickte das Dorf; man sah ihn herangaloppieren, tief über sein Pferd geneigt, auf das er ausholend einhieb; aus den Sattelgurten tröpfelte Blut.

Als er wieder zur Besinnung gekommen war, warf er sich heftig weinend in Bovarys Arme.

»Meine Tochter! Emma! Mein Kind! Sagen Sie mir doch ...?«

Und der andere antwortete schluchzend:

»Ich weiß nicht! Ich weiß nicht! Es ist ein Fluch!«

Der Apotheker trennte die beiden.

»Diese schauerlichen Einzelheiten sind zu nichts nütz. Ich werde Monsieur unterrichten. Hier kommen Leute. Bewahren Sie Würde, zum Teufel! Philosophische Haltung!«

Der arme Kerl wollte stark erscheinen und wiederholte mehrmals:

»Ja ... Mut!«

»Jawohl!« rief der gute Mann. »Ich werde ihn haben, zum Donnerwetter! Ich werde sie bis zum Ende begleiten.«

Die Glocke bimmelte. Alles war bereit. Es mußte aufgebrochen werden.

Und sie saßen nebeneinander in einem Chorstuhl; sie sahen die drei Vorsänger psalmodierend hin und her gehen. Der Serpent wurde mit voller Lungenkraft geblasen. Bournisien im großen Ornat sang mit schriller Stimme; er verneigte sich vor dem Tabernakel, hob die Hände, breitete die Arme aus. Lestiboudois ging mit seinem Küsterstab aus Walfischbein durch die Kirche; nahe dem Chorpult stand zwischen vier Reihen Kerzen der Sarg. Charles drängte es, aufzustehen und sie auszulöschen.

Doch versuchte er, Andacht zu empfinden, sich zur Hoffnung auf ein künftiges Leben aufzuschwingen, wo er sie wiedersehen würde. Er bildete sich ein, sie sei verreist, weit fort, seit langem schon. Aber wenn er sich dann vergegenwärtigte, daß sie dort liege und daß alles aus sei, daß sie jetzt in die Erde versenkt werden solle, überkam ihn eine wilde, dumpfe, verzweifelte Wut. Manchmal war ihm, als fühle er überhaupt nichts mehr; und er kostete diese Milderung seines Schmerzes aus, wobei er sich vorwarf, er sei ein erbärmlicher Mensch.

Auf einmal vernahm man auf den Fliesen in gleichmäßigen Abständen etwas wie das Aufstauchen eines eisenbeschlagenen Stocks. Es kam aus dem Hintergrund und hörte im Seitenschiff plötzlich auf. Ein Mann in einem groben, braunen Rock kniete mühsam nieder. Es war Hippolyte, der Hausknecht vom »Goldenen Löwen«. Er hatte sein neues Bein angeschnallt.

Einer der Vorsänger begann den Rundgang durch das Kirchenschiff und sammelte, und die dicken Sousstücke klirrten eins nach dem andern auf den Silberteller.

»Beeilt euch doch! Ich kann es nicht ertragen!« rief Bovary und warf ihm zornig ein Fünffrancsstück hin.

Der Kirchendiener dankte ihm mit einer langen Verbeugung.

Man sang, man kniete nieder, man stand wieder auf, und es nahm kein Ende! Ihm fiel ein, daß sie in der ersten Zeit einmal zusammen der Messe beigewohnt hatten; sie hatten an der andern Seite gesessen, der rechten, dicht an der Wand. Die Glocke fing wieder an zu läuten. Ein allgemeines Stuhlrücken begann. Die Träger schoben ihre drei Stangen unter den Sarg, und alle verließen die Kirche.

Da erschien Justin in der Tür der Apotheke. Er ging schnell wieder hinein, blaß und taumelnd.

Man stand an den Fenstern, um den Leichenzug vorüberziehen zu sehen. Charles schritt voran und hielt sich straff. Er trug eine tapfere Miene zur Schau und grüßte durch ein Kopfnicken alle, die aus den Seitengassen oder den Türen traten und sich in die Menge einreihten.

Die sechs Träger, drei auf jeder Seite, machten kleine Schritte und schnauften ein bißchen. Die Priester, die Vorsänger und die beiden Chorknaben sangen das »De profundis«, und ihre Stimmen wehten über das Land, hoben und senkten sich mit den Bodenwellen. Manchmal an Wegbiegungen verschwanden sie; aber das große, silberne Kreuz war stets zwischen den Bäumen zu sehen.

Die Frauen folgten in schwarzen Umhängen mit tief heruntergezogenen Kapuzen; in den Händen hielten sie dicke, brennende Kerzen, und Charles fühlte, wie ihn durch diese beständige Wiederholung der Gebete, die vielen Kerzen und den faden Geruch nach Wachs und Soutanen die Kräfte verließen. Es wehte eine frische Brise; Roggen und Raps grünten, und Tautröpfchen zitterten auf den Dornenhecken am Wegrain. Allerlei fröhliche Laute erfüllten die Weite: das Rasseln eines Karrenwagens, der in der Ferne in den Fahrspuren des Weges dahinrollte, das Krähen eines Hahnes, das sich wiederholte, oder das Galoppieren eines Fohlens, das man unter den Apfelbäumen davonlaufen sah. Der reine Himmel war mit rosigen Wolken betupft; bläuliche kleine Lichter spielten auf den von Iris umwucherten Strohhütten; Charles erkannte im Vorbeigehen die Höfe wieder. Er erinnerte sich an Morgen wie diesen, wo er, nach einem Krankenbesuch, dort herausgetreten und zu ihr zurückgekehrt war.

Dann und wann hob sich das schwarze, mit weißen Tränen bestickte Bahrtuch und ließ den Sarg sehen. Die erschöpften Träger gingen langsamer, und der Sarg bewegte sich unter fortgesetztem Stocken vorwärts wie ein Boot, das bei jeder Welle schlingert.

Dann kam man an.

Die Männer gingen bis ganz nach hinten bis zu einer Stelle im Rasen, wo das Grab ausgehoben war.

Man stellte sich rings herum auf, und während der Priester sprach, rieselte die rote, an den Seiten aufgehäufte Erde über die Kanten hinweg, lautlos und ununterbrochen.

Dann, als die vier Seile zurechtgelegt waren, schob man den Sarg darauf. Bovary sah zu, wie er hinabglitt. Er sank und sank.

Endlich gab es einen Stoß; die Seile kamen schurrend wieder hoch. Da nahm Bournisien den Spaten, den Lestiboudois ihm hinhielt; und mit der linken Hand, während er mit der rechten den Weihwedel schwang, warf er wuchtig eine Schaufelvoll hinab; und das Holz des Sargs, auf das die Steine polterten, gab jenes schreckliche Geräusch, das uns wie der Widerhall der Ewigkeit anmutet.

Der Geistliche reichte den Weihwedel dem Nächststehenden. Es war Homais. Würdevoll schüttelte er ihn, dann hielt er ihn Charles hin, der in die Knie sank und ganze Hände voll Erde hinabwarf und dabei rief: »Adieu!« Er schickte ihr Kußhände nach und beugte sich über das Grab, als wolle er sich mit ihr von der Tiefe verschlingen lassen.

Er wurde weggeführt und beruhigte sich bald; vielleicht empfand er, wie alle anderen, die unbestimmte Genugtuung, daß es überstanden sei.

Auf dem Heimweg steckte sich der alte Rouault seelenruhig seine Pfeife an, was Homais innerlich für wenig schicklich hielt. Ebenso stellte er fest, daß Binet nicht erschienen war, daß Tuvache sich nach der Messe »verdrückt« und daß Théodore, der Diener des Notars, einen blauen Frack getragen hatte, »als ob sich nicht ein schwarzer hätte auftreiben lassen, da sich das doch, zum Teufel, nun einmal so gehört!« Und um seine Beobachtungen weiter zu verbreiten, ging er von einer Gruppe zur andern. Man beklagte Emmas Tod, vor allem Lheureux, der natürlich nicht versäumt hatte, zum Begräbnis zu kommen.

»Die arme kleine Frau! Welch ein Schmerz für ihren Mann!«

Der Apotheker entgegnete:

»Ohne mich, müssen Sie wissen, hätte er sich was angetan!«

»Eine so gute Person! Wenn ich bedenke, daß sie noch letzten Samstag bei mir im Laden gewesen ist!«

»Ich habe nicht die Muße gehabt«, sagte Homais, »ein paar Worte vorzubereiten, die ich ihr ins Grab hätte nachrufen können.«

Daheim kleidete Charles sich um, und der alte Rouault zog wieder seinen blauen Kittel an. Er war neu, und da er sich unterwegs oft mit den Ärmeln die Augen gewischt, hatte er auf sein Gesicht abgefärbt, und die Tränenspuren hatten in seine schmutzige Staubschicht Rinnen gezogen.

Die alte Bovary war bei ihnen. Alle drei schwiegen. Schließlich seufzte der Alte:

»Wissen Sie noch, lieber Freund, wie ich Sie damals in Tostes besucht habe, als Sie Ihre erste Frau verloren hatten? Damals habe ich Sie getröstet! Da habe ich die richtigen Worte gefunden; aber heute …«

Dann folgte ein langes Ächzen, wobei sich seine ganze Brust hob:

»Ach, wissen Sie, dies ist für mich das Ende! Ich habe meine Frau dahingehen sehen …, dann meinen Sohn … und nun heute auch noch meine Tochter!«

Er wollte gleich wieder heim nach Les Bertaux; er sagte, in diesem Haus könne er nicht schlafen. Er lehnte es sogar ab, sein Enkelkind zu sehen.

»Nein, nein! Das würde mich zu traurig machen. Aber

gebt ihr einen Kuß von mir! Adieu …! Sie sind ein guter Kerl! Und das hier«, sagt er und schlug sich auf den Schenkel, »das werde ich Ihnen nie vergessen, nur keine Bange! Und Sie sollen auch immer Ihre Truthenne haben.«

Aber als er auf der Anhöhe war, wandte er sich um, wie er sich damals auf dem Weg nach Saint-Victor umgedreht hatte, nach dem Abschied von ihr. Die Fenster im Dorf loderten unter den schrägen Strahlen der Sonne, die hinter dem Weideland unterging. Er legte die Hand über die Augen, und er gewahrte am Horizont eine ummauerte Einfriedung, in der zwischen weißen Steinen Bäume wie dunkle Sträuße standen; dann ritt er weiter, im Schritt, weil sein Pferd lahmte.

Charles und seine Mutter blieben ungeachtet ihrer Müdigkeit am Abend lange auf und redeten miteinander. Sie sprachen von vergangenen Tagen und von der Zukunft. Sie wollte nach Yonville übersiedeln und ihm den Haushalt führen; sie würden immer beieinander bleiben. Sie war gewitzt und zärtlich und freute sich heimlich, eine Neigung wiederzugewinnen, die ihr seit so vielen Jahren gefehlt hatte. Es schlug Mitternacht. Wie stets lag das Dorf schweigend da, und wenn Charles aufwachte, dachte er immer nur an sie.

Rodolphe, der, um sich abzulenken, den ganzen Tag im Wald umhergeritten war, schlief ruhig in seinem Schloß; und Léon in der Ferne schlief ebenfalls.

Einer jedoch schlief zu jener Stunde nicht.

Am Grab, unter den Fichten, kniete ein Knabe und weinte, und seine von Schluchzern zerrissene Brust keuchte im Dunkel unter dem Druck einer unermeßlichen Trauer, die süßer war als der Mondschein und unauslotbarer als die Nacht. Plötzlich knarrte die Gittertür. Es war Lestiboudois; er wollte seinen Spaten holen, den er vorhin vergessen hatte. Er erkannte den über die

Mauer kletternden Justin und wußte nun, an welchen Übeltäter er sich zu halten hatte, der ihm immer seine Kartoffeln stahl.

III,11

Am folgenden Tag nahm Charles die Kleine wieder zu sich. Sie fragte nach ihrer Mama. Es wurde ihr geantwortet, sie sei verreist und werde ihr Spielsachen mitbringen. Berthe fragte später noch ein paarmal nach ihr; aber auf die Dauer vergaß sie sie. Die Fröhlichkeit des Kindes zerriß Bovary das Herz, und zudem hatte er unter den unerträglichen Trostesworten des Apothekers zu leiden.

Bald setzten die Geldkalamitäten von neuem ein; Lheureux schob seinen Freund Vincart abermals vor, und Charles ging Verpflichtungen für übertrieben hohe Summen ein; denn niemals hätte er zugelassen, daß auch das geringste Stück der Möbel verkauft werde, die »ihr« gehört hatten. Seine Mutter geriet darüber außer sich. Er entrüstete sich noch mehr als sie. Er hatte sich von Grund auf gewandelt. Sie kehrte dem Haus den Rücken.

Und jetzt machte jedermann sich daran, zu »profitieren«. Mademoiselle Lempereur forderte für ein halbes Jahr Geld für Klavierstunden, obwohl Emma keine einzige genommen hatte (trotz der quittierten Rechnung, die sie ihrem Mann vorgezeigt hatte): das sei so zwischen ihnen beiden vereinbart gewesen; der Leihbibliothekar verlangte die Gebühren für drei Jahresabonnements; die Mutter Rollet das Porto für an die zwanzig Briefe, und als Charles um Erklärungen bat, war sie wenigstens so taktvoll, zu antworten:

»Oh, ich weiß nichts! Es waren wohl Geschäftsdinge.«

Bei jeder Schuldsumme, die er bezahlte, glaubte Charles, nun sei es die letzte. Aber es kamen immer weitere.

Er schickte seinen Patienten Rechnungen für frühere Besuche. Da wurden ihm die Briefe gezeigt, die seine Frau ihnen geschickt hatte. So mußte er sich auch noch entschuldigen.

Félicité trug jetzt Madame Bovarys Kleider, freilich nicht alle, denn einige hatte er weggehängt, und die schaute er sich dann in ihrem Ankleidekabinett an, in das er sich einschloß; Félicité hatte ungefähr Emmas Größe, und oft, wenn Charles sie von hinten sah, ergriff ihn eine Illusion und er rief:

»Oh! Bleib doch! Bleib!«

Aber zu Pfingsten verschwand sie aus Yonville; Théodore hatte sie entführt, und sie stahl alles, was noch an Garderobe übrig war.

Um diese Zeit gab sich die Witwe Dupuis die Ehre, ihm »die Vermählung ihres Sohns Léon Dupuis, Notars zu Yvetot, mit Mademoiselle Léocadie Lebœuf aus Bondeville« mitzuteilen. Charles schrieb in seinem Glückwunschbrief folgenden Satz:

»Wie würde meine arme Frau sich gefreut haben!«

Als Charles eines Tages ziellos durchs Haus irrte und bis auf den Speicher hinaufgestiegen war, spürte er unter seinem Pantoffel ein zusammengeknülltes Stück dünnes Papier. Er entfaltete es und las: »Mut, Emma, Mut! Ich will Sie nicht für Ihr Leben unglücklich machen.« Es war Rodolphes Brief, der zwischen Kisten zu Boden gefallen und dort liegengeblieben war, bis der zur Luke hereinwehende Wind ihn zu Tür hingeweht hatte. Und Charles stand starr und mit offenem Mund da, an derselben Stelle, wo ehedem Emma, noch bleicher als er, vor Verzweiflung hatte sterben wollen. Schließlich entdeckte er ein kleines »R« unten auf der zweiten Seite. Wer war das? Es fielen ihm die vielen Besuche und Aufmerksamkeiten Rodolphes ein, sein plötzliches Fortbleiben und die gezwungene Miene, die er seither immer bei ihrer beider wenigen Begegnungen aufgesetzt hatte. Aber der respektvolle Ton des Briefs täuschte ihn.

»Vielleicht haben sie einander platonisch geliebt«, sagte er sich.

Übrigens war Charles keiner der Menschen, die den Dingen auf den Grund gehen; er schreckte vor Beweisen zurück, und seine unbestimmte Eifersucht verlor sich in der Unermeßlichkeit seines Kummers.

»Man mußte sie ja anbeten«, dachte er. Sicherlich hatten alle Männer sie begehrt. Sie dünkte ihn jetzt noch schöner, und es überkam ihn ein beständiges wildes Verlangen, das seine Verzweiflung anfachte und keine Grenzen hatte, weil es jetzt nicht mehr gestillt werden konnte.

Ihr zu Gefallen, so als ob sie noch lebte, eignete er sich ihre Vorlieben und ihre Ideen an; er kaufte sich Lackschuhe, er trug nur noch weiße Halsbinden. Seinen Schnurrbart pflegte er mit kosmetischen Mitteln, und wie sie unterschrieb er Wechsel. Sie verdarb ihn noch von jenseits des Grabes.

Er mußte sein Tischsilber verkaufen, Stück für Stück; dann verkaufte er die Wohnzimmermöbel. Alle Räume erlitten Einbußen; aber das Schlafzimmer, ihr Schlafzimmer, war geblieben wie früher. Nach dem Abendessen ging Charles hinauf. Er schob den runden Tisch vor den Kamin und rückte »ihren« Sessel heran. Er selbst setzte sich gegenüber hin. In einem der vergoldeten Leuchter brannte eine Kerze. Berthe saß neben ihm und tuschte Bilderbogen aus.

Es tat ihm weh, dem armen Kerl, daß sie so schlecht angezogen war, mit Schuhen ohne Schnürsenkel und die Armlöcher ihrer Kittel bis zu den Hüften aufgerissen; denn die Aufwartefrau gab darauf nicht acht. Aber sie war so sanft, so niedlich, und ihr Köpfchen neigte sich so anmutig und ließ dabei ihr schönes blondes Haar über ihre rosigen Wangen fallen, daß ihn unendliches Entzükken überkam, eine mit Bitterkeit gemischte Lust, wie bei jenen schlechten Weinen, die nach Harz schmecken. Er besserte ihr Spielzeug aus, machte ihr aus Pappe Hampelmänner oder nähte die geplatzten Bäuche ihrer Puppen zusammen. Wenn dann seine Blicke auf ihr Nähkästchen fielen, auf ein herumliegendes Seidenband oder sogar auf eine in einem Spalt der Tischplatte liegengebliebene Stecknadel, dann begann er zu grübeln, und dabei bekam er ein so trauriges Gesicht, daß auch sie traurig wurde.

Niemand besuchte die beiden jetzt mehr; denn Justin war nach Rouen davongelaufen, wo er Krämerlehrling geworden ist, und die Kinder des Apothekers spielten immer seltener mit der Kleinen, da Homais in Anbetracht des Unterschiedes der gesellschaftlichen Gegebenheiten keinen Wert auf die Fortsetzung des näheren Umgangs legte.

Der Blinde, den er mit seiner Salbe nicht hatte heilen können, war auf die Anhöhe von Bois-Guillaume zurückgekehrt, wo er den Fahrgästen von dem vergeblichen Versuch des Apothekers erzählte, so daß Homais, wenn er in die Stadt fuhr, sich hinter den Scheibengardinen der »Schwalbe« versteckte, um einer Begegnung auszuweichen. Er haßte ihn, und da er ihn im Interesse seines Rufs mit aller Gewalt aus dem Wege schaffen wollte, stellte er getarnt eine Batterie gegen ihn auf, die bald die Tiefe seiner Intelligenz und das Ruchlose seiner Eitelkeit offenbarte. Sechs Monate hintereinander konnte man im »Leuchtfeuer von Rouen« Lokalnachrichten folgender Art lesen:

»Alle nach den fruchtbaren Gefilden der Picardie Reisenden dürften sicherlich auf der Anhöhe von Bois-Guillaume ein unglückliches Individuum mit einer furchtbaren Gesichtswunde bemerkt haben. Es belästigt und verfolgt die Fahrgäste und erhebt von ihnen einen förmlichen Zoll. Leben wir etwa noch in den monströsen Zeiten des Mittelalters, wo es den Vagabunden erlaubt war, an öffentlichen Orten die Lepra und die Skrofeln zur Schau zu stellen, die sie vom Kreuzzug mitgebracht hatten?«

Oder auch:

»Den Gesetzen gegen das Landstreichertum zum Trotz werden die Zugänge unserer Großstädte beständig durch Banden von Bettlern heimgesucht. Manche treten auch einzeln auf, und das sind vielleicht nicht die ungefährlichsten. Wie denken unsere Ädilen?«

Ferner erfand Homais Anekdoten:

»Gestern hat auf der Anhöhe von Bois-Guillaume ein durchgehendes Pferd ...« Und es folgte der Bericht über einen durch das Erscheinen des Blinden verursachten Unfall.

Er machte das so geschickt, daß der Bettler in Haft genommen wurde. Doch er wurde wieder freigelassen. Er trieb es wie zuvor, und auch Homais trieb es wie zuvor. Es war geradezu ein Kampf. Homais blieb Sieger; denn sein Gegner wurde zu lebenslänglichem Zwangsaufenthalt in einem Krankenhaus verurteilt.

Dieser Erfolg machte ihn kühn; und fortan konnte im ganzen Arrondissement kein Hund überfahren werden, keine Scheune abbrennen, keine Frau Prügel bekommen, ohne daß er es veröffentlichte, wobei er stets von der Liebe zum Fortschritt und vom Haß gegen die Priester geleitet wurde. Er zog Parallelen zwischen den Elementarschulen und den von den Ignorantinern geleiteten, zum Nachteil der letzteren; er erinnerte an die Bartholomäus-Nacht im Zusammenhang mit einer Bewilligung von hundert Francs für die Kirche, er wies auf Mißbräuche hin und machte Witze. So nannte er das. Homais wühlte; er wurde gefährlich.

Doch er erstickte in den engen Grenzen des Journalismus, und bald drängte es ihn, ein Buch zu schreiben, ein Werk! So verfaßte er denn eine »Allgemeine Statistik des Kreises Yonville nebst klimatologischen Beobachtungen«; und die Statistik brachte ihn zur Philosophie. Er beschäftigte sich mit großen Problemen: mit der sozialen Frage, der sittlichen Hebung der armen Bevölkerungsklasse, mit Fischzucht, Kautschuk, Eisenbahnen usw. Er kam dahin, über sein Bürgertum zu erröten. Er nahm »künstlerische« Allüren an, er rauchte! Er kaufte sich zwei Statuetten à la Pompadour zum Schmuck für sein Wohnzimmer.

Dabei vernachlässigte er seine Apotheke keineswegs, im Gegenteil! Er hielt sich auf dem laufenden über alle neuen Entdeckungen. Er verfolgte die großartige Entwicklung der Schokoladenfabrikation. Er war der erste im Département Seine-Inférieure, der »Cho-ca« und »Revalentia« kommen ließ. Er begeisterte sich für Pulvermachers hydroelektrische Ketten; er trug selber eine; und wenn er abends seine Flanellweste auszog, war seine Frau ganz geblendet von der goldenen Spirale, unter der er verschwand, und sie fühlte, wie sich ihre Leidenschaft für diesen Mann verdoppelte, der stärker umgürtet war als ein Skythe und schimmerte wie ein Magier.

Er hatte schöne Einfälle für Emmas Grabmal. Zuerst schlug er einen Säulenstumpf mit Draperie vor, dann eine Pyramide, dann einen Vesta-Tempel, eine Art Rundbau … oder auch eine »künstliche Ruine«, einen Haufen Trümmer. Und bei all diesen Plänen verkniff Homais sich keinesfalls die Trauerweide, die er als das obligate Symbol der Trauer ansah.

Charles und er fuhren gemeinsam nach Rouen, um sich in einer Grabsteinwerkstatt Grabmäler anzusehen – ein Kunstmaler namens Vaufrilard, ein Freund Bridoux', begleitete sie dabei und machte während der ganzen Zeit Witze. Nachdem sie an die hundert Zeichnungen angeschaut, einen Kostenvoranschlag gefordert und ein zweites Mal nach Rouen gefahren waren, entschied Charles sich schließlich für ein Mausoleum, das auf seinen beiden Hauptseiten einen »Genius mit erloschener Fackel« tragen sollte.

Was nun die Inschrift betraf, so fand Homais nichts schöner als: »Sta viator«, und dabei blieb er; allein er zerbrach sich auch weiterhin den Kopf; in einem fort sprach er vor sich hin: »Sta viator ...« Endlich kam er auf: »amabilem conjugem calcas!«, was bewilligt wurde.

Seltsam war, daß Bovary, obwohl er unausgesetzt an Emma dachte, sie vergaß; und er spürte voller Verzweiflung, wie ihr Bild seiner Erinnerung entschwand trotz allen Bemühens, es festzuhalten. Aber er träumte jede Nacht von ihr, und es war immer derselbe Traum: er näherte sich ihr, aber gerade wenn er sie umfangen hatte, zerfiel sie in seinen Armen zu Staub.

Eine Woche lang sah man ihn jeden Abend zur Kirche gehen. Bournisien machte ihm sogar ein paar Besuche; dann gab er es auf. Übrigens neige der gute Mann zur Unduldsamkeit, zum Fanatismus, wie Homais sagte; er wettere gegen den Geist des Jahrhunderts und lasse es sich nicht entgehen, alle vierzehn Tage in der Predigt von Voltaires Agonie zu erzählen, der, wie jedermann wisse, im Sterben seine Exkremente verschlungen habe.

Obwohl Bovary sparsam lebte, brachte er es nicht fertig, seine alten Schulden loszuwerden. Lheureux lehnte es ab, irgendeinen Wechsel zu prolongieren. Die Pfändung drohte. Da wandte er sich an seine Mutter, und diese erklärte sich bereit, eine Hypothek auf ihren Grundbesitz aufzunehmen, aber gleichzeitig erhob sie heftige Anschuldigungen gegen Emma; und als Gegenleistung für ihr Opfer verlangte sie einen Schal, der Félicités Raffgier entgangen war. Charles verweigerte ihn ihr. Sie entzweiten sich.

Sie tat die ersten Schritte zur Versöhnung, indem sie ihm vorschlug, die Kleine zu sich zu nehmen, die sie im Haushalt entlasten könne. Charles willigte ein. Doch im Augenblick der Abreise verließ ihn aller Mut. Jetzt erfolgte ein endgültiger, vollständiger Bruch.

In dem Maß, wie alles dahinschwand, was ihm lieb gewesen war, schloß er sich enger an die Liebe seines Kindes an. Aber Berthe bereitete ihm Sorgen; denn sie hustete manchmal und hatte rote Flecke auf den Wangen.

Im Haus gegenüber machte sich gesund und fröhlich die Familie des Apothekers breit, zu dessen Wohlsein alles beitrug. Napoléon half im Laboratorium, Athalie stickte ihm eine phrygische Mütze, Irma schnitt runde Papierdeckel für die Einmachgläser aus und Franklin schnurrte den Pythagoräischen Lehrsatz herunter. Er war der glücklichste Vater, der am meisten vom Schicksal begünstigte Mensch.

Irrtum! In ihm nagte ein dumpfer Ehrgeiz: Homais wünschte sich das Kreuz der Ehrenlegion. An verdienstlichen Leistungen fehlte es ihm nicht:

1. hatte er sich bei der Cholera durch grenzenlosen Opfermut ausgezeichnet; 2. hatte er, und zwar auf eigene Kosten, verschiedene gemeinnützige Werke veröffentlicht, als da sind ... (und er erinnerte an seine Denkschrift mit dem Titel »Über den Zider, seine Herstellung und seine Wirkungen«; weiterhin an seine Abhandlung über Puceron laniger, die Wollblattlaus, der Akademie eingereicht; sein Statistik-Buch und sogar an seine Prüfungsarbeit als Apotheker); ganz abgesehen davon, daß er Mitglied mehrerer gelehrter Vereinigungen sei (dabei gehörte er nur einer einzigen an).

»Eigentlich«, rief er und vollführte dabei eine Pirouette, »sollte es doch schon genügen, daß ich geholt werde, wenn es brennt!«

Fortan begann Homais sich bei der Regierung anzubiedern. Bei den Wahlen erwies er dem Präfekten unterderhand große Dienste. Kurz gesagt, er verkaufte sich, er prostituierte sich. Er richtete sogar eine Bittschrift an den Herrscher, in der er ihn anflehte, ihm Gerechtigkeit widerfahren zu lassen, und in der er ihn »unsern guten König« nannte und mit Heinrich IV. verglich.

Und jeden Morgen stürzte der Apotheker sich auf die Zeitung, um seine Ernennung zu entdecken; aber sie erfolgte nicht. Als er es schließlich nicht mehr aushalten konnte, ließ er in seinem Garten ein Rasenstück in Gestalt des Kreuzes der Ehrenlegion anlegen, mit zwei kleinen Graswülsten oben, die das Band darstellen sollten. Mit verschränkten Armen ging er darum herum und dachte über die Albernheit der Regierung und die Undankbarkeit der Menschen nach.

Aus Achtung oder aus einer Art sinnlichem Genuß, die ihn bei seinen Nachforschungen langsam vorgehen ließen, hatte Charles das Geheimfach des Palisander-Schreibtischs noch nicht geöffnet, dessen Emma sich für gewöhnlich bedient hatte. Endlich setzte er sich eines Tages davor, drehte den Schlüssel um und drückte auf die Feder. Sämtliche Briefe Léons lagen darin. Diesmal schied jeder Zweifel aus! Er verschlang sie vom ersten bis zum letzten; er durchstöberte alle Winkel, alle Möbel, alle Schubfächer; er sah hinter den Wänden nach, schluchzend, heulend, kopflos, wahnsinnig. Er entdeckte ein Kästchen und stieß es mit einem Fußtritt auf. Rodolphes Bildnis sprang ihm ins Gesicht, inmitten eines Durcheinanders von Liebesbriefen.

Seine Niedergeschlagenheit erregte Verwunderung. Er ging nicht mehr aus, empfing niemanden mehr und weigerte sich sogar, seine Patienten aufzusuchen. Da wurde behauptet, er schließe sich ein, »um zu trinken«.

Manchmal jedoch reckte ein Neugieriger den Hals über die Gartenhecke und entdeckte dann mit Erstaunen jenen langbärtigen, verwilderten Mann in schmutzigen Kleidern, der laut weinend umherging.

An Sommerabenden nahm er seine kleine Tochter und führte sie zum Friedhof. Erst bei völliger Dunkelheit gingen sie wieder heim, wenn auf dem Marktplatz kein Fenster mehr hell war außer Binets Luke.

Die Wollust seines Schmerzes war jedoch unvollständig, da er niemanden hatte, mit dem er ihn teilen konnte; und so ging er manchmal zu Mutter Lefrançois, um von »ihr« sprechen zu können. Doch die Gastwirtin hörte nur mit einem Ohr zu, da auch sie ihre Sorgen hatte; denn Lheureux hatte endlich seine Omnibuslinie »Favoritinnen des Handels« eröffnet, und Hivert, der als Besorger von Aufträgen großes Ansehen genoß, hatte eine Lohnerhöhung verlangt und gedroht, »zur Konkurrenz« überzugehen.

Eines Tages, als Charles zum Markt nach Arguell gegangen war, um sein Pferd – seinen letzten Besitz – zu verkaufen, begegnete er Rodolphe.

Sie wurden beide blaß, als sie einander erblickten. Rodolphe, der nur seine Visitenkarte geschickt hatte, stotterte zunächst ein paar Entschuldigungen; dann aber faßte er sich ein Herz und hatte sogar die Dreistigkeit (es war ein sehr heißer Tag Mitte August), ihn zu einer Flasche Bier in der Kneipe einzuladen.

Während er mit aufgestützten Ellbogen ihm gegenüber saß, an seiner Zigarre kaute und dabei redete, verlor Charles sich in Gedanken angesichts dieser Züge, die sie geliebt hatte. Ihm war, als sehe er irgend etwas von ihr wieder. Es war erstaunlich. Er hätte jener Mann sein mögen.

Der andere redete ohne Unterlaß von der Feldbestellung, dem Vieh, dem Mastfutter und half sich mit ein paar banalen Redensarten über die Pausen hinweg, in denen eine Anspielung hätte fallen können. Charles hörte ihm nicht zu; Rodolphe merkte es und verfolgte das Vorübergleiten der Erinnerungen auf den Bewegungen seines Gesichts. Nach und nach rötete es sich; die Nasenflügel vibrierten schnell, die Lippen zitterten; es gab sogar einen Augenblick, da richtete Charles seine Augen voll düsterer Wut so starr auf Rodolphe, daß dieser in einer Art Entsetzen innehielt. Aber bald erschien wieder die traurige Müdigkeit auf Charles' Gesicht.

»Ich bin Ihnen nicht böse«, sagte er.

Rodolphe blieb stumm. Und Charles hielt den Kopf in seinen beiden Händen und wiederholte mit erloschener Stimme und dem entsagenden Tonfall unendlichen Schmerzes:

»Nein, ich bin Ihnen nicht mehr böse!«

Er fügte sogar einen großen Ausspruch hinzu, den einzigen, den er je getan hat:

»Das Schicksal ist schuld!«

Rodolphe, der dieses Unheilsschicksal gelenkt hatte, fand ihn für einen Mann in seiner Lage ein bißchen allzu gutmütig, sogar komisch und ein bißchen verächtlich.

Am folgenden Tag setzte Charles sich auf die Bank in der Laube. Lichtschimmer glitten durch das Gitterwerk; das Weinlaub zeichnete seine Schatten im Sand ab, der Jasmin duftete, der Himmel war blau, Kantharicen umsummten die blühenden Lilien, und Charles wurde es beklommen wie einem Halbwüchsigen unter den vagen Aufwallungen der Liebe, die sein kummervolles Herz schwellten.

Um sieben kam die kleine Berthe, die ihn den ganzen Nachmittag nicht gesehen hatte, um ihn zum Abendessen zu holen.

Sein Kopf war gegen die Mauer zurückgesunken, seine Augen waren geschlossen, sein Mund offen, in der Hand hielt er eine lange, schwarze Haarsträhne.

»Papa, komm doch!« sagte sie.

Und da sie glaubte, er wolle mit ihr spaßen, stieß sie ihn behutsam an. Er fiel zu Boden. Er war tot.

Sechsunddreißig Stunden später eilte auf des Apothekers Bitte Canivet herbei. Er öffnete die Leiche und fand nichts.

Als alles verkauft war, blieben zwölf Francs fünfundsiebzig Centimes übrig, mit denen die Reise der Mademoiselle Bovary zu ihrer Großmutter bezahlt wurde. Die gute Frau starb noch im selben Jahr; der alte Rouault war gelähmt; eine Tante nahm sich ihrer an. Sie ist arm und schickt sie in eine Baumwollspinnerei, damit sie sich ihr täglich Brot verdient.

Seit Bovarys Tod haben sich nacheinander drei Ärzte in Yonville niedergelassen, aber keiner hat sich dort halten können; Homais hat sie alle aus dem Felde geschlagen. Er hat eine höllische Kundschaft; die Regierung geht vorsichtig mit ihm um, und die öffentliche Meinung tritt für ihn ein.

Unlängst hat er das Kreuz der Ehrenlegion bekommen.

ANHANG

WORTERKLÄRUNGEN

8 *Tschapka* – Mütze polnischer Ulanen, mit viereckigem Deckel auf einem runden Helm

10 *»Quos ego«* – »Euch will ich ...!« So beginnt der Zuruf Neptuns an die tobenden Winde in einem Vers von Vergils »Äneis«

15 *Buch des »Anacharsis«* – skythischer Philosoph (6. Jh. v. Chr.); gemeint ist wohl ein Werk des Abbé Jean-Jacques Barthélémy (1716–1795), »Voyage du jeune Anacharsis en Grèce« (1788)

17 *Béranger* – Pierre Jean de Béranger (1780–1857), erfolgreicher volkstümlicher Lieddichter

22 *Volant* – aufgesetzter Stoffstreifen auf weiten Röcken
Merinokleid – Kleid aus stark gekräuselter weicher Wolle

24 *Schildpattlorgnon* – bügellose, an einem Stiel vor die Augen zu haltende Brille, gefertigt aus dem Material eines Schildkrötenpanzers

26 *Moiré* – matt schimmerndes Muster auf Stoffen

29 *Alkoven* – Bettnische, Schlafgemach

34 *»Paul und Virginie«* – »Paul et Virginie« (1787), exotisch-naiver Unterhaltungsroman von Bernardin de Saint-Pierre (1737–1814), gehörte lange zu den bekanntesten Werken der Weltliteratur
die Geschichte der Mademoiselle de La Vallière – Louise de La Beaume Le Blanc, Duchesse de La Vallière, war die Favoritin Ludwigs XIV.

35 *»Reden« des Abbé Frayssinous* – gemeint sind die »Défense du christianisme et des libertés gallicanes« (1825) des französischen Kanzelredners Denis de Frayssinous (1765–1841)
»Geist des Christentums« – »Le génie du christianisme« (1802), philosophische Verteidigungsschrift

der christlichen Religion von François René de Chateaubriand

37 *Bartholomäus-Nacht* – die sog. Bluthochzeit in der Nacht zum 24.8.1572 zwischen dem aus Béarn stammenden Hugenottenkönig Heinrich von Navarra und der Schwester des französischen Königs, Karl IX. Das katholische Herrscherhaus ließ in einem nächtlichen Massaker fast alle zur Hochzeit in Paris versammelten Hugenotten niedermetzeln; Heinrich von Navarra überlebte und wurde später König Heinrich IV. von Frankreich, bekannt als der »gute König« Henri Quatre

38 *Groom* – junger Diener, Reitknecht

39 *lamartinische Gewundenheiten* – im Stil des französischen romantischen Dichters Alphonse de Lamartine (1790–1869), der mit seinem Gedichtband »Méditations poétiques« (1820) einen überwältigenden Erfolg hatte

43 *Causeuse* – hier: kleines Sofa

49 *Kotillon* – alter Gesellschaftstanz, der einen Ball abschloß und zumeist freie Partnerwahl erlaubte

51 *Brioche* – feines Hefegebäck

66 *Phlebotomie* – Aderlaß

»Glaubensbekenntnis des savoyischen Vikars« – »Profession de foi du vicaire savoyard«: Episode aus dem Erziehungsroman »Émile« (1762) von Jean-Jacques Rousseau (1712–1778)

70 *skrofulös* – tuberkulöse Erkrankung mit Geschwulstbildung

71 *Miasmen* – Stoffe in Luft und Erde, die nach damaliger Ansicht Krankheiten auslösten

77 *Insel Cythera* – »L'Île de Cythère«, Gemälde von Jean-Antoine Watteau (vgl. Bildteil im Anhang)

83 *Estrade* – hier: Podium

91 *Cincinnatus und sein Pflug* – Quinctius Cincinnatus

(5. Jh. v. Chr.); römischer Staatsmann, der angeblich vom Pflug weg zum Diktator berufen wurde

91 *Diocletian beim Kohlpflanzen* – Aurelius Valerius Diokletian (ca. 245–313); römischer Kaiser, der nach seiner Abdankung (der Legende nach) zurückgezogen als Privatmann in geruhsamer Idylle gelebt haben soll

98 *Phalangen* – Plural von Phalanx: Schlachtreihe im antiken Griechenland

99 *Loyola* – gemeint ist Ignatius von Loyola (1491–1556), der Gründer des Jesuitenordens

116 *Herzog von Clarence in seinem Faß Malvasier* – als der Herzog von Clarence zum Tode verurteilt und gefragt wurde, auf welche Art er zu sterben wünsche, bat er darum, in einem Faß Malvasierwein ertränkt zu werden

121 *Lucia von Lammermoor* – »Lucia di Lammermoor« (1835), dramatische Oper von Gaetano Donizetti (1797–1848)

123 *Cavatine* – solistisches Gesangsstück mit einfachem, liedhaftem Charakter

125 *Stretta* – Abschluß einer Opernarie

133 *Küraß* – Lederpanzer, Brustharnisch

135 *geköpertes Barchent* – in Köperbindung gewebter, aufgerauhter Baumwollstoff

143 *Rapier* – degenartige Fechtwaffe

154 *»Badende Odaliske«* – Gemälde von Dominique Ingres (1780–1867)

181 *galvanisieren* – Anwendung des elektrischen Gleichstroms, eigentlich zu Heilzwecken

204 *Skythe* – Angehöriger eines südrussischen Volksstamms in der Antike

205 *»Sta viator, amabilem conjugem calcas«* – »Verweile Reisender, unter deinen Füßen liegt eine der Liebe würdige Gattin«

214

Gustave Flaubert.

Lithographie, um 1865.

Flaubert seziert Madame Bovary.

Karikatur von A. Lernot in »La Parodie« vom 5. Dezember 1869.

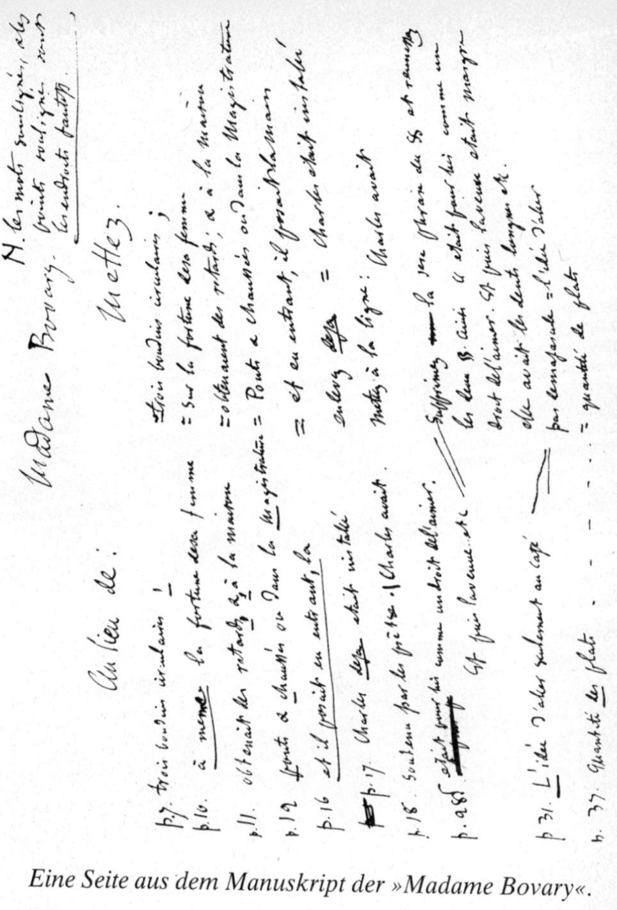

Eine Seite aus dem Manuskript der »Madame Bovary«.

*Bildnis der Delphine Delamare, dem wichtigsten Vorbild
zur Madame Bovary.*

Gemälde von Joseph-Désiré Court (1797–1865).

Lithographie von 1838 der Kleinstadt Totes, die Flaubert als ersten Wohnort des Ehepaares Bovary bestimmt hatte.

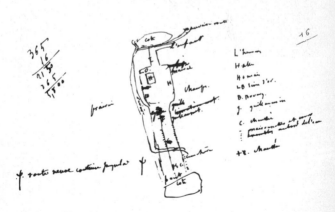

Plan von Yonville, gezeichnet von Flaubert.

Jean-Antoine Watteau. L'Embarquement pour L'Île de Cythère. Ein Muster erotischer Tagträumerei, das auch im Leben Emmas – von der Fahrt zurück von Schloß La Vaubyessard bis zu den täglichen Fahrten nach Rouen – eine wichtige Rolle spielt.

Öl auf Leinwand, 1717.

Die Erotisierung des Lebens im Frankreich des
19. Jahrhunderts im Spiegel zeitgenössischer Illustrationen.
Titelblatt des illustrierten Werkes »Elégances Parisiennes«.

Die Strümpfe, und wie man sich ihrer bedient. Studien über die Toilette. Aus der Zeitschrift »La vie parisienne«.

Studien über die Dekolletage. Aus der Zeitschrift
»La vie parisienne«.

Ein Frauenleben. Aus »Le Charivari«, 1833.
Lithographie von Bourde.

1821	12. Dezember: Geburt in Rouen als Sohn des Chefchirurgen Achille-Cléophas Flaubert und seiner Frau Justine-Caroline Fleuriot
	Tod Napoléons auf St. Helena
1825	Gustave beobachtet mit seiner Schwester Caroline heimlich den Vater bei Autopsien
1830	*Juli-Revolution in Paris, Herzog von Orleans wird »Bürgerkönig«*
1832	Eintritt ins Collège Royal (Gymnasium zu Rouen)
1834	Redaktion der am Collège erscheinenden Zeitschrift »Art et Progrès«. In Trouville Bekanntschaft des englischen Admirals Collier und seiner Töchter Gertrude und Harriet. Flaubert verfaßt »La Mort de Marguerite de Bourgogne«
1835	Flaubert schreibt bis zu seinem Schulaustritt zahlreiche Prosastücke, u. a. »Matteo Falcone« (1835) und »Smarh« (1839)
1836	Erste nachhaltige Liebeserfahrung mit Elisa Foucault (gen. Schlésinger). Beginn der »Mémoires d'un fou« (»Erinnerungen eines Verrückten«; Abschluß 1838)
1837	Flauberts erstes Werk wird gedruckt »Une Leçon d'histoire naturelle: genre commis« (»Ein Kapitel Naturgeschichte: Gattung Kanzleischreiber«)
1840	Schulabschlußprüfung. Reise in die Pyrenäen und nach Korsika
1841	Beginn des Jurastudiums
1842	Umzug nach Paris. Entstehen der Erzählung »Novembre« (»November«)

1843	Beginn der ersten Fassung von »L'éducation sentimentale« (»Schule der Empfindsamkeit«; Abschluß 1845)
1844	Ausbruch der Nervenkrankheit und Aufgabe des Studiums. Endgültige Übersiedlung nach Croisset bei Rouen
1846	15. Januar: Tod des Vaters. Bekanntschaft und Verbindung mit Louise Colet. Beginn »La tentation de saint Antoine« (»Die Versuchung des heiligen Antonius«; Abschluß 1849)
1847	Reise durch die Bretagne und die Normandie
1848	Teilnahme an der Februarrevolution in Paris, die die Republik ausruft. Bruch mit Louise Colet
1849	Erste Idee zur »Madame Bovary«
1849–1851	Orientreise. Rückkehr nach Croisset, erneuter Umgang mit Louise Colet
1851–1856	Entstehung der »Madame Bovary« in Croisset
1854	Endgültiger Bruch mit Louise Colet
1855	*Weltausstellung in Paris*
1856	Oktober bis Dezember: Vorabdruck der »Madame Bovary« in »La Revue de Paris«
1857	Prozeß in Sachen »Madame Bovary« wegen Gefährdung der öffentlichen Moral. Freispruch Flauberts am 7. Februar. April: Buchveröffentlichung der »Madame Bovary«
1858	Studienreise nach Tunesien für »Salammbô«
1858–1862	Entstehung von »Salammbô«
1863–1869	Arbeit an der zweiten Fassung des Romans »L'éducation sentimentale«

1869—1872	Neuerliche Arbeit an »La tentation de saint Antoine« (1874 erschienen)
1870/1871	*Deutsch-französischer Krieg; Ende 1870 Einzug der Preußen in Rouen und Croisset*
1871	*Aufstand der Pariser Kommune wird blutig niedergeschlagen*
1874	Die 1873 verfaßte Komödie »Der Landtagskandidat« fällt durch
1874—1877	Arbeit an »Bouvard et Pécuchet« (1881 posthum veröffentlicht) und den »Trois contes« (»Drei Erzählungen«: »Ein einfaches Herz«, »Die Legende vom heiligen Julian, dem Gastfreien« und »Herodias«)
1879	Minister Ferry verschafft Flaubert eine mit dreitausend Francs jährlich dotierte Stelle als Bibliotheksberater
1880	8. Mai: Tod Flauberts in Croisset

WIRKUNGSZEUGNISSE

CHARLES BAUDELAIRE
L'Art romantique (1868)

[...] sei es mir erlaubt [...] der französischen Justiz Dank zu sagen für das glänzende Beispiel der Unparteiischkeit und des guten Geschmacks, das sie bei dieser Gelegenheit gegeben hat. Von einem blinden und allzu heftigen Eifer für die Sittlichkeit bedrängt, von einer Gesinnung, die sich in einem Bereich tummelte, der ihr nicht zustand, – angesichts eines Romans, der das Werk eines bis dahin unbekannten Schriftstellers war, – ein Roman, und was für ein Roman! der unparteiischste, der rechtschaffenste, – ein Feld, banal wie jedes andere, gepeitscht, durchtränkt, wie die Natur selber, von allen Winden und Ungewittern, – hat die Justiz sich, sage ich, rechtschaffen und unparteiisch erwiesen wie das Buch, das man als Schlachtopfer vor ihren Richterstuhl gezerrt hatte. Mehr noch: wenn nach den Erwägungen, die das Urteil begleiteten, eine Vermutung gestattet ist, so hätten die Richter, selbst gesetzt den Fall, sie hätten in diesem Buch etwas wirklich Tadelnswertes gefunden, es dennoch freigesprochen, zugunsten und in Anerkennung der Schönheit, mit der es ausgestattet ist.

GUY DE MAUPASSANT
Aus dem Vorwort zu dem Briefwechsel zwischen Gustave Flaubert und George Sand (1884)

Das Erscheinen von »Madame Bovary« war eine Revolution in der Literatur. [...] Das war kein Roman mehr, wie die Größten ihn verstanden hatten, bei dem man immer ein wenig die Erfindung und den Verfasser durchfühlt, und den man entweder tragisch oder sentimental oder leidenschaftlich nennen, oder den man der Familienliteratur beizählen konnte, in dem man die Absichten, die Stimmung und die Denkart des Schriftstellers erkannte. Das Leben selbst erschien. Man konnte glauben, daß sich die Gestalten beim Umschlagen der Seiten vor den Blicken des Lesers aufrichteten; daß sich die Landschaften mit allen ihren traurigen Tönen, ihren Fröhlichkeiten, ihren Gerüchen, ihren Reizen, vor einem entrollten; daß sogar die leblosen Dinge aufstünden, je nachdem eine unsichtbare, irgendwo verborgene Schöpferkraft sie beschwört.

HEINRICH MANN

GUSTAVE FLAUBERT UND GEORGE SAND. 50 JAHRE NACH DEM TOD (1930)

Romantiker im Herzen, fand er die unromantische Aufgabe vor, den Roman seiner Zeit zu schreiben. Er schrieb ihn auch, aber er opferte sich einem freiwillig erschwerten Ziel. Szenen, Menschen und Gedanken des gegebenen Augenblickes sollten in voller Bewegung erhalten bleiben, während dennoch Wirkungen plastischer Größe von ihnen ausgingen wie von einer Antike. Das wurde Madame Bovary. [...] Die Bovary war die Bibel junger Schriftsteller, in Malschulen wurde laut vorgelesen aus den zauberhaften Sätzen der Versuchung. Vieles wurde komponiert, gezeichnet, gemalt.

EGON FRIDELL

KULTURGESCHICHTE DER NEUZEIT (1931)

Sein erstes Werk, *Madame Bovary*, die Biographie einer Provinzlerin, die aus Unbefriedigung am Dasein zur Ehebrecherin wird, 1857 erschienen, trug ihm eine Anklage wegen Unzüchtigkeit ein, obgleich es eigentlich in seiner versteckten Moralistik sehr kleinbürgerlich ist.

Die Empörung, die es erregte, läßt sich nur aus der Neuheit seiner Optik erklären. Hierin und hierin allein bestand Flauberts »Unsittlichkeit«. Jeder fundamental neue Weltaspekt wirkt »zersetzend«, zersplittert kompakte Solidaritäten, zerreißt eingelebte Zusammenhänge. Spätere Zeitalter, die ihn nicht mehr nötig haben, pflegen den Dichter der Vergangenheit sehr zu schätzen, lassen ihn in der Schule lernen und versuchen die lebenden Dichter mit ihm totzuschlagen; aber seine Zeitgenossen, die einzigen Menschen, die ihn brauchen, nennen ihn zersetzend.

ERICH AUERBACH

MIMESIS (1946)

Der Roman ist die Darstellung einer ganzen ausweglosen Menschenexistenz, [...] eine so unkonkrete Verzweiflung mag es wohl immer gegeben haben, aber man dachte vordem nicht daran, sie in literarischen Werken ernst zu nehmen; eine so gestaltlose Tragik, wenn man es Tragik nennen darf, die durch die eigene Lage im ganzen ausgelöst wird, ist erst durch die Romantik literarisch erfaßbar geworden; an Menschen niederer geistiger Bildung und tieferer sozialer Schicht dürfte sie Flaubert als erster dargestellt haben; gewiß ist er der erste, der unmittelbar das Zuständliche dieser seelischen Lage ergreift. Es geschieht nichts, aber das Nichts ist zu einem schweren, dumpfen, drohenden Etwas geworden.

VLADIMIR NABOKOV

DIE KUNST DES LESENS (1953/54)

Wir sollten stets daran denken, daß Literatur von keinerlei praktischem Wert ist, außer in dem einen Sonderfall, daß jemand ausgerechnet Literaturprofessor werden möchte. Emma Bovary hat es nie gegeben: das Buch *Madame Bovary* wird auf alle Zeiten Bestand haben, denn Bücher leben länger als Mädchen.

HANS MAYER

MADAME BOVARY

Flaubert liebte im Grunde, was er auch sagen mochte, was er auch niederschrieb, um ihr Bild vor aller Idealisierung zu bewahren: er liebte diese Emma Bovary geborene Rouault aus dem Pachthof Bertaux in der Normandie. Er liebte Emma Bovary als sein Geschöpf – und als Verkörperung eigenen Erlebens.

JEAN-PAUL SARTRE

DIE WÖRTER (1964)
(RÜCKBLICK AUF SEINE JUGENDLEKTÜRE)

Zwanzigmal hintereinander las ich die letzten Seiten von ›Madame Bovary‹; schließlich kannte ich ganze Abschnitte auswendig, ohne daß mir das Verhalten des armen Witwers dadurch klarer geworden wäre: er fand Briefe, war das ein Grund, sich nicht mehr zu rasieren? Er blickte düster auf Rodolphe, also hatte er was gegen ihn – aber *was* eigentlich? Und warum sagte er zu ihm: »Ich bin Ihnen nicht böse.« Warum fand Rodolphe ihn »komisch und ein bißchen verächtlich«? Dann starb Charles Bovary: an Kummer? an einer Krankheit? und warum öffnete der Arzt ihn, wenn doch alles zu Ende war? Ich liebte diesen hartnäckigen Widerstand, mit dem ich niemals fertig wurde; ich wurde mystifiziert und geprellt und genoß doch die zweideutige Wollust eines Verstehens ohne Verstehen: hier war die Dichtigkeit der Welt.

NATHALIE SARRAUTE

Flaubert der Vorläufer (1965)

Dieser außerordentlich aufmerksame, faszinierte Blick einer mit »Literatur« vollgestopften Kleinbürgerin gibt den Bildern ihre Intensität, ihre Kraft, ihren Hintergrund und manchmal [...] ihre Subtilität und ihre Vieldeutigkeit.

JEAN AMERY

Die Stunde des Romans (1971)

Madame Bovary war die große Stunde Flauberts und des Romans. Man hatte dergleichen vorher nicht gekannt. Ich frage mich in allem Ernste, ob je wieder der Roman *als* Roman *Madame Bovary* erreicht hat [...].
Im Lichte der sozialkritischen Untersuchung ist *Madame Bovary* der erste Roman der Weltliteratur, der sowohl ohne jede moralisierende Intention als auch ohne das mindeste Zugeständnis an des Lesers Abenteuerlust Vorgänge in kleinbürgerlichem Milieu in einer totalen Objektivität darstellt, die aber (und ich bitte um Erlaubnis für den Gebrauch einer hoch suspekten Formel!) dialektisch umschlägt in ebenso vollkommene Subjektivität.

JEAN-PAUL SARTRE

Der Idiot der Familie (1971)

In *Madame Bovary* ist es ihm gelungen, uns die analytische Vernunft als Niedrigkeit des Geistes und höchsten Schwachsinn zu zeigen und gleichzeitig ihre Prinzipien und Schlußfolgerungen als Wahrheiten anzunehmen: der Genieblitz war, sie in dem Apotheker Homais zu verkörpern.

UNBEFRIEDIGT JEDEN AUGENBLICK

Nachwort von Gert Ueding

Die Szene ist oft beschrieben worden, Maxime du Camp, Flauberts zwiespältiger Freund, hat sie uns in seinen Erinnerungen überliefert. Sie spielt 1849, ein Jahr nach der Revolution, an welcher Flaubert aktiv teilgenommen und die noch seinen Haß auf alles Bürgerliche nur verstärkt hatte. Er war fast achtundzwanzig Jahre alt, offenbar nervenkrank und mit all den Symptomen, die er später an Emma diagnostiziert, also bestens vertraut. Sein juristisches Studium in Paris hatte er nach einem Zusammenbruch (den man auch als epileptischen Anfall gedeutet hat) abbrechen müssen und lebte nun ganz zurückgezogen im elterlichen Hause, einem kleinen Schlößchen schon, nahe der Seine und gegenüber von Rouen. Hierher lud er im September 1849 zwei Freunde und Schriftstellerkollegen ein: Maxime du Camp und Louis Bouilhet. In einer Lesung wollte er ihnen sein neuestes Buch vorstellen: »Die Versuchung des heiligen Antonius« (»La tentation de saint Antoine«). Eineinhalb Jahre hatte er daran gearbeitet, es sollte seine bisherigen unveröffentlichten Werke übertrumpfen (»Matteo Falcone«, »Smarh« oder »Novembre«), alles im romantischen Stil geschriebene Versionen der üblichen Zeitthemen, von der Rebellion gegen die prosaische Väterwelt und dem vergeblichen Streben nach einem absoluten Lebensideal bis hin zur pessimistischen Verurteilung der ganzen Weltordnung. Angeregt worden zu dem neuen Buch war er durch Breughels Bild, das ihm in Genua so tiefen Eindruck gemacht hatte. Zunächst hatte ein Theaterstück daraus entstehen sollen, dann war es ein Roman geworden. Jetzt sitzt man also in dem überladenen Arbeitszimmer, Flaubert beginnt zu lesen – nicht etwa Teile seiner Arbeit will er den Freunden zu Gehör bringen, sondern das ganze Werk. Vier Tage dauert die Prozedur, der Autor beginnt jeweils um zwölf Uhr mittags, liest bis vier Uhr nachmittags, gestattet dann allen eine Pause, um schließlich von acht bis zwölf Uhr nachts die zweite Hälfte des Tagespensums zu erledigen. Ein »*sechsunddreißigstündiges* Schauspiel« hat Sartre die Veranstaltung genannt: »er *spielt* vor ihnen seine erste Fassung der ›Tentation de saint Antoine‹. Das quälendste ist, daß er nach dieser einzigen, ermüdenden Anhörung ein Urteil verlangt. Als wenn die von ihm ausgesprochenen, mit seinem Atem als Sätze artikulierten Wörter sofort eine vollständige Intelligibilität erreichten, als wenn es möglich wäre, nach einer einzigen Probe ein umfangreiches Werk zu beurteilen, das voller Paradoxe ist, von denen jedes Gegenstand einer langen Überlegung sein müßte.«[1]

Wie absurd auch immer diese Marathonlesung uns erscheinen mag, sie macht zum einen deutlich, welchen Wert Flaubert in diesem Frühwerk schon auf die akustisch-musikalische Dimension der Sprache legte, so daß er zwar die Modalität, aber nicht das Ideal seiner Prosa verändern wird. Zum andern aber hatte sie eine unabsehbare Folge. Die Freunde waren wie betäubt, und dann formulierten sie ihre Kritik, ließen kaum einen guten Faden an dem aufwendigen Produkt, nannten es schlechte, verdorbene Lyrik, romantischen Schwulst, vernichteten es gänzlich. Flaubert verteidigte sich, die Diskussion beanspruchte den Rest der Nacht, seine Argumente wurden schwächer, schließlich streckte er die Waffen. Man schlug ihm vor, sich andern Themen zuzuwenden, zeitnahen, prosaischen, an denen er seinen fatalen Romantizismus abschleifen könne. Stoffen, die auf der Straße lägen, manchmal ganz in der Nähe, ohne daß man sie recht wahrnähme, wie zum Beispiel jene Begebenheiten, die sich erst kürzlich in dem Dorfe Ry nicht weit von Rouen zugetragen haben. Der dortige Arzt, ein gewisser Delamare, sei da soeben gestorben, nur ein Jahr nach seiner Frau, deren nicht ganz geklärter Tod einiges Aufsehen erregt habe, da er auf zwei unglückliche Liebschaften folgte. Wenn die Anekdote stimmt, war in diesem Augenblick die Idee zu einem der berühmtesten Romane der Weltliteratur geboren, den manche sogar für ihren vollkommensten und größten halten.

Fünf Jahre hat Flaubert daran gearbeitet, jede Einzelheit seines Buches in der Realität recherchierend. Im Herbst 1851 begann er mit der Schreibarbeit, und ab Oktober 1856 erschien der Roman in einer gekürzten Fassung in der angesehenen »Revue de Paris«. Maupassant hat die Arbeitsweise des verehrten Kollegen sehr plastisch beschrieben: »Er saß, den Körper in den hochlehnigen Eichensessel gedrückt, den Kopf zwischen den breiten Schultern, und starrte auf das Blatt Papier mit seinen blauen Augen, deren Pupille ganz klein war und ein schwarzes ruheloses Korn zu sein schien. Eine leichte Kappe aus Seide, wie sie die Geistlichen tragen, bedeckte seinen Schädel und ließ lange Haarsträhnen hervorquellen, die am Ende gelockt waren und auf den Rücken herabfielen. Ein weiter Schlafrock aus braunem Stoff hüllte ihn ganz ein – und sein rotes Gesicht, das ein starker weißer Schnurrbart mit fallenden Enden durchschnitt, schwoll unter dem wütenden Zudrang des Blutes. Sein von dicken dunkeln Wimpern beschatteter Blick durchlief die Zeilen, wühlte in den Worten, bearbeitete die Sätze; er studierte die Physiognomie der aneinander gereihten Buchstaben und lauerte auf die Wirkung, wie ein Jäger auf dem Anstand. Dann begann er zu schreiben. Er schrieb langsam, mit vielen Unterbrechungen. Er begann wieder von vorn, merzte aus, schrieb darüber, füllte den Rand des Papiers. Er schwärzte zwanzig Seiten, um dann eine einzige daraus zu machen, und ächzte unter der mühsamen Anstrengung seiner Gedanken wie ein Brettschneider. Manchmal warf er die Feder, die er in der Hand hielt, in einen großen orientalischen Teller voll sorgfältig geschnittner Gänsekiele, nahm das Blatt Papier, hob es bis zur Höhe der Augen, stützte sich auf den Ellbogen und deklamierte mit lauter, beißender Stimme. Er lauschte dem Rhythmus seiner Prosa und hielt manchmal an, um einen verschwindenden Wohlklang festzuhalten. Er setzte die Töne zusammen, entfernte die Assonanzen, verteilte die Kommata mit Berechnung, wie Ruheplätze auf einem langen Weg. ›Ein Satz ist lebensfähig‹, sagte er, ›wenn er allen Bedürfnissen der Atmung entspricht. Kann man ihn mit lauter Stimme lesen, so weiß ich, daß er gut ist.‹«[2]

Wie in einer Momentaufnahme hat Maupassant die langsame, mühevolle, leidenschaftlich-verbohrte Arbeitsweise dieses Schriftstellers gezeigt, der eine ganze Nacht damit zubringen konnte, an einem kurzen Satz von wenigen Wörtern so lange zu modellieren, bis er seine vollkommene Struktur und Lautgestalt erhalten hatte. Sartre hat »das Geheimnis des Stils in den Meisterwerken Flauberts« darin sehen wollen, »daß er zurückgewiesene Rhetorik ist. Und zwar *vom Anderen* zurückgewiesene Rhetorik.«[3] Vom anderen, das meint zunächst vom Kritiker außerhalb, den Flaubert aber bald schon als kritische Instanz verinnerlichte. Sartres Diktum ist wenig erhellend, soweit es von einem Rhetorik-Begriff ausgeht, der den Redner mit dem romantischen Pathetiker identifiziert; es weist aber auch in die richtige Richtung, insofern es mit rhetorisch (ob zurückgewiesen oder nicht) das Hauptmerkmal von Flauberts Prosastil benennt. Eine Rhetorik freilich, die sich an den klassischen Idealen der französischen Literatur orientiert, an

Harmonie, Wohlklang, Einfachheit und Kürze. »Größten Wert legte der Sprachmusiker Flaubert auf die Vermeidung störender Gleichklänge. Silbenwiederholungen, ähnlich lautende Satzschlüsse oder gar Reime waren ihm verpönt. Er war wie besessen von der Furcht, dieselben Pronomina, Artikelformen oder Adverbien gehäuft auftreten zu lassen. Ja er gab als seinen Lebensinhalt aus, zu versuchen, ›harmonische Sätze zu schreiben und dabei Assonanzen zu vermeiden.‹«[4]

Flaubert kannte keine andere Passion als die Literatur, das Schreiben, und wenn er auch nicht so weit ging wie später Marcel Proust, der sich in sein Haus, dann in sein abgedunkeltes Zimmer einschloß und zuletzt kaum noch das Bett verließ, in dem er lebte, arbeitete und schlief, so hat er die wenigen Reisen, die er noch machte, meist auch nur zu Studienzwecken unternommen – etwa im Frühjahr 1858 nach Algerien, als er an »Salammbô« schrieb, seinem Karthago-Roman. »Gustave Flaubert hat die Literatur so ausschließlich geliebt, daß in seiner von dieser Liebe ausgefüllten Seele kein andrer Ehrgeiz Platz haben konnte«[5], konstatierte Maupassant. Den allergrößten Teil seines Lebens hat er in dem schönen weißen Landhaus Croisset am Ufer der Seine zugebracht, sein Arbeitszimmer ging zum Fluß hinaus, und er konnte die Schiffe vorüberziehen sehen. Er begann schon morgens mit dem Schreiben, schlief am Nachmittag ein, zwei Stunden und arbeitete weiter bis drei oder vier Uhr morgens. Sonntags empfing er seine Besucher zwischen Mittag und Abend, Schriftsteller zumeist, Philippe Burty, Alphonse Daudet, Emile Zola, auch Iwan Turgenjew oder den Professor für vergleichende Anatomie Georges Pouchet, den Verleger Charpentier und seinen Schwager Emile Bergerat. Hier auf Croisset entstanden Flauberts Meisterwerke: nach der »Madame Bovary« noch »Salammbô«, die »Schule der

Empfindsamkeit« (»L'éducation sentimentale«), eine neue Fassung der »Versuchung des heiligen Antonius« (»La tentation de saint Antoine«), die »Drei Erzählungen: Ein einfaches Herz; Die Legende vom heiligen Julian, dem Gastfreien; Herodias« (»Trois contes: Un cœur simple; La légende de saint Julien l'Hospitalier; Hérodias«) und schließlich »Bouvard und Pécuchet«, das erst ein Jahr nach seinem Tode veröffentlicht wurde. Flaubert ist 1880 gestorben: »Eines Tage endlich fiel er, vom Schlag getroffen, gegen das Bein seines Schreibtisches, von ihr, der Literatur, getötet: getötet wie alle großen Leidenschaftlichkeiten, die immer das Opfer ihrer Leidenschaft werden.«[7] Das schrieb ihm einer hinterher, der es wissen mußte und der ebenfalls (wenn auch auf andere Weise) ihr Opfer wurde: Maupassant.

»Madame Bovary, c'est moi«[7], »Madame Bovary, das bin ich«, der Ausspruch Flauberts ist zum geflügelten Wort geworden, wo immer man den Roman thematisiert, aber er ist vieldeutiger, als es auf den ersten Blick erscheint. Gewiß bezieht er sich zuerst einmal auf das problematische Verhältnis von Literatur und Leben, unter dem Emma leidet und das ein wesentlicher Bestandteil ihrer Krankheit zum Tode ist. Jules de Gaultier hat diesen Zustand 1892 »Bovarysmus«[8] genannt, und seither ist der Terminus ein fester Begriff der Flaubert-Forschung geworden. Man versteht darunter ein aus der Lektüre romantischer und sentimentaler Romane und Gedichte gewonnenes falsches, scheinhaftes Realitätsverhältnis. Eine romantisch-sentimentale Epoche in seinem Leben hat Flaubert selbst eingestanden, da er sich am liebsten mit einem Helden wie Byrons Lara identifizierte. Auch die erste Produktion seines Werkes setzt die Tradition des lyrisch-romantischen Romans fort, und die rigorose Selbstzucht seiner Reifezeit hätte ihn, be-

merkte Hugo Friedrich, »nicht so große Anstrengung gekostet, wenn er nicht in sich selbst eine Erbschaft romantischer Neigung hätte bekämpfen müssen«.[9] Eine Erbschaft, die ebenfalls das Ungenügen am Leben bedeutete und die überschwengliche Kompensation im Reich
der großen Ideen und Gefühle, der sublimen ästhetischen Erfahrungen und einer grenzenlos schweifenden
Sehnsucht suchte.

Wenn wir uns an Emmas Bildungsgeschichte erinnern, so erscheint sie wirklich als das Paradebeispiel
einer überspannten Erziehung, der das Ausweichen vor
der Realität das höchste Ziel bedeutet. Das war schon in
der Klosterschule so, die für sich genommen bereits als
Erziehungsinstitut für ein Mädchen vom Lande einer
herausgehobenen, ausgezeichneten, eigentlich unange-
messen Wirklichkeitsschicht angehörte und in Emma ei-
nerseits die Neigung zu einem höheren, bedeutungsvol-
len und reichen Leben bestärkte, ihr andererseits aber
auch schon die Technik des Ausweichens vermittelte. Sie
erlaubt es ihr, die überschwenglichen Ansprüche auf
scheinhafte Weise, im mystischen Religionserlebnis zu
befriedigen und somit die Konfrontation mit ihrer durch
Herkunft und Umwelt geprägten Lebenswirklichkeit zu
vermeiden. Sie erwies sich als gelehrige Schülerin und
hat diese Praktiken nicht vergessen. Das erste Zeichen,
mit dem sie uns im Roman angekündigt wird, ist ein
Brief, „den ein kleines, blaues Wachssiegel verschloß".[10]
Eine bedeutsame Figurenexposition, denn der Brief ist,
wie der aus ihm entstandene Briefroman, die bevorzugte
Form sentimentaler Gefühlskommunikation im 18. und
19. Jahrhundert und oftmals mehr Ausdruck von Phan-
tombeziehungen als von wirklichen interpersonalen Erfahrungen gewesen. Wir brauchen nur an »Werther« zu
denken, und tatsächlich stand dieser auch in Frankreich
so überaus erfolgreiche Roman des jungen Goethe ein-

mal auf der Lektüreliste Emmas, bevor Flaubert sie zusammenstrich und für die endgültige Fassung des sechsten Kapitels im ersten Buch exemplarisch verallgemeinerte. Schon aus diesem Billet geht Emmas merkwürdige Verstiegenheit hervor, wenn wir bedenken, daß es sich dabei um nichts anderes als die Konsultationsbitte an den Arzt handelt, weil ihr Vater das Bein gebrochen hatte. Die Diskrepanz zwischen Form und Inhalt der Botschaft entspricht dem problematischen Verhältnis zwischen Phantasie und Wirklichkeit bei der Absenderin: sie inszeniert selbst noch die pragmatische Alltagshandlung.

Das Thema der realitätsverwirrenden Lektüre durchzieht den ganzen Roman, übrigens durchaus nicht allein auf Emma bezogen. Auch Homais ist ihr Opfer, wenngleich in einer anderen Sparte, nämlich derjenigen der aufklärerischen Traktätchenliteratur und ihrer wissenschaftlichen oder pseudowissenschaftlichen Ableger. Einmal läßt sich selbst der aus Phantasielosigkeit nüchterne Charles anstecken: als er sich nämlich auf die unglückliche Klumpfußoperation vorbereitet. Doch was bei dem einen dazu führt, daß man ihm zuletzt das Kreuz der Ehrenlegion verleiht, führt bei dem anderen zum Untergang: Homais vertritt eine gesellschaftlich sanktionierte Form von Realitätsdummheit, deren offizielle Zeugnisse Flaubert in seinem »Wörterbuch der Gemeinplätze« (»Dictionnaire des idées reçues«), einer Art Anhang zu »Bouvard und Pécuchet«, gesammelt hat. Emma dagegen verstößt gegen die gesellschaftlichen Übereinkünfte ihres Lebensbereichs und wird dafür büßen müssen, ihre Phantasien sind extravagant und nach den Maßstäben provinzieller Sitte gefährlich. „Hätte sie ihre Kindheit in der Ladenstube irgendeines Geschäftsviertels verbracht, so würde sie vielleicht der Naturschwärmerei verfallen sein, die für gewöhnlich durch die Vermittlung der Schriftsteller anerzogen wird. Aber sie wußte über das Landleben allzu gut Bescheid: sie kannte das Blöken der Herden, die Milchspeisen, die Pflüge. Da sie an friedliche Vorgänge gewöhnt war, wandte sie sich dem Entgegengesetzten zu, dem Bewegten und Abwechslungsreichen. Sie liebte das Meer nur seiner Stürme wegen [...]. Sie mußte aus allem einen selbstischen Genuß schöpfen können [...] – ihr Charakter war eher sentimental als ästhetisch; sie war auf seelische Erregungen erpicht, nicht auf Landschaften."[11] Das ist eine der seltenen Stellen, an denen wir deutlich die Stimme des Erzählers vernehmen, der sich sonst (eine der größten romantechnischen Errungenschaften Flauberts) aus seinem Werk heraushält und das Geschehen aus der Perspektive seiner Figuren, ihnen gleichsam über die Schultern schauend, darstellt. In »Madame Bovary« wird diese Technik erprobt, in der »Schule der Empfindsamkeit« beherrscht die Perspektive Frédéric Moreaus fast den ganzen Roman. Das Wichtigste für Emma jedenfalls sind ihre eigenen seelischen Erregungen, der narzißtische Genuß ihres Selbst, und nur starke Reizmittel verhelfen ihr dazu. Daher liest sie schon im Kloster heimlich die Romane, die eine verarmte Adelsjungfer ihr verschafft und in denen nur die heftigsten Leidenschaften und grellsten Glückswechsel zugelassen sind. Trivialromane, zu denen dann Bernardin de Saint Pierres süß-elegische Liebesromanze von Paul und Virginie hinzukommt (in welcher das zeitgenössische Publikum vor allem die Idee der weiblichen »sensibilité«, der antirationalistischen Empfindsamkeit, verkörpert fand); auch Lamartine, Chateaubriand und Scott gehören zur bevorzugten Lektüre, später wird sie Frauen- und Modejournale, die Feuilletonromane der Zeit, Eugène Sue, George Sand und Balzac dazunehmen. Nachdem Léon Yonville verlassen hat, wird ihre Lesewut noch größer, ohne allerdings etwas an ihrer Schwermut, den häufigen und krassen Stimmungswechseln zu ändern. „Was tut sie denn?" ereifert sich ihre Schwiegermutter. „Romane liest sie, schlechte Bücher, Schriften, die gegen die Religion sind und in denen die Priester verhöhnt werden mit Redensarten aus dem Voltaire."[12] Die Therapie scheint einfach („Also wurde beschlossen, Emma am Romanlesen zu hindern."[13]), das Abonnement beim Leihbibliothekar in Rouen kündigt die alte Frau Bovary umgehend selber – allein, nicht für lange, denn Emma gelingt es natürlich leicht, Charles zur Zurücknahme dieser Entscheidung zu bewegen.

Die kulturkritische Idee, die das Lesen für eine schädliche, Herz und Verstand vergiftende Tätigkeit, eine kulturpathologische Erscheinung hält (die Mutter Bovary spricht auch von dem Vergiftungswerk der Buchhändler), ist natürlich nicht neu, sondern kursierte in mancherlei Versionen seit der Ausweitung der Lektüre über den engen Kreis der Gelehrten und Mönche hinaus – sie hat ein sehr viel früheres Großwerk der Weltliteratur inspiriert: Cervantes' »Don Quijote«, ein Buch, das Flaubert bewunderte, vor allem wegen der ständigen Verschmelzung von Illusion und Realität[14], und aus dessen Perspektive »Madame Bovary« schon mehrfach interpretiert wurde, »The female Quixote«[15] – die weibliche Quijote – lautet etwa ein einschlägiger Titel der Forschungsliteratur. Allein, so viele Echos des einen man auch in dem anderen Buch ausmachen kann, für Flaubert hat das Thema eine ganz andere Bedeutung. Die Lektüre ist für Emma Medium des Selbstgenusses, ein Spiegel, der immer nur sie selber in allen Verkleidungen und Posen ihrer Phantasie zeigt. „Sie war die Liebende aller Romane"[16] für Léon, und ihn selber stilisiert sie in ihrer Vorstellung zur willigen Projektionsfigur aller ihrer Wünsche. Auch als sie sich längst regelmäßig sehen, schreibt Emma Liebesbriefe an Léon. „Aber beim Schreiben hatte sie einen ganz anderen Mann vor Augen, ein Phantom, das sich aus ihren glühendsten Erinnerungen, aus dem Schönsten unter allem, was sie gelesen, aus ihrem stärksten Begehren zusammensetzte; und dieses Phantom wurde schließlich so echt und greifbar, daß sie staunend darüber erbebte, ohne es sich jedoch deutlich vorstellen zu können, so sehr verschwand es wie ein Gott unter der Fülle seiner Attribute."[17] Obwohl sie derart in eine Wunschwelt sich davonträumt und in den Liebesbegegnungen mit Léon, in der Staffage des Bettes und den ekstatischen Posen ihres Körpers („Mit brutaler Hast zog sie sich aus, riß das dünne Schnürband aus ihrem Korsett, das ihr um die Hüften zischte wie eine dahingleitende Ringelnatter. [...]; dann ließ sie mit einer einzigen Geste ihre sämtlichen Kleidungsstücke fallen; – und bleich, stumm und ernst stürzte sie sich mit einem langen Erschauern an seine Brust."[18]), in all den übertriebenen Veranstaltungen ihrer Liebeskunst etwas von der Farbe der Träume zu bewahren sucht, gelingt ihr das doch nur annäherungsweise und selten. Anders als der spanische Junker aus der Mancha lebt sie ständig im Bewußtsein des harten Schnittes zwischen ihren Wunschvorstellungen und der Realität. Sie weiß, daß jeder Illusion unweigerlich die Enttäuschung folgt. (»Auch die Geschichte der Frau Bovary ist ein Bericht über ›Verlorene Illusionen‹«[19], bemerkte Hans Mayer mit Anspielung auf Balzacs großen Roman.)

Dieses Wissen trübt auch noch die Beglückung ihres Lebens, eine Melancholie der Erfüllung, die ihr jedesmal schmerzlich klarmacht, daß die Gegenwart nie sein wird, was in ihrem Bild war oder was sein könnte. Da sie eigentlich in die Liebe verliebt ist als die ihr einzig zugängliche Form eines gesteigerten Daseins, muß jeder Liebhaber gegen die imago, das höchstgesteigerte Bild, abfallen, das sie sich von dem Objekt ihrer grenzenlosen Liebessehnsucht macht. Im Falle Rodolphes war ihr diese schreiende Diskrepanz zu Anfang nicht so deutlich gewesen: zu sehr war sie diesem erfahrenen Frauenmann in all den Praktiken unterlegen, in denen sie Träume nicht allein zur Meisterin machen konnten. Aber auch das änderte sich bald („Als er dann wiederkam, behandelte sie ihn kühl und beinah verächtlich"[20], heißt es anläßlich eines Treffens kurz vor der unheilvollen Klumpfußepisode) und was die phantasievolle Ausgestaltung ihres Verhältnisses, das Spiel der Fingerzeige und Briefchen, der Heimlichkeiten und Halboffenbarungen betrifft, so konnte es ihr die etwas grobe Sinnlichkeit ihres Liebhabers auf diesem ästhetischen Felde niemals gleichtun. So kommt es auch in diesem Verhältnis schnell soweit, daß sie den Geliebten beneidet, wenn er sich in den Besitz ihres Körpers setzt, und daß sie sich selber mit den Augen des anderen begehrt. Sartre spricht von Emmas zwitterhafter Sexualität (»nackt betrachtet sie ihren *begehrten* Körper, versucht ihn mit den Augen des Jägers zu sehen, dessen Beute sie ist«[21]), und man hat schon verschiedentlich bemerkt, daß sie Léon ganz zu dem ihr hörigen Geschöpf macht, das sie selber eine kurze Zeit in Rodolphes Armen gewesen war. „Er war in allen Dingen ihrer Ansicht, er hatte stets den gleichen Geschmack wie sie; er wurde mehr ihre Mätresse, als daß sie die seinige war."[22]

Das sind nun allerdings Provokationen des zeitgenössischen Frauenbildes, wie man sie sich nicht krasser vorstellen kann. Als Flaubert in einem berühmt gewordenen Prozeß kurz nach dem Erscheinen seines Romans wegen Verletzung der öffentlichen Moral und Religion angeklagt (aber dann freigesprochen) wurde, galt die Attacke wohl weniger den sexuellen Episoden selber als der Gesinnung, die sich darin zeigte und die nicht nur auf eine Revision des gängigen Frauenbildes, sondern gar auf den Rollentausch von Mann und Frau zielte. Vielleicht nicht so sehr Folge von Flauberts fortschrittlicher Gesinnung als vielmehr Widerschein seiner besonderen Beziehung zu Emma, die er in dem »Emma Bovary, c'est moi« so bündig zum Ausdruck gebracht und die mit der programmatischen Leidenschaftslosigkeit (impassibilité) nicht viel zu tun hatte: »Flaubert liebte im Grunde«, sagte Hans Mayer, »was er auch sagen mochte, was er auch niederschrieb, um ihr Bild vor aller Idealisierung zu bewahren: er liebte diese Emma Bovary [...] als sein Geschöpf – und als Verkörperung eigenen Erlebens.«[23] Das schließt auch ihre Maßlosigkeit mit ein. Tatsächlich respektiert Emma keine der Grenzen, die ihr gesetzt sind. Sie vermag sie zwar nicht zu überschreiten, auch wenn sie alle Kräfte aufbietet, aber sie erkennt sie deswegen noch lange nicht an, sondern ergreift jede Gelegenheit, sie erneut zu bezweifeln. Ob sie sich die wirtschaftliche oder die sexuelle Generalvollmacht anmaßt, ihre ganze Wirksamkeit ist immer darauf gerichtet, sich selber in den Besitz all der ihr vorenthaltenen Schönheiten und Möglichkeiten des Lebens zu setzen. Ihre Mittel halten mit ihren Aspirationen nicht Schritt, darin liegt ihr Ungenügen; sie weiß um den unheilbaren Riß zwischen Hoffnung und Wirklichkeit, ohne etwa zu resignieren, darin liegt ihre Tragik. Viel mehr als Don Quijote ähnelt sie einer noch älteren Figur: Sisyphos, denn wie er lebt sie im Bewußtsein des Scheiterns und kann doch der Bestimmung nicht ausweichen, stets aufs neue mit ihren unzureichenden Mitteln den Ausbruch aus einem falschen Leben zu proben. Man hat viel über Charles Bovarys Resümee am Ende des Romans nachgedacht, das der Autor fast überdeutlich vor allen anderen seiner Reden auszeichnet: „Er fügte sogar einen großen Ausspruch hinzu, den einzigen, den er je getan hat: »Das

Schicksal ist schuld!«"[24] Emmas Schicksal – was kann es anderes sein als dieser unerbittliche Trieb, eine Grenze zu überschreiten, in die sie doch stets gebannt bleiben mußte, so daß noch der leiseste Protest bloß ein negativer Abdruck der Verhältnisse ist, denen er gilt.

Charles Bovary ist wohl diejenige Figur, die in der Kritik am schlechtesten weggekommen ist, so schlecht, daß Jean Améry 1978 ein ganzes Buch zu seiner Rehabilitierung veröffentlichte: »Charles Bovary, Landarzt. Porträt eines einfachen Mannes«. Aber ist nicht schon dieser Untertitel eine unzutreffende Beschönigung? Muß man Charles nicht wirklich bloß als einen ganz einfältigen und gewöhnlichen Charakter ansehen, einen Mann von durchdringender Mediokrität, ohne Ambition und Sensibilität? Ist er nicht einer, dem alles mißlingt, was er anfängt, sobald es die engen Grenzen seiner Möglichkeiten überschreitet, der den törichten Vorschlägen eines medizinischen Laien aufsitzt und nach der notwenigerweise verpatzten Operation so lange wartet, bis das Bein nicht mehr gerettet werden kann? Der sich dann in seine Ecke verkriecht und dem Unglück nicht einmal ins Auge zu blicken vermag? Der von den Liebeshändeln seiner Frau nichts bemerkt, auch wenn sie unter seinen Augen stattfinden, der sie sogar begünstigt und derart arglos alle Winkelzüge Emmas akzeptiert, daß er selbst als Komödienfigur zu unwahrscheinlich wäre? Flaubert, diesem genauen Beobachter und subtilen Psychologen, diesem Operateur der Seele und Vollendungsmaniker eine solche Figurenkonstruktion als Nachlässigkeit oder Mangel an Menschenkenntnis vorzuwerfen, bedeutete nun freilich selber eine nicht einmal Charles würdige Dummheit. Auch dieser Landarzt spielt auf seine Weise ein Lebensspiel, wenn Flaubert es auch nicht billigte, sondern herzlich verachtete.

Ein einziges Mal hat Charles sich eine Extravaganz geleistet, und das ist Emma – kein Zweifel, daß er sich dieses Mißverhältnisses bewußt war. Seither versucht er mit seinen Mitteln, die Situation zu meistern, denn er liebt sie unglücklicherweise. Er überhäuft sie mit Zärtlichkeiten, die ihr gleichgültig, bald sogar lästig werden, verläßt ihretwegen Tostes, wo er sich seine berufliche Existenz ziemlich gesichert hatte, unterstützt ihre Neigungen, wo immer er kann, ob es sich um Lektürewünsche, Reitversuche oder Theaterbesuche handelt. Natürlich merkt er bald, daß er in nichts ihren Ansprüchen genügt und es nur einen Weg gibt, sie nicht zu verlieren: auch noch ihren Ausbruch aus der Ehe zu bejahen, ihn in die Ehe zu integrieren. Als Charles ganz am Schluß Rodolphe noch einmal begegnet – er weiß inzwischen alles, hat alle Briefe gefunden und gelesen –, da wollen keine feindseligen Gefühle in ihm aufkommen: „Es war erstaunlich. Er hätte jener Mann sein mögen."[25] Hatte er diesen Wunsch nicht auch bei Léon verspürt? Denn warum führt er ihn so bereitwillig seiner Frau zu, läßt die beiden allein und Emma sogar die Nacht und den folgenden Tag in Rouen, während er zurück zu seinen Patienten eilt? Nur durch Identifikation mit ihren Liebhabern vermag er von Emma wenigstens noch den Schatten zu besitzen. Als er aus Rodolphes, aus Léons Händen auch den Körper Emmas zurückerhält, ist der allerdings heillos vergiftet, und jetzt erst bricht die Liebe wieder ohne Hemmungen aus ihm heraus, macht ihn kopflos, wirr und vor Angst fast wahnsinnig: alle die Opfer umsonst, die groteske Verleugnung der Realität vor seinen Augen, die Konzentration auf eine imaginäre Emma und auf Befriedigungen, die in der Realität fehlen – alle Anstrengungen sind vertan. Und es waren Anstrengungen, nicht weniger groß als diejenigen Emmas, denen sie vielmehr wie das Negativ dem Positiv entsprechen mußten. Seine

Kraft, nicht zu wissen, mußte immer proportional zu der Energie wachsen, die Emma aufwendete, um ihn zu hintergehen. Sein Ausweichen vor der Realität erforderte die gleiche Virtuosität wie das ihre. Vielleicht war seine Virtuosität sogar größer und erfolgreicher und seine Ähnlichkeit mit Don Quijote stärker als die Emmas. Seine Verblendung (eine bewußt wie unbewußt absichtsvolle Veranstaltung) war zuzeiten so vollkommen, daß er sie mit der Realität wohl sogar identifizierte, ein Kunststück, das Madame Bovary allenfalls augenblickshaft, in den Ekstasen ihrer Liebesbegegnungen, gelungen ist.

»Madame Bovary« ist der Roman der unterdrückten Kreatur, die großes, wirkliches, volles Leben will und sich nicht mit den angebotenen Surrogaten zufriedengibt. Wie sich Emma nach dem Glück und den unendlichen Lüsten ihrer Wunschwelt sehnt, so sehnt sich Charles nach dem Besitz seiner Frau, die ihm so unerreichbar bleibt wie ihr die Befriedigung ihrer Träume. In ihrer Sehnsucht sind sie einander wohl würdig, auch wenn sie sich selbst als Sehnende nicht begegnen können, weil die Weite, die Emma sucht, das Überschreiten der Nähe voraussetzt, auf die Charles' ganzes Streben gerichtet ist. Für sie ist er ein Vertreter jener Provinz, in die hinein sie ein unglückliches Schicksal verbannt hat. Und wirklich, alles, was Charles an ungewöhnlichem Lebensglück erwartet, liegt in seiner Liebe zu ihr, darüber hinaus erstrebt er nichts und fixiert Emma notwendigerweise in den Verhältnissen, die ihr verhaßt sind. So verhaßt wie ihrem Schöpfer natürlich. Denn wenn Emma auch mit allen ihren Lebensplänen und Ausbruchsversuchen scheitert und Charles' Realitätsverleugnung die Katastrophe weder verhindern noch selbst verzögern kann, sie wohl eher noch beschleunigt – die Verhältnisse, die ihnen ein solches Dasein aufnötigten, werden damit nicht etwa gerechtfertigt. Es gibt wohl kaum ein schneidendböseres Bild von der Provinz als Lebensform in der modernen Literatur als das hier gezeichnete, gerade weil Flaubert es mit seinem Ideal der Unbestechlichkeit, Leidenschaftslosigkeit und Genauigkeit beschrieben hat. Übrigens mit jener wissenschaftlichen Akribie, die der Sohn eines berühmten Chirurgen in die Literatur übertragen hat, so daß man seither von der »Verwissenschaftlichung des Romans«[26] spricht. Und dies nicht nur in bezug auf die Klumpfußoperation oder die Sterbeszene, sondern ebenso hinsichtlich der Psychologie, der öffentlichen Rede (man denke an die Kreuzung der beiden Phraseologien während der Landwirtschaftstagung) und der Aufmerksamkeit für die Dingwelt, die kleinen Tatsachen des Lebens, die doch von großer Widerstandskraft sind und mithelfen, das Netz jener Fatalität zu knüpfen, an der das menschliche Streben zuschanden wird. Die Dinge bekommen so ihre eigene Dignität und Ausdruckskraft, sie bedeuten zwar etwas für den Menschen, doch läßt sie das ganz gleichgültig. Ihr Zusammenhang ist einer des Scheins, den die Menschen produzieren und der sie nichts angeht. »Flaubert entdeckt der Dinge Häßlichkeit«[27], er entdeckt sie als die von den Menschen abgewandte Seite ihres Daseins.

Madame Bovary steht natürlich in einer Tradition von Frauengestalten, die besonders in der französischen Literatur des 19. Jahrhunderts reüssierten. In Balzacs »Physiologie der Ehe« gehört das Thema des Ehebruchs zu den wichtigsten Gegenständen, er hat es in »Vater Goriot« ebenso dargestellt wie in »Gobseck«, die Dramen und Romane Alexandre Dumas' traktierten das sensationelle Thema mit demselben Erfolg wie George Sand in ihren Büchern. Doch keiner ihrer Figuren gelang es, aus den zweideutigen Niederungen des Lebens zu wahrhaft ästhetischer Größe aufzusteigen. Was Emma, nimmt man einmal die Realität ihrer Geschichte ernst, im Leben vorenthalten wurde, hat sie als Kunstfigur erreicht: eine Identität jenseits der Gewöhnlichkeit der Verhältnisse, die sie zerstörten. Dies Kunststück konnte Flaubert auch deshalb gelingen, weil (nehmen wir ihn noch einmal bei seinem Wort: »Madame Bovary, das bin ich«) Selbstidentität die Geschichte ist, die man seinem Selbst darüber erzählt, wer man ist. Emma Bovary, eine Tagträumerin, wie sie im Buch steht – und eben deshalb die Grenzen des Buches überschreitet. Die Bilder, auf die ihr Sehnen und Wünschen sich richtet, sind zwar nach ihrer zweifelhaften Lektüre modelliert, doch haben sie einen authentischen Gehalt: sie kommen aus dem Mangel und wünschen ein besseres Leben herbei, eine Selbst- und Welterweiterung, die sich mit keinen Vertröstungen und Entsagungen, wie sie aus dem Munde des Pfarrers oder ihrer Schwiegermutter kommen, zufriedengeben will. Es ist leicht, über ihre Wirklichkeitsflucht zu räsonieren, über das Entnervende dieser Fluchtträume, die doch immer nur zur schmerzhaften Kollision mit der Wirklichkeit führen können. Aber gab es denn für sie eine Alternative, war sie nicht eine Gefangene in der Höhle der Provinz, gefesselt und mit dem Gesicht auf jene helle Wand blickend, die doch bloß von innen her erleuchtet war, nicht den Widerschein eines wie immer gearteten Auswegs bildete, so daß nur die Einbildungen ihrer Phantasie, diese vagen Bilder ihrer Sehnsucht, ihr eine Ahnung von einem anderen, wesentlicheren Dasein vermitteln konnten? Wohl niemand wird, mit dem Blick auf die eigene Lebenshöhle und ihre Sehnsuchtsprojektionen, die Verwandtschaft mit Emma Bovary, geborene Rouault, von Le Bertaux in der Normandie leugnen wollen.

[1] Sartre, Jean-Paul: Der Idiot der Familie. Bd. II. Übersetzt und hrsg. von Traugott König. Hamburg 1986. (= Jean-Paul Sartre: Gesammelte Werke. Schriften zur Literatur. Bd. 6) S. 250.

[2] Maupassant, Guy de: Gustave Flaubert. In: Gustave Flaubert. Madame Bovary. Mit einer Einleitung von Guy de Maupassant. Ins Deutsche übertragen von René Schickele. Minden o. J. S. XXXXII f.

[3] Sartre, Der Idiot der Familie, Bd. II, S. 249.

[4] Heitmann, Klaus: Der französische Realismus von Stendhal bis Flaubert. Wiesbaden 1979. S. 102.

[5] Maupassant, Gustave Flaubert, S. XXXXVII.

[6] Maupassant, Gustave Flaubert, S. LIX.

[7] Mündliche Äußerung Flauberts. Vgl. dazu die Nachweise bei René Dumesnil: La Vocation de Gustave Flaubert. Paris 1961. S. 22 ff.

[8] Gaultier, Jules de: Le Bovarysme. La psychologie dans l'œvre de Flaubert. Paris 1892.

[9] Friedrich, Hugo: Drei Klassiker des französischen Romans. Stendhal, Balzac, Flaubert. Siebte, verbesserte Auflage. Frankfurt am Main 1973. S. 107.

[10] Flaubert, Gustave: Madame Bovary. Aus dem Französischen übersetzt von Ilse Perker und Ernst Sander. Stuttgart 1985. S. 16.

[11] Flaubert, Madame Bovary, S. 45.

[12] Flaubert, Madame Bovary, S. 155.

[13] Ebd.

[14] Vgl. Gustave Flaubert an Louise Colet vom 22. November 1852. In: Gustave Flaubert: Correspondance II. Edition établie, présentée et annotée par Jean Bruneau. Paris 1980. S. 178–181.

[15] Levin, Harry: The Female Quixote. In: Bejamin F. Bart (Hrsg.): Madame Bovary and the Critics. New York 1966. S. 106 ff.

[16] Flaubert, Madame Bovary, S. 327.

[17] Flaubert, Madame Bovary, S. 359.

[18] Flaubert, Madame Bovary, S. 348.

[19] Mayer, Hans: Weltliteratur. Studien und Versuche. Frankfurt am Main 1989. S. 250.

[20] Flaubert, Madame Bovary, S. 215.

[21] Sartre, Der Idiot der Familie, Bd. II, S. 70.

[22] Hier zitiert nach der alten Übersetzung von Ernst Sander: Gustave Flaubert. Madame Bovary. Tübingen 1949. S. 321.

[23] Mayer, Weltliteratur, S. 249.

[24] Flaubert, Madame Bovary, Stuttgart 1985, S. 430.

[25] Flaubert, Madame Bovary, S. 429.

[26] Friedrich, Drei Klassiker, S. 105.

[27] Mayer, Weltliteratur, S. 253.

AUSWAHLBIBLIOGRAPHIE

Vollständige Textausgaben:

Madame Bovary. Ins Deutsche übertragen von René Schickele. Mit einer Einleitung von Guy de Maupassant. Bruns' Verlag, Minden o. J. (1907) (= Der französische Roman. Bd. 3)

Madame Bovary. Aus dem Französischen von Ernst Sander. Tübinger Verlagshaus, Tübingen 1949.

Madame Bovary. Sitten der Provinz. Übersetzt von René Schickele und Irene Riesen. Diogenes, Zürich 1979. (= detebe 20721)

Madame Bovary. Vollständige Ausgabe. Aus dem Französischen von Walter Widmer. 4. Auflage. Winkler, München 1979. (Auch als dtv klassik 2075)

Madame Bovary. Sittenbild aus der Provinz. Aus dem Französischen übersetzt von Ilse Perker und Ernst Sander. Nachwort von Manfred Hardt. Philipp Reclam jun., Stuttgart 1985. (= Reclam Leseklassiker; auch als RUB 5666)

Madame Bovary. Ein Sittenbild aus der Provinz. Übersetzt von Arthur Schurig. Insel-Bibliothek, Frankfurt am Main 1986. (Auch als Insel Taschenbuch 167)

Madame Bovary. Roman. Nachwort von Guy de Maupassant und Hans Reisiger. Übersetzt von Hans Reisiger. 5. Auflage. Manesse, Zürich 1987. (= Manesse Bibliothek der Weltliteratur)

Lebenszeugnisse:

Briefe. Ausgewählt, kommentiert und aus dem Französischen übersetzt von Helmut Scheffel. Neuausgabe. Zürich 1989.

Briefe an George Sand. Deutsch von Else von Hollander. Mit einem Essay von Heinrich Mann. Potsdam 1919.

Briefe an die Geliebte. Deutsch von G. H. Müller. Stuttgart 1949.

Briefwechsel mit Iwan Turgenjew. 1863–1880. Vorwort von Walter Boehlich. Hrsg. von Peter Urban. Aus dem Französischen von Eva Moldenhauer. Berlin 1989.

Erinnerungen, Aufzeichnungen und geheime Gedanken. Deutsch von Antje Ellermann. Wiesbaden 1966.

Tagebücher. Gesamtausgabe in 3 Bänden. Hrsg. von E. W. Fischer. Potsdam 1920.

Einführungen und Gesamtdarstellungen:

Améry, Jean: Die Wirklichkeit Flauberts. In: Merkur 32 (1978). S. 780–793.

Auerbach, Erich: Mimesis. Dargestellte Wirklichkeit in der abendländischen Literatur. 4. Auflage. Bern/München 1946.

Friedrich, Hugo: Drei Klassiker des französischen Romans. Stendhal, Balzac, Flaubert. 7., verbesserte Auflage. Frankfurt am Main 1973.

Haffmans, Gerd und Franz Cavigelli (Hrsg.): Über Gustave Flaubert. 2., verbesserte und ergänzte Auflage. Zürich 1980.

Heidelberger-Leonard, Irene: Flaubert – Sartre – Améry. »Charles Bovary« als Antwort auf »Der Idiot der Familie«. In: Jean Améry. Text + Kritik, Bd. 99. München 1988. S. 8–19.

Heitmann, Klaus: Flaubert. In: Klaus Heitmann: Der französische Realismus von Stendhal bis Flaubert. Wiesbaden 1979. S. 81–114.

Kesting, Marianne: Politik und Ästhetik. Das Beispiel Flaubert. In: Marianne Kesting: Vermessung des Labyrinths. Studien zur modernen Ästhetik, Frankfurt am Main 1965. S. 9–31.

Krömer, Wolfgang: Flaubert. Darmstadt 1980 (= Erträge der Forschung, Bd. 141).

La Varende, Jean de: Gustave Flaubert in Selbstzeugnissen und Bilddokumenten. Hamburg 1958.

Preisendanz, Wolfgang: Reduktionsformen des Idyllischen im Roman des 19. Jahrhunderts. In: Idylle und Modernisierung der europäischen Literatur des 19. Jahrhunderts. Hrsg. von Hans Ulrich Seeber und Paul Gerhard Klaussmann. Bonn 1986. S. 81–92.

Sartre, Jean-Paul: Der Idiot der Familie. 2 Bde. Übersetzt und hrsg. von Traugott König. Hamburg 1986. (= Jean-Paul Sartre: Gesammelte Werke. Schriften zur Literatur. Bde. 5 und 6).

Zur »Madame Bovary«:

Améry, Jean: Charles Bovary, Landarzt. Porträt eines einfachen Mannes. Stuttgart 1978.

Bart, Benjamin F. (Hrsg.): »Madame Bovary« and the Critics. A Collection of Essays. New York 1966.

Beyerle, Marianne: »Madame Bovary« als Roman der Versuchung. Frankfurt am Main 1975.

Gauger, Hans-Martin: Der vollkommene Roman »Madame Bovary«. Vorwort von Hans Egon Holthusen. München 1983 (= Themenreihe der Carl-Friedrich von Siemens Stiftung, Bd. 37).

Hardt, Manfred: Die Bilder Flauberts. In: Manfred Hardt: Das Bild in der Dichtung. Studien zu Funktionsweisen von Bildern und Bildreihen in der Literatur. München 1964. S. 120–188.

Lietz, Jutta: Zur Farbsymbolik in »Madame Bovary«. In: Romanistisches Jahrbuch 18 (1967). S. 89–96.

Marcuse, Ludwig: Paris 1857. Emma Bovary und andere Blumen des Bösen. In: Obszön. Geschichte einer Entrüstung. München 1962. S. 117–164.

Mayer, Hans: Anmerkungen zu Flaubert. Madame Bovary. In: Hans Mayer: Weltliteratur. Studien und Versuche. Frankfurt am Main 1989. S. 241–258.

Nabokov, Vladimir: »Madame Bovary«. In: Die Kunst des Lesens. Meisterwerke der europäischen Literatur. Hrsg. von Fredson Bowers. Mit einem Vorwort von John Updike. Aus dem Amerikanischen von Karl A. Klewer unter der Mitarbeit von Robert A. Russel. 2. Auflage. Frankfurt am Main 1982. S. 173–229.

Naumann, Manfred: »Madame Bovary«. In: Manfred Naumann: Prosa in Frankreich. Studien zum Roman im 19. und 20. Jahrhundert. Berlin 1978. S. 158–174.

Neuschäfer, Hans-Jörg: Flauberts »Madame Bovary«. In: Lebendige Romania. Festschrift für Hans-Wilhelm Klein. Hrsg. von Alberto Barrera-Vidal u. a. Göppingen 1976. S. 263–274.

Roloff, Volker: Zur Thematik der Lektüre bei Flaubert, »Madame Bovary. Moers de Province«. In: Germanisch-romanische Monatsschrift 25 (1975). S. 322–337.

Schulz-Buschhaus, Ulrich: Flauberts »Madame Bovary«. Der weibliche Quijote und die Normen fortgeschrittener Bürgerlichkeit. In: Französische Literatur in Einzeldarstellungen. Bd. 2: Von Stendhal bis Zola. Hrsg. von Peter Brockmeier und Hermann H. Wetzel. Stuttgart 1982. S. 41–57.

Stackelberg, Jürgen von: Flaubert, »Madame Bovary«. In: Jürgen von Stackelberg: Weltliteratur in deutscher Übersetzung. Vergleichende Analysen. München 1978. S. 184–203.

Traber, Rita: Untersuchungen zur Entwicklung der Erzählform in Flauberts »Madame Bovary«. Heidelberg 1957.

Völker, Stefan: Der Prozeß gegen Flaubert und »Madame Bovary«. In: Jurisprudenz zwischen Techne und Kunst – von Hippokrates bis Heine. Philosophisches und Literarisches zum Verhältnis Kunst und Recht. Hrsg. von Michael Kilian. Tübingen 1987.
S. 116–147.

TEXT- UND BILDNACHWEISE

Der dieser Ausgabe zugrunde gelegte Text:

Madame Bovary. Sittenbild aus der Provinz. Aus dem Französischen übersetzt von Ilse Perker und Ernst Sander. Nachwort von Manfred Hardt. Stuttgart: Philipp Reclam jun. 1985. Mit freundlicher Genehmigung des Philipp Reclam jun. Verlages, Stuttgart.

Wirkungszeugnisse:

Charles Baudelaire. In: Charles Baudelaire. Sämtliche Werke/Briefe in acht Bdn. Hrsg. von Friedhelm Kemp und Claude Pichois in Zusammenarbeit mit Wolfgang Drost. Bd. 5. Aufsätze zur Literatur und Kunst 1857–1860. München/Wien 1989. S. 65 f.

Guy de Maupassant. In: Gustave Flaubert: Madame Bovary. Mit einer Einleitung von Guy de Maupassant. Ins Deutsche übertragen von René Schickele. Minden o. J. S. XIV f.

Heinrich Mann. In: Heinrich Mann: Essays. Hamburg 1960. S. 129–131.

Egon Friedell. In: Egon Fridell: Kulturgeschichte der Neuzeit. Die Krisis der europäischen Seele von der schwarzen Pest bis zum ersten Weltkrieg. Sonderausgabe in einem Band. München 1974. S. 1182.

Erich Auerbach. In: Erich Auerbach: Mimesis. Dargestellte Wirklichkeit in der abendländischen Literatur. 4. Auflage. Bern/München 1967. S. 455 f.

Vladimir Nabokov. In: Vladimir Nabokov: Die Kunst des Lesens. Meisterwerke der europäischen Literatur. 2. Auflage. Frankfurt am Main 1982. S. 173.

Hans Mayer. In: Hans Mayer: Weltliteratur. Studien und Versuche. Frankfurt am Main 1989. S. 249.

Jean-Paul Sartre. In: Jean-Paul Sartre: Die Wörter. Aus dem Französischen mit einer Nachbemerkung von Hans Mayer. Reinbek bei Hamburg 1965. S. 42 f.

Nathalie Sarraute. In: Gerd Haffmans und Franz Carigelli: Über Gustave Flaubert. Zweite, verbesserte und ergänzte Auflage. Zürich 1980. S. 313.

Jean Améry. In: Gerd Haffmans und Franz Carigelli: Über Gustave Flaubert. Zweite, verbesserte und ergänzte Auflage. Zürich 1980. S. 327 f.

Jean-Paul Sartre. In: Jean-Paul Sartre: Der Idiot der Familie. Gustave Flaubert 1821–1857. Bd. I. Übersetzt und hrsg. von Traugott König. Reinbek bei Hamburg 1986. (= Jean-Paul Sartre: Gesammelte Werke. Schriften zur Literatur. Bd. 5) S. 650.

Abbildungen:

S. 215, 216, 217, 220, 221, 222, 223, 224: Archiv für Kunst und Geschichte, Berlin.

S. 218: Œuvres complètes de Gustave Flaubert. Tome I. Paris 1971. S. 374 f.

S. 219 oben: ebd., S. 118 f.

S. 219 unten: Jolas, Paul (Hrsg.): Gustave Flaubert: Madame Bovary. Extraits. Paris 1971. S. 73.